第十二卷
1925.1—1925.3

孙中山史事编年

主　编　桑　兵
副主编　关晓红　吴义雄

孙宏云　庄泽晞 等著

中 华 书 局

目　　录

1925 年(民国十四年　乙丑)五十九岁

1 月

1月1日　本日,延外籍医生六七名诊视,均断定为肝症,然而对于肝症的类型,以及治疗方法,则都未有结论。由德国医生克礼负责治疗,每日临诊一次。(罗家伦主编、黄季陆增订:《国父年谱(增订本)》下册,第1175页)医生一致谆嘱宜静卧勿劳,自是静居疗养,来客悉由随侍人员接应。(《哀思录》初编,"病状经过",第3—4页)

△　发表启事,感谢在津时各界各团体的盛意欢迎,并因卧病而未能接见来客表示"歉怅",称现遵医嘱进京休养,"俟贱体稍愈再当返津,与诸君把晤,商榷国事"。(《孙文启事》,《益世报》1925年1月1日)其秘书处亦发表启事,称孙氏此次到京,以疾尚未能会客谈话,"所有各界诸君枉过或有接洽及通函,请概至铁狮子胡同行馆为荷"。(《孙中山先生秘书处启事》,《京报》1925年1月4日)

△　段祺瑞委派段宏业等前来贺年。

是午12时,段祺瑞派其长子段宏业及执政府秘书长梁鸿志,到北京饭店与孙中山贺年。孙中山派员招待,并力述病体未愈,不敢多为劳动,须十天以后,始能与段祺瑞晤面,解决国是。段宏业等告辞后,

即命汪精卫代表自己谒见段祺瑞答礼[1]。(《新年中之段氏言动》,上海《民国日报》1925年1月12日)

　　△　执政府连日通电,请各省要人名流来京或派代表列席善后会议。

　　据东方社4日北京电称,"段执政于1924年12月30日及本日致电前所选定善会议员,第一项为国家有大勋功者孙文、黎元洪,第二项各军最高首领张作霖、卢永祥、冯玉祥、胡景翼、孙岳、唐继尧、阎锡山等五十七名,第三项各省军民长官三十九名,及第四项有特别名望、学术经验者唐绍仪、章炳麟、岑春煊、王士珍、汪兆铭、黄郛、熊希龄、胡适、林长民、梁启超、梁士诒等三十名,共计一百二十名,请于2月1日以前齐集北京,开善后会议"。(《两大会议之进行》,《中华新报》1925年1月5日)

　　1日,段祺瑞再次电邀孙中山出席善后会议,略谓:"方今急务,治标以和平统一为先,治本以解决大法为重。善后会议,所以治其标。国民代表会议,所以治其本。善后会议条例前经公布,计邀鉴察。现拟尽本年二月一日以前在北京开会,敬请我公惠临,共商大计。如因事不能列席,即乞迅派全权代表与会……至国民代表会议,应由全国人民公意组织,以符主权在民之意。合并附陈,统希赐复,无任企祷。"

　　同日,段祺瑞致电唐绍仪、章炳麟、岑春煊、王士珍、汪兆铭等三十名特聘会员[2],请参加善后会议。电文略谓:此项会议"专为整理军事、财政及筹议建设方案而设,并为国民代表会议之促进。质而言之,即沟通各方之意思,由各省以及全国,共谋和平统一"。(《召集善后会议之通电》,《晨报》1925年1月5日)

――――――――――

　　① 《哀思录》所记述,则谓对于段宏业来谒,"先生虽在病榻,特予延见,别后遂派汪精卫谒谢,约愈后相见。执政允之"。(《哀思录》初编,"病状经过",第3页)
　　② 《盛京时报》曾刊文分析善后会议三十名特聘会员之性质,称"内有十人系拒贿议员,其余二十,除商界一人外,纯为代表有势力方面者"。(《万目睽睽之善后会议》,《盛京时报》1925年1月10日)

《益世报》刊载北京特约通讯称:"段系政客急进善后会议不遗余力,惟民党重要份子,迄未表示赞成之意,殊属一大难题。在合肥方面之主张,反对者任其反对,而进行者仍须进行,断不能因有反对之人,即将该项会议中途废止,故决定于元旦日下令召集,并通电各省,说明召开善后会议之希望,一面谆谆恳托与段系接近之民党要人,设法向孙中山、李协和等疏通,勿再坚持召集国民会议。"(《善后会议与省制问题》,《益世报》1925 年 1 月 1 日)

△　中国国民党中央执行委员会发表宣言,说明提出国民会议的原因,称:"废除不平等条约运动,为今日民族求独立解放之唯一途径,乃实现本党政策之第一步与以党建国之第一步,故必以此提出国民会议,任何诬蔑、威胁皆不暇顾。愿同志及国民矢诚拥护。"(《中国国民党元旦宣言》,上海《民国日报》1925 年 1 月 4 日)

△　山东省市民大会致电孙中山,拥护国民会议,电谓:"善后会议,义难假借,山东各界,于本日假省议会开市民大会,到者五千余人,一致主张先召集国民会议预备会,组织国民会议,决不承认善后会议,有规定国民会议之权力,务恳先生毅力主持,东省各界誓为后盾。"(《关于国民会议之要电》,《京报》1925 年 1 月 8 日)湖北学生联合会致电孙中山,反对善后会议,"恳即号召群众铲除军阀,从速召集国民会议筹备会"。(《湖北学生会反对善后会议》,上海《民国日报》1925 年 1 月 7 日)苍梧学会名誉会长黎荣燊等致电孙中山、段祺瑞诸人,拥护国民会议。(《苍梧学会赞成国民会议电》,上海《民国日报》1925 年 1 月 14 日)

△　《申报》刊载北京电讯,言孙中山之政治地位与处境,称:"各界狂热迎孙,然民党借孙自重,亦不乏其人。外交团误认孙为社会主义,均非知孙者。孙为人极恕,凡赞成其主义,敌可作友,故政治失望者多趋孙,年来反直派与孙携手即以此。今反直派已取直系地盘而代之,联孙原素已薄。因推知今后政治缺望者仍将趋孙,孙非赤化,孙如长保健康,固在野多数党之首领也。"(《申报》1925 年 1 月 1 日,"国内专电")

　　△ 《申报》刊文报道广东财政的紊乱情形,谓:"广东财政自军兴以后,强半为军人所占,收省库市库等于虚设……故去年(民国十三年)一年,中山曾迭下统一财政之令,无如军队复杂,各霸一方,多持观望态度,无肯首将财权奉还财政当道者。上峰虽三令九申,然占领财权之军人卒无一应。"(《粤省过去一年之财政》,《申报》1925 年 1 月 1日)

　　关于广州政府的财政情况,其他多家报纸也曾披露。《香港华字日报》曾对"孙政府财政久涸"作了报道。(《大借款声中之孙政府财政难》,《香港华字日报》1925 年 1 月 3 日)《中华新报》报道称"广州孙政府此两年来,应付军费,罗掘已尽,目下财政状况,其拮据已达于极点,最近以各军之催索饷糈,已急如星火,而到期外债之追讨,尤有刻不容缓之势",并有大借日款以还债之消息传出。(《粤政府将大借日款说》,《中华新报》1925 年 1 月 8 日)

　　△ 《中华新报》刊载评论,对国民会议的可行性表示质疑。略谓:"该国民之义,包含至广,我国国民号称四万万,今以战争水火疾病,诸患迭来,减四之一,亦有三万万之众。复以老弱残废女子,除去其三之二,亦且达一万万。夫安得有此绝巨广厦为之会场也耶? 藉曰露天可为会场,则声不相闻,面不相谋,彼此间之意旨,何由以达? 会虽能集,而又孰从议之也耶……往者国会议员,选举之时,各地方纠众抢毁票□,及公然运动投票之事,几无地不然。一般获当选者,无不负债累累,或典鬻恒产,始偿其需。与其曰选,毋宁谓之为捐。彼辈投极巨之资本,岂尽乐得虚名之荣者乎? 势且因之以求利,于是有五千金之贿,则且举曹锟为总统矣,将本求利,固有如此者。遑问所举止为谁氏也耶? 国会议员既如此矣,谓国民会议之代表之必贤于是乎? 此虽至圣,殆有不敢断言者矣。是故愚以为国民会议云者,仅其名耳,不能有其实也。抑岂惟中国,世固无是物也。无是物而必强使其有,是为伪也。国不治,法未立,而先为伪而求之,则其结果之如何,殆不难逆烛而预卜之也。"(《祝本年之国民会议》,《中华新报》1925 年 1 月 1 日)

△　孙科自津奉中山命来沪后,外传将返粤任省长。是日,《中华新报》报道东南社记者对孙科及陈剑如之访谈。询孙氏返粤日期,据云尚未确定。旋问报载其回粤有任省长之说确否。孙氏辟其为谣传,并云彼此次返粤之宗旨:"(一)因粤中同志对中山及段合肥间之妥洽程度尚不明了,须一往加以解释;(二)粤中军事未定,往粤将讨论收束办法,别无其他任务。至中山精神已渐恢复,即将入京。"(《孙科否认将任粤长》,《中华新报》1925年1月1日)

1月2日　延请各国医生会诊病情,遵医嘱静心养病,由汪精卫等代见前来慰疾者。

孙中山入京之当晚,即请北京协和医院代院长刘瑞恒诊视病状。是日,复延请美国医生施美路德士、德国医生克礼、狄博尔、协和医院医生及俄国医生等七人会诊病情。经各医生诊断,认为"患有肝部慢性发炎及肝部肿胀之急性病,故感异常痛苦……病势现仍严重,但此病并非绝症"。当时协和医院美国医生建议用外科手术探查病状,孙氏未允,决定用内科治疗,并请德国克礼任主治医生,每日临诊。凡前来慰疾者,是日起均由汪精卫、邵元冲、黄昌谷等代见。(《孙中山先生在京养病》,上海《民国日报》1925年1月4日;《孙中山先生入京纪实(二)》,上海《民国日报》1925年1月11日;《哀思录》初编,"医生报告",第1页)

△　于病榻召见汪兆铭及随从秘书黄昌谷,面谕迅办二事:(一)为成立北京政治会议,当指定于右任、吴敬恒、汪兆铭、王法勤、戴季陶、邵元冲、陈友仁、李石曾、李大钊等为委员,由其本人自任主席,并聘鲍罗廷为顾问,以侍从秘书为此会议主任秘书。因其病中不能主持会议,集会时由到会委员推举临时主席,并着黄昌谷须将每次开会及发言情形详细纪录,于病愈后再行呈阅;(二)为创办北京《民国日报》,当指定邵元冲为总编辑,黄昌谷兼任总经理。嗣至2月20日,北京《民国日报》创刊。(罗刚编著:《中华民国国父实录》第6册,第4952页)

△　"国民会议促成会"在北京大学举行,反对善后会议。("中华民国"史事纪要编辑委员会编:《中华民国史事纪要(初稿)——一九二五年一至六

月》,第 12 页)汉口妇女职业社致电孙中山、段祺瑞诸人,拥护国民会议。(《汉口职业妇女社拥护国民会议》,上海《民国日报》1925 年 1 月 11 日)湖北大冶县教育会、大冶法政学会等致电孙中山、段祺瑞,支持国民会议,反对善后会议。(《湖北大冶各法团发表主张》,上海《民国日报》1925 年 1 月 16 日)

△　报称,是日陈炯明通电反对善后会议,称其"不惟违反人民公意,且恐启攘举之端"。(《陈炯明派反对善后会议电》,《盛京时报》1925 年 1 月 12 日)这一消息随即被陈炯明否认。议员潘乃德曾以此事去电询问陈炯明,得陈复电,谓:"报载系属造谣,此间并无对外批评善后会议。对西南亦主力谋统一。炯明一意谋平粤难,不顾他事。"(《陈炯明对善后会议之真态度》,《晨报》1925 年 1 月 15 日)

△　陈炯明分函给邓本殷、苏廷有、李郁焜、邓承菘、廖轰等,指示进攻广州事宜。(段云章、沈晓敏编著:《孙文与陈炯明史事编年(增订本)》,第 845 页)依据当时的报道,陈炯明部下之兵力实数有:各路总指挥叶举,指挥的兵力约一万余人;潮梅粤军总指挥林虎,指挥的兵力约二万余人;潮梅粤军副总指挥洪兆麟,指挥的兵力约一万余人;琼崖八属总指挥邓本殷,指挥的兵力约三万余人。(《陈炯明部下兵力实数之调查》,《香港华字日报》1925 年 1 月 3 日)陈炯明进攻广州之配署大致为:(一)右翼(北路)——总司令林虎,兵力一万五千人,集中于博罗地区,沿广九路北面攻向广州。(二)中路——总司令洪兆麟,兵力约一万三千人,集中石龙、石滩地区,协同右翼林虎部沿广九路攻向广州。(三)左翼(南路)——由军长刘志陆率领,兵力约七八千人,集中于石龙之东南,支持攻向广州部队之侧翼与后方。(刘训正:《第一次东征(一)》,《革命文献》第 10 辑,第 97—98 页)

1 月 3 日　段祺瑞致电孙中山、岑春煊、唐绍仪诸人,促彼等速驾来京或派代表列席善后会议。(《两大会议之进行》,《中华新报》1925 年 1 月 5 日)

△　是日接到各方贺电,计有济南龚积柄,杭州孙传芳,广西李

宗仁、黄绍竑,广东许崇智、林森世,洛阳憨玉琨等。(《各方电贺中山先生》,《京报》1925年1月4日)

△　南京建业大学来电,表示拥护国民会议,反对善后会议。(《南京建业大学反对善后会议》,上海《民国日报》1925年1月7日)

△　江西国民会议宣传员赵幹、王秋心等来电汇报宣传工作,称:"半月以来,共接洽二百余团体,参加民众集会演说共三十余次。民众对总理主张十分了解,并真心接受,各地均有国民会议促成会之组织。"(《江西国民会议宣传员之行踪》,上海《民国日报》1925年1月9日)

△　报载林俊廷致孙中山、胡汉民诸人电,声讨陈炯明之祸粤,"伏望各总司令督率健儿会师东江,扫穴犁庭,肃清余孽"。(《林俊廷讨陈炯明》,上海《民国日报》1925年1月3日)

关于林俊廷与陈炯明、邓本殷的关系背景,《申报》作过报道,称当时陈炯明得到林虎拥护,于12月27日在汕头就粤军总司令职,对东江军事和粤省南路军事均有极大影响。"自是以后,林俊廷即受孙中山任命,为八属督办。数月前,曾一度率兵出高州,与邓本殷军在南康、石城等处激战,未几双方因时机未至,无形中自行停战,然双方准备再起之心固未尝一日忘也。会近日陈炯明在汕就职,东江战事迟早必爆发,邓氏为将来出兵夹攻广州计,趁此时机先行解决林俊廷,然后将来出师方免内顾之忧。"(《粤省南路战事又发动》,《申报》1925年1月4日)

对于邓本殷与林俊廷的敌对情形,则谓:"中山系之林俊廷与陈炯明系之邓本殷久已有连鸡不并栖之势,迨去年九月林俊廷归附粤政府,由中山委以八属督办,林氏通电就职。厥后,林、邓益水火不相容。邓本殷拥有高、雷、琼三属,势力本为雄厚,林氏虽奄有钦、廉两属,然地势僻于西陲,发展之地为邓军所扼,林之附中山也,实欲藉广州联军之力共同解决高、雷两属,以去陈党之邓军。"(《粤省南路战事之经过》,《申报》1925年1月12日)

关于林俊廷输诚孙中山的经过,报道称:"林俊廷前为桂省有力分子之一,自前年受陆荣廷命任为广西省长后,即力谋统一桂局,无如实力不足,不能进行,而又不甘屈处于南宁一隅,故前年冬藉名出巡,亲统大军移驻于粤桂边界,静俟时机,但仍未与陆氏脱离关系。孙中山以其所处地位接近钦廉,可窥粤之高雷,又可出南宁牵动桂局,在两粤时局上大有举足轻重之势,故迭次派员前往,劝其附粤。惟林系陆荣廷一手提拔者,且当日陆势尚盛,未敢输诚粤孙,加以附粤条件太苛,磋商数月,未能就绪。嗣见陆被沈(鸿英)军击败,所部星散,陆氏下野,而林复因与驻防琼崖之邓本殷(邓系陈炯明所部)争雄,自顾势力不足,始允就粤孙范围,于去年九月间实行归附。孙氏自林通电输诚后,即委林为八属军务督办,并给予军饷二万元、子弹十二万颗,派舰运解北海。林氏收到粤孙接济后,一面招集广西绿林以厚兵力,并令所部开赴山口、白沙等地,以迫安甫而攻邓氏矣。"
(《林俊廷战败后退驻桂边》,《申报》1925 年 1 月 19 日)

△　郑州电讯称:孙中山密使柏文蔚于一日前赴保定,与孙岳有所接洽,次日即匆匆赴豫,已到开封,即往晤胡景翼,密谈甚久,惟其内容则秘无由知。另一消息称钮永建亦与柏同时抵豫谒胡。(《孙文使者奔走于胡孙间》,《晨报》1925 年 1 月 6 日)

△　是日晚 8 时,孙科受上海环球中国学生会之约,列席演讲《解决国是与国民之责任》,演词大要谓:"今日国人奋起补救,图谋解决国是之正当办法,只有国民革命之一途",而欲进行国民革命,建立民意政府,则"非开国民会议不可"。并与听众就关于国民会议召集方法之问题进行公开讨论,至 9 时余始散。(《孙科演讲解决国是问题》,《中华新报》1925 年 1 月 5 日)

1 月 4 日　经数日静养精神渐复,加延俄医与克礼医生会诊。孙科驰抵北京侍疾。

克礼医生遍试肝病药方,均少见效;复请俄籍医生协助会诊,迭提意见,并与克礼参考互商。经会议诊断,确定为肝脏痛伤。(《哀思录》,"病状经过",第 3 页)另据东方社是日北京电,某国医师断为有肝癌之疑。(《孙中山先生阻段问疾》,上海《民国日报》1925 年 1 月 6 日)

　　经数日静养，体温升降不大，神思渐爽，遵医嘱每日不见客、不谈话，但对应付时局办法，以及中国国民党是否派员参加善后会议等重大问题，仍劳心焦思，无法忘怀。本日，孙科与上海各团体联合会代表胡菊生，驰抵北京侍疾。（罗家伦主编、黄季陆增订：《国父年谱（增订本）》下册，第 1175 页）报称，孙科自得乃父在京病重之消息后，即在粤延一法医名卢林者，随其北上，以便诊视乃父之疾，闻卢医在粤颇负盛名，此次随孙北上，日定诊金五百元，由粤起行之日起算。（《孙中山之病状》，《时报》1925 年 2 月 7 日）后经商议，金以北京中外名医萃集，此举似无必要，故亦作罢。（《孙中山病状之续闻》，《时报》1925 年 2 月 9 日）

　　△　《京报》报道称，"孙中山先生来京后，因病不能见客，一切接洽事宜，均在铁狮子胡同招待处由专员分别担任"，其行辕之会客时间规定，"每日除星期外，上午九时至十二时，下午一时至三时，过时概不延见"。（《孙中山先生来京后特志（二）》，《京报》1925 年 1 月 4 日）

　　△　广州大本营是日收到汪精卫自北京来电，告以孙中山虽入京，但决不列席善后会议。（《大元帅决不列席善后会议》，上海《民国日报》1925 年 1 月 6 日）

　　△　积极派员向各地民众宣传国民会议，以期国民了解国民会议之意义及其重要，俾各方合力促成此举。先前委定之十三省区宣传委员，已分途出发，惟北京地方，为文人荟萃之地，全国政治中枢，关系格外重要。本日特遴选国民党重要分子罗驭雄、郭春涛、黄日葵、纪人庆、于国桢、姜绍谟、刘瑛、王东珍、王师曾等九人，加以委任，前往各界接洽，实行宣传。（《中山派员在京宣传国民会议》，《京报》1925 年 1 月 5 日）

　　△　胡景翼致电孙中山，赞同派员分赴各省宣传国民会议办法，并称对于来豫专员，当饬属力任保护。（《两大会议之进行》，《中华新报》1925 年 1 月 5 日）

　　△　北京国民会议促成会举行成立大会，合计到会团体二百余，并发布宣言与章程。（《国民会议促成会成立入会之盛况》，《京报》1925 年 1

月5日)

△　浙江国民会议促成会致电孙中山,称:"善后会议显违民意,务请积极反对,为民前驱。"(《上海国民会议促成会消息》,上海《民国日报》1925年1月10日)

是时,孙中山所主张的国民会议成为一时热点,得到多方响应。孙中山在京时,接到各方促开国民会议电有数百通之多。(《申报》1925年1月5日,"国内专电")各地纷纷成立国民会议促成会。根据报载,上海国民会议促成会曾通电全国,征求组织"全国国民会议促成大会",先后加入者逾二百余团体;上海国民会议促成会又曾组织宣传团六十团,于上月28日,开始在各街巷讲演,解释国民会议之意义,及其与善后会议之区别,促国民一致要求举行真正国民会议,反对善后会议。当天听讲者逾二万人,29日继续讲演,听者达六万人;广东国民会议促成会,为二百余团体所组织,12月20日发表成立宣言,主张促成国民会议,实行国民革命。各团体亦纷纷致函在京的孙中山,大意皆表明反对善后会议,主张国民会议的态度。(《中山先生所主张之国民会议》,《京报》1925年1月4日)

《京报》就此事刊载社论,称:"国民之盼望国民会议实现,几乎全体一致,故函电如雪片飞来,各种促成团体,亦如春笋之勃然滋长,此不可谓非国民热心于政治之佳象矣。"惟对此情况作出两点提醒:一、勿分门别户而表示纷歧;二、力避个人之出风头。(《国民会议促成会》,《京报》1925年1月4日)

△　方本仁部攻占江西赣州,建国军北伐总司令谭延闿部自赣境退守粤边。

赣之方本仁自驱蔡成勋得手后,即遣邓如琢、杨池生、唐福山、蒋镇臣分路会攻北伐军,复因陈炯明从东江方面进犯,北伐军乃自赣南退集粤边,北伐军事遂暂告结束。(《中华民国史事纪要(初稿)——一九二五年一至六月》,第13页)

方本仁之参谋长贺守中致电陈炯明,报告克复赣州。据报道,

"陈氏及所部军政要人以粤军与方部早有互助之约,今方部收复赣州,即孙中山之湘军入于失败地位,故愈为欣幸"。(《陈炯明出发督师声中之要讯》,《申报》1925年1月19日)

△ 孙中山先前下令,着禁烟督办署与筹饷总局合并为广东全省筹饷总局,禁烟督办着即裁撤。是日,前禁烟督办谢国光上孙中山呈文,称已遵令裁并,各事项已移交清楚。(《大本营公报》1925年第1号,"指令")

△ 《申报》刊载时评,谓孙中山所主张之国民会议:"其着想全在民众,故有宣传员之派遣,曾电各省长官加以保护,而声明不涉地方政治,以祛其疑。然山东已有拒绝之声,许世英赴津,对于此事尚将加以疏解,且劝孙不必宣传。然广东方面以团体名义发出之通电称,为誓拥护国民会议主张,且竭力反对善后会议,京中部署多已接到,即接近孙侧者所谈,亦谓善后会议,孙氏绝不主张。孙氏在津表示又谓决不加入任何会议,此盖反对善后会议之表现,人人共知者。"并提到所谓"六头会议",称:"此议发出,孙中山首不赞同,唐继尧复电又表反对,而西山之冯又表示不参预,六头去其三,而比较接近之三头乃不能演独脚戏。"(《善后会议前途之暗礁》,《申报》1925年1月4日)

1月5日 开始接受注射治疗,以减轻患部疼痛。

本日,协和医院会诊之医生有德籍医生四人,美籍医生三人,会议后共推克礼为主任。初拟施行开刀手术,旋以X光透视,知肝内并未有脓,故决用药针注射,以减轻疼痛。戒以勿阅报,勿应接宾客,勿进硬性食品,藉以静养而免劳顿。(《哀思录》初篇,"医生报告",第1页)①

△ 段祺瑞原定于是日下午3时前往北京饭店慰视,经电话询

① 《申报》报道则称注射始于1月10日,谓:"医生之意,拟用爱克斯光探照一次,若果是肝脏脓疡,则须开割,因商之于孙氏左右。孙氏左右不敢作主,复商之于孙夫人。孙夫人亦以中山年事已老,恐不禁开割手术,又征之于中山本人。中山谓:予曾习医,深知此症难治,然予料予病不深,尚无须开割也。众见孙既不愿开割,未敢勉强,乃请德籍名医狄博尔为孙打针。由一月十号起,前后打针凡十余次,颇能维持现状。"(《中山病情与开割之经过》,《申报》1925年2月2日)

问孙之左右,答以孙服药后,刻正熟睡未醒,医生绝对不许其见客谈话,段遂中止其行。据各医会诊结果,一星期内若无烦复事件萦绕其心,当可完全就愈。因此段祺瑞方面乃决定暂缓会晤,待其病痊之后,再谋良晤。(《孙段晤会缓期》,《京报》1925 年 1 月 6 日)

△ 是日电讯称:孙中山、张作霖、冯玉祥均表示不列席善后会议;孙向各方面宣言,在南北未统一前,关于维持政局计划,暂不有所表示。(《益世报》1925 年 1 月 6 日,"专电")

△ 听西医劝告静养,日内即赴西山。冯玉祥来电表示欢迎,并已将京西汽车道由兵士修理完竣。(天津《大公报》1925 年 1 月 5 日,"国内专电")

△ 醇亲王致送热筵一席、绍酒一埕,为孙中山洗尘。孙中山特派马超俊代表,前往醇王府答谢。(《醇亲王亦为中山先生洗尘》,《京报》1925 年 1 月 6 日)

△ 胡景翼致电孙中山,对孙中山安车入都表示祝贺,并谓"牵于职守,未能入京欢迎,实深歉耿"。(《豫胡浙孙复中山电》,《顺天时报》1925 年 1 月 11 日)

△ 是日北京电称:"孙中山拟派卢师谛赴豫,与胡景翼商要公。"(《时报》1925 年 1 月 6 日,"电报")孙中山到京后,关于军事上之问题,均由卢师谛接洽,故卢在京津间较为活动,北上之民党如柏文蔚、钮永建、李烈钧,均所不及。(《孙中山派卢师谛赴豫》,《益世报》1925 年 1 月 17 日)

△ 《京报》刊载广州执信学校全体教职员暨学生会、韶州国民会议促成会、广州市人力车工人俱乐部、江西自治会、清华学校全体学生、广东大理院长吕志伊等各团体、个人发来函电多通,皆表赞同国民会议之主张。(《全国民团轰轰烈烈的拥护中山先生所主张的国民会议》,《京报》1925 年 1 月 5 日)

△ 张家口国民会议促成会致电孙中山、段祺瑞,表示赞同国民会议,敦促召集预备会议,以重民意。(中国第二历史档案馆编:《善后会

议》,第9页)苏州国民会议促成会筹备会、湖北黄石港商会、绍兴印刷工人联合会、国民会议江西促成会筹备处等团体亦来电赞同国民会议,并提出各种建议,用备采纳。(《江西国民会议运动活跃》《绍兴各工团之群起响应》,上海《民国日报》1925年1月5日;《苏州国民会议促成会筹办会纪》,上海《民国日报》1925年1月7日;《湖北黄石港商会电》;上海《民国日报》1925年1月16日)潮州国民会议促成会、潮州工界三十余团体亦分别通电赞成国民会议。(《全国民众对国民会议之赞扬声》,《京报》1925年1月31日)

△　《京报》刊载黄昌谷与民治通讯社记者之谈话,谈论国民党方面对善后会议之意见,略谓:中山先生认为南北两政府当下处于合作地位,中山先生此次北来,并不用大元帅名义,但以国民资格协助北京政府;善后会议但可代表各面领袖式之名流政客军阀等少数人之意见,比之由农工商学各团体及全国人民所召集之国民会议,能代表真正民意者截然不同;中山先生是否加入善后会议,第一须以病体之能否速愈为前提,且必须以该会议是否确能解决各种纠纷为断;北伐军攻赣之行动,虽得中山先生之同意,但此单纯系对方本仁个人,与北京政府并无冲突;民党对于北京政府但愿以国民资格帮助,而不欲居于官吏之地位,故唐、杨、王诸人不愿就外、农、教等总长之职。(《国民党与善后会议》,《京报》1925年1月6日)

△　准任命刘国祥为广州联军军警督察处督察长。闵天培、曾鲁、李寅、吕祖真、梁禹平为该处督察官。(《大本营公报》第1号,“命令”)

△　方本仁致电陈炯明,报告克复赣州经过及湘军谭部弃械败窜情形,请即派队赴粤赣边境截堵。陈氏得电后,即致电兴宁林虎调队迅赴赣南,但林氏已偕同所部军长刘志陆于4日亲自率队入赣。(《陈炯明出发督师声中之要讯》,《申报》1925年1月19日)

△　《北京日报》刊载评论,嘱望孙中山爱护海外侨民,谓:“民国成立,十有四年,海外侨民状况无殊于昔日,受外人不平之苛遇,或受排斥,或遭虐待,几于日有所闻。其视他国之保护本国侨民,无所不

用其极者,实有霄壤云泥之别,此海外侨胞所引以为最堪悲痛之事
也……想先生此次北来,解决国是,对于与民国成立有密切关系之海
外侨胞,当能本其爱护之责,出而督促当局,与各友邦努力交涉,务臻
于成,不唯侨胞之幸,抑亦民国之利。"(《所望于孙中山先生》,《北京日报》
1925 年 1 月 5 日)

　　△ 《盛京时报》报道军阀瓜分地盘之计划,谓当局与各实力派
协商,"欲以朋分地盘谋统一"。并因其中多有孙中山派系中人,以此
暗讽孙氏。称当局之分配办法如下:一、孙岳定为直隶省长(冯玉祥
系);二、姜登选为卫戍总司令(奉系);三、鹿钟麟调为山西省长(冯玉
祥系);五、徐谦为山东省长(孙文系);六、郑士琦率吴长植所部入赣
为江西宣慰使(段系);七、李烈钧为江西省长(孙文系);八、何丰林为
浙江督办(段系);九、吕公望为浙江省长(孙文系)。(《欲与朋分地盘谋
统一》,《盛京时报》1925 年 1 月 5 日)

　　1 月 6 日　冯自由等发起成立"国民党海内外同志卫党同盟
会",宣称其行动目标是开除国民党内的共产党员,对汪精卫等持不
信任态度。

　　报称,日前国民党一部分人已组建一国民党各省区护党同志会,
为共同反对共产党之表示,近又复成立一国民党卫党同盟会,发起者
四十余人,于是日在某处开会成立,"当议决办法数项:(一)将加入共
产党之国民党员,开除其国民党籍;(二)国民党党务,不信任汪精卫
等包办,已请孙文另制定公正党员三人以上,办理党务;(三)共产党
激烈分子谭某等到京,护党同盟会应注意其行动;(四)推举冯自由、
费公侠、张德惠等五人为代表,向孙文要求一切。该代表等因孙在剧
病中,尚未往见。大约须俟孙病稍愈,始能前往也"。(《国民党纷纠
之①》,《晨报》1925 年 1 月 7 日)7 日北京专电亦称:国民党中四十余人所
组织之"赤化防止会"已于是日开成立会并决议:凡信仰共产主义者

────────────

　　①　标题原文如此,疑为"国民党之纠纷"之误植。

均当废黜党籍。重要党员如汪精卫亦在除名之列。(《国民党之防止赤化》,《盛京时报》1925 年 1 月 9 日)

△　各方来电,对国民会议表示支持。

广东教育会致电孙中山、段祺瑞、汪精卫诸人,赞助国民会议;广东省议会会长郑里铎亦来电拥护国民会议。(《粤团体热烈促开国民大会》,《京报》1925 年 1 月 7 日)留日学生总会发表电文,赞成国民会议,称:"国民会议之构成分子,应以孙中山先生所主张之九种团体谓标准,惟一般政蠹国贼,秽声卓著者,绝对不许参加此会。"(《留日学生赞成国民会议》,《中华新报》1925 年 1 月 14 日)广西全省学生联合会亦致电赞同国民会议,望"此议早日实现"。(《关于国民会议消息》,《北京日报》1925 年 1 月 16 日)江苏宝应公民彦作宾等致电孙中山,旅粤湘人致电孙中山、段祺瑞诸人,均表示支持国民会议。(《扬州之国民会议运动》,上海《民国日报》1925 年 1 月 12 日;《旅粤全体五万三千湘人电》,上海《民国日报》1925 年 1 月 17 日)

△　是日哈尔滨电讯称:哈尔滨各团体开联席会议,孙中山代表朱霁青说明国民会议与时局之关系,决首组国民会议讨论会。(《申报》1925 年 1 月 7 日,"国内专电")

△　《益世报》就国民会议刊载评论,谓:"此等会议在中国为创举,法律既少规定,历史亦无成文,不唯人民方面,无此种经验,政府方面,除慎重将事外,亦无若何之发展计划。"故对国民会议提出几点希望:"国民会议之权能,及一切议事之范围,绝不能规定于善后会议";"望此次会议,各政党,各法团,平心静气,纯以解决国是为怀,勿以个人幸进为念";"望国民代表,勿持论过高,强政府以难行,政府当局,勿假设局面,视民意如儿戏"。(《所望于国民会议者》,《益世报》1925 年 1 月 6 日)

△　《盛京时报》刊载报道,称段祺瑞执政之后,多次致电孙中山,请转电粤中将领,停止进行北伐,徐图解决。日前段氏复致电胡汉民、谭延闿,请迅饬已入赣之北伐各军克日停止进攻,勿相侵越,以

弭战祸。据大本营某职员传出消息称,胡氏接电后,特在留守府召许崇智、杨希闵、程潜等缜密讨论,认为不妨拟具体办法,电呈大元帅鉴核。其条件如下:(一)方本仁、岳兆麟应请明令免职,并将方、岳所部军队一律解散,如敢抗命,由北伐军担任剿办;(二)赣省军民两长须征中山同意,然后任命;(三)湘赵抗北伐军假道援鄂,北伐军此次兴师,湘赵亦在驱逐之列,亦请明令免职,其继任人物与赣省办法一致;(四)鄂萧为洛吴余孽,亦请明令褫职;(五)请拨北伐军收束费150万元。以上五条件。已征得谭延闿同意。业经由胡、谭联名致电中山。至中山是否向段氏提出,则不得而知。(《粤政府提出取销北伐条件》,《盛京时报》1925年1月6日)

　　△　据《顺天时报》所载消息,是日电通社记者特至铁狮子胡同顾宅访孙中山之随员某君,该氏所谈,略谓孙中山之肝病固为重态,但绝无生命之危险;孙氏由粤来京,其用意乃专为援助段氏起见,固守来京前之宣言,并无权力思想;最初豫定,拟住京三星期为度,至其病愈之后,离京之日,当纵游欧美各国,普行劝告各国撤废不平等条约,然今因患病,自将不免延期;病态一经恢复,孙决定首赴上海;现以病中,绝对不能见客,即段氏代表之许世英,亦甚少一面。(《孙中山随员之谈话》,《顺天时报》1925年1月7日)对此报道,孙中山秘书处于次日随即通过《晨报》刊载声明,称:"孙先生诸随员中无一人向《顺天时报》作如此之谈话,特负责声明,希望读者勿为所惑。"(《孙中山先生秘书处之声明》,《晨报》1925年1月8日)

　　△　梁汝成上书孙中山,建言修改国际条约,谋加关税,称"非修约加税不足以言理财,非得理财办法不足以救济民生,以平过激派之共产思潮,以维持国际之安宁与秩序",并提出"自由加抽烟酒税"与"创立民生银行"两项建议,自言此商榷书"应提交国民大会,以定国民生计永久根基"。(《梁汝成上孙中山之商榷书》,《北京日报》1925年1月6日)

　　1月7日　准古应芬呈请,免北江盐务督处专员廖燮职务,另派祝霄如为北江盐务督运处专员。(《大本营公报》第1号,"命令")

　　△　胡景翼致电孙中山,嘱其"务祈为国珍摄,调和元气,慎节起居,复矍铄之精神,抒忧乐之怀抱,奠定邦本,贯彻主张"。(《豫胡浙孙覆中山电》,《顺天时报》1925年1月11日)

　　△　电嘱西北各省区军民长官遴派同志宣传国民会议。山西督军阎锡山复电表示赞成派员宣传政见,并谓已饬属知照,加意保护。(《晋阎赞成中山派员宣传》,《京报》1925年1月7日)

　　△　报称孙中山派往浙江宣传国民会议的代表沈定一等由杭到绍后,极受商学各界欢迎。(《申报》1925年1月7日,"杭州快信")

　　△　孙中山秘书处发电,谓:"有谢武刚者在京招摇,妄发委任状多纸,据说是先生所部,请迅即查明,如果有之,望严加管束,勿令滋事为要。"(《中山先生秘书处制止招摇》,《京报》1925年1月9日)

　　△　《香港华字日报》刊载特电称:"孙文派员赴十三省区宣传国民会议。只胡景翼来电欢迎,各省皆婉拒。"(《香港华字日报》1925年1月7日,"本报特电")

　　△　北京国民会议促成会通电全国,要求各地选派代表,来京商量组织总会。(《北京国民会议促成会之通电》,《京报》1925年1月10日)

　　△　《申报》刊载是日北京电,称段祺瑞语人:"善后会议予已亲笔函征中山同意,并派许世英直接谈过。孙对国家统一极为渴望,对善后会议并不反对,外传孙反对,实非孙意。"(《申报》1925年1月8日,"国内专电")《中华新报》亦载北京专电谓:段祺瑞语日本某访员,谓其本人与孙中山对时局意见完全一致,对目前各问题当能合作,外面传说俱非真相。(《孙段对时局当可合作》,《中华新报》1925年1月11日)

　　△　中华民国各团体联合会、上海工商友谊会等来电问候,嘱加意保养,为国珍重。(《各团体联合会议开会》,上海《民国日报》1925年1月8日)

　　△　《顺天时报》发表社论,称:"孙中山抵津之后,病势稍重,留津多日,未克来京,因之谣诼百出,莫衷一是。或谓内中有倒段政府

行过激的革命之计划，或谓至少无援助段政府之意云。虽然，孙氏非共产主义，征诸孙氏自身及其亲信者之迭次声明，自可了然，此为识者所共悉者也。惟观其党派之行动，对于段政府有否好意，或是否反对段政府之施政，颇难判断，惟孙氏所以负病入京者，其用意在释外间之疑团，不难推测焉。抑孙氏自始声明，将收拾时局之任委诸段氏，虽其间不无多少异见，然决无固执己说，妨害收拾时局之意。一面段氏亦颇倚重孙氏之阅历与识见，劝其北上，促其入京，已非一次。而孙氏此次抱病晋京，披沥诚意，莫过于是。由是以观，两者之意，可谓吻合矣。曩者吾人曾谓除段孙两氏外，如张雨亭、唐少川，亦能加入其中，共谋国事。则各种难题，更可迎刃而解。按现在新政建造事业之中心，在于段氏，然段氏目下之使命，不过准备建设，换言之，不过举办善后会议与国民代表会议而已，而由今日之状况观之，此两种会议，均难乐观，而使段氏完成其使命与否，全视孙氏及其与党援助段氏之程度如何以为断。孙氏此次入京，既表明援段之意，则段氏临时执政之基础，可谓益加巩固，而完成使命之可能性，亦可谓从此益增矣。"（《孙中山之入京与段执政》，《顺天时报》1925 年 1 月 7 日）

　　△　《顺天时报》刊载各省各团体促开国民会议之通电，有国立广东大学、广东省教育会、民权社、广州总商会、广州市商会、互助总社、女权运动会、法学经济会、广东派报工会、安徽全省学生联合总会、山东国民会议促成会、广东省立女子师范学校校长暨全体教职员等之来电。（《各省促开国民会议声》，《顺天时报》1925 年 1 月 7 日）菲律宾加必地埠图强阅书报社致电孙中山、段祺瑞，称海外侨民拥护国民会议。（《斐列滨华侨之沉痛的呼声》，上海《民国日报》1925 年 1 月 7 日）

　　△　云南总商会致电孙中山、段祺瑞诸人，主张联省自治，略谓："滇省主张联省自治业已有年，试行之已有小效。他省亦多有赞同者，惟时机未熟，尚碍进行。今曹、吴颠覆，当可与民更始……商界因饱经困苦而希冀幸福，惟联治其庶几乎。敢贡一得之愚，以求明达之采择焉。"（《云南总商会主张联治电》，《益世报》1925 年 2 月 2 日）

△　陈炯明会同林虎部,分兵三路进攻广州。(《中华民国史资料丛稿·大事记》第 11 辑,第 5 页)

1 月 8 日　孙传芳来电,对孙中山抱恙入京表示慰问。(《豫胡浙孙覆中山电》,《顺天时报》1925 年 1 月 11 日)

△　是日北京通信称:"孙中山入京,高卧北京饭店,段屡约相见,而孙侧辄以医禁谈话辞谢。卫兴武代表段氏前往问疾,亦只能见孙夫人,而不能见中山。"并谓:孙中山托病高卧,一周以来不见一客,一无表示,不参预会议,不批评政局,不表示主张之消极态度,"在环境上实有不得已之苦衷,明白北方形势者当能领会"。"至于孙之主张,曾表见于其离粤前之宣言者,固始终不变以俟实施之机会。今则空气上之阻力尚不小也。"(《申报》1925 年 1 月 16 日,"国内要闻")

△　报称,国民会议在奉省宣传委员业经孙中山派定傅汝霖等三人,傅委员等已于是日晚乘车抵奉,"一俟与东省当局接洽就绪,即开始各方活动,大事宣传。其目的必使奉天民众,咸了然国民会议之真意而后已"。(《国民会议宣传委员抵奉》,《京报》1925 年 1 月 12 日)

△　广西形势极为复杂,各实力派互不相下,暗斗甚烈。自孙中山任命沈鸿英为建国军总司令,刘震寰为桂省长,更同时任李宗仁、黄绍竑为全省绥靖督会办,纠纷益甚。(《广西各实力派暗斗》,《申报》1925 年 1 月 31 日)《申报》是日刊载梧州通信,称旅京桂省人士反对刘震寰长桂,请孙中山取消对刘的任命,报道称:"日前民国大学校长雷殷等特与旅京同乡磋商,意欲设法请中山取销任刘震寰长桂之命令,以免桂省再罹兵燹。旅鲁桂绅秦恩述亦有电致京请雷殷等筹备欢迎中山,俟孙抵京时联合同乡要求孙氏电粤,将任刘氏为桂省长命令取销,以杜纠纷。"其电略谓:"(中山)在粤濒行忽任刘震寰为桂省长,且以滇军助其回桂,意在用武力解决,为刘争得地盘,现闻省内军事当局均各整军以待,严拒客军入境,战事瞬即发生,吾桂频年兵灾,地方残破已极,岂堪一再蹂躏。兹中山既有化除南北意见,赞成和平统一决心,自无对桂再以武力侵略之必要……至桂事应由桂人自决,将来

如何力谋统一,当俟善后会议、国民会议合筹全局议决执行。"(《旅京桂人反对刘震寰长桂》,《申报》1925 年 1 月 8 日)

《京报》消息称,是日赣代表向孙中山请愿,反对胡思义长赣,要求改任李烈钧,谓:江西各团体代表张抡元、汪以正等谒孙中山,由孙随员杨杏佛代见。"张代表等首询孙先生病况,继询北伐军战况,即□□□一致拥戴李协和长赣,兼收束军务,特推某等晋京请愿,无如段执政尚无确实答复,务请孙先生主张正义,代赣□抗争。杨答:孙先生对赣局本极关心,只恐外间误会为民党争地盘,故未便有所主张。刻下孙先生因病况不能见客,改日请诸君一晤汪精卫共商办法云。两代表复至内务部请愿,龚内长亲出接见,代表等要求罢免胡思义,改提李烈钧长赣。龚答云:胡氏已来电辞职,协和愿否继任,容我一问谢□虚氏,再提阁议云。又闻同时上呈执政府,请速撤换胡思义任命李协和长赣。"(《赣代表向中山先生龚内长请愿》,《京报》1925 年 1 月 9 日)

△ 据执政府消息,段执政因善后会议开幕在即,而关于第一项"有勋劳于国家"之委员资格,只有孙中山、黎黄陂二人。除孙中山在京就近敦请外,特于昨日下午缮就亲笔手书一通,派黄陂亲同乡前总统府秘书萧某持往天津,面见黄陂,敦请即日命驾来京出席善后会议,共商国是。此外唐少川、章太炎诸人除前日通电外,亦已由执政另加专函敦促就道。又连日外间所传,唐继尧、陈炯明、刘显世等反对善后会议各电,询之执政府及善后会议筹备处各要人,均极力否认,谓绝无此来电。(《进行中之善后会议》,《北京日报》1925 年 1 月 8 日)

△ 《益世报》刊载通信,提及善后会议会员中的派别问题,称:"今日段之亟先召善后会议,而后产出国民会议之组织法,与孙之淡视善后会议,而致力于国民会议,实不无各存其利害于心中。据深知各派内容者所谈,谓善后会议会员,或代表(有一人兼二项资格者可派两人,故以两人计)为一百三十七人,分析其属于接近何系,可约分之如下:(一)段系二十一人;(一)孙系二十二人;(一)奉系二十一人;

(一)国民军系十六人;(一)旧直系(指鄂浙闽等)五人;其余则或为超然派,或无所属。"并谓:"善后会议,属段派者极力促成之,属奉派者可以敷衍,国民军及西南各省,则各以冷淡对之,若谓能按段氏所定步骤进行,恐不易也。"(《善后会议之趋势》,《益世报》1925年1月8日)

△　孙中山秘书黄昌谷是日在湖北蒲圻会馆的欢迎会上讲演"中山先生之生活",称道孙的革命志气和政治思想。(《黄昌谷讲演中山先生之生活》,《京报》1925年1月12日)

△　扬州大江日报馆总理朱达哉、扬州旅外学生会、国民党东莞石龙等区分部、安徽省农会、建国第四军第一路司令刘英等致电孙中山,支持国民会议。(《东莞国民党部赞成国民会议》《安徽六重要团体之通电》,上海《民国日报》1925年1月8日;《建国将领致中山电》,上海《民国日报》1925年1月10日;《扬州大江日报经理之表示》《扬州之国民会议运动》,上海《民国日报》1925年1月12日)安徽全省学生联合总会、绍兴青年协进会等团体亦致电孙中山,赞成国民会议。(《关于国民会议之要电》,《京报》1925年1月8日)山东国民会议促成会致电孙中山,谓该会正式成立于1月7日,加入者有六十余团体,"尚望先生毅力坚持,本会誓为后盾"。(《关于国民会议消息》,《北京日报》1925年1月16日)

△　《香港华字日报》刊载报道,称:"孙政府治下之苛捐,名目百出,月异日新,纪不胜纪,近来南海县属,又创行一种公秤捐,此捐抽诸柴商,每一柴船到埠,必须向该捐局报告,该捐局即派员持其所谓公秤,将全船柴薪称过,始得发售各柴店。"(《孙政府又创行公秤捐》,《香港华字日报》1925年1月8日)

1月9日　就清室优待条件改订事,命行辕秘书处复函宝熙等人,对其要求大加驳斥,而认优待条件应取消,改订条约为合理的行为。

据新闻编译社消息云:"清室优待条件改订而后,清室方面仍多方运动力图恢复旧观。近复由宝熙、绍英等用清室内务府名义,致函孙中山,请为维持。"遂有此电复。(《中山认优待条件应取消》,《京报》

1925 年 1 月 9 日)

　　去年 12 月 31 日抵达北京之夕,有以满臣自居之宝熙、绍英、耆龄、荣源等来函,述 11 月 5 日溥仪被冯玉祥逐出故宫事,谓"优待条件为民国产生之根本,自宜双方遵守,垂诸无穷……伏乞主持公道,力践前言"。孙中山阅函后,着秘书处复函驳斥之,函谓:"中山先生对于此事之意见,以为由法律常理而论,凡条件契约,义在共守,若一方既已破弃,则难责他方之遵守。民国元年之所以有优待条件者,盖以当时清室既允放弃政权,赞成民治,消除兵争,厚恤民生,故有优待条件之崇报……乃自建国以来,清室既始终未践移宫之约,而于文书契券,仍沿用宣统年号,对于官吏之颁给荣典赐认等,亦复相沿弗改,是于民国元年优待条件,及民国三年优待条件善后办法中清室应废行之各款,已悉行破弃。逮民国六年,复辟之举,乃实犯破坏国体之大眚,优待条件之效用,至是乃完全毁弃无余,清室已无再请民国政府践履优待条件之理……则民国政府对于优待条件,势难再继续履行。吾人所认十一月间摄政内阁之修改优待条件及促清室移宫之举,按之情理法律,皆无可议。所愿清室诸公省察往事,本时代之趋势,为共和之公民。"(《中山认优待条件应为取消》,《顺天时报》1925 年 1 月 9 日;《孙中山对于优待清室之意见》,《时报》1925 年 1 月 17 日;《宝熙等与孙中山往来函》,《申报》1925 年 1 月 17 日)

　　△　各团体欢迎孙中山告一段落。此次筹备欢迎中山,事经一月之久,各种欢迎事宜规模甚大,且异常完善。(《各团体欢迎孙中山告一段落》,《京报》1925 年 1 月 9 日)

　　△　因军饷紧急,款项周转为难,特训令广东省长胡汉民即转饬广东财政厅长古应芬,并令建国滇军总司令杨希闵饬所属一体遵照前令办理,"以裕公帑为要"。(《大本营公报》第 1 号,"训令")

　　△　是日北京电称:段祺瑞以民党不赞成善后会议,挽留张作霖暂缓回奉,向孙中山及国民党分子疏通。(《时报》1925 年 1 月 10 日,"电报")

△ 刘成勋致电段祺瑞、孙中山诸人,报告克复汉城,谓:"窃以驻汉边军哗变,陈使失踪,本军迫于人民之请,进驻汉城,维持秩序……特恐远道传闻失实,莫明真相,特电奉闻。"(《刘成勋报告克复汉城电》,《益世报》1925年1月9日)

△ 准甲车队队长卢振柳呈请,予该队少尉排长张宏远附葬陆军忠烈祠坟地,以慰英灵;准管理粤汉铁路事务林直勉呈请,将此次加收二成车利悉数支发裁留员司欠薪,以恤下情;将车务处副总管一职照旧设置,免予裁撤。(《大本营公报》第1号,"指令")

△ 孙科在广州接见路透社记者,自言回粤原因有两个:"一拟向广州当局报告北方情形;一则讨论好方法,以切实整顿广州军队。"并指出:"国民党之急烈派近日骚动反对耶稣教之事,与孙文毫无关系,且孙文亦无实行苏维埃主义于中国之意……孙文在京之惟一目的,即讨论整理陆军之最好办法。孙氏自信最善计划即召集代表全国之国民会议。段氏极端赞成,倘无反对之者,则可于段氏善后会议后三个月内召集。孙文因病体不支,势难参与。"(《孙科抵粤后之谈话》,《京报》1925年1月11日)

△ 上海《字林报》是日刊登徐谦与记者之谈话,提到:"孙中山与冯玉祥之间,并无何等协定,惟两者之目的相同,皆欲一扫国家之腐败,中山乃革命元勋,冯氏夙最器重。外闻所传有何同盟协定之说,概系无稽之风说,尤荒唐无稽。"徐氏又谓:"关于孙氏所倡取消不平等条约运动,余虽不知孙氏为何声明,然余在津时,亦曾访孙,惟因彼时来客甚多,未获畅谈。只闻孙氏曾以激越口调论之云:余决非以如斯意味而企图取消运动,又云无条约则国际亲交也贸易也皆不能继续矣云云。盖孙氏只向世界要求公平与正义,仅欲于平等地位上改订条约而已,此乃一般中国爱国者共同之希望,恐列强亦无反对之理由。"(《徐季龙口中之孙中山与冯焕章》,《顺天时报》1925年1月17日)

△ 浙江国民会议促成会表示赞同组织全国国民会议促成联合会,并分别致电孙中山、段祺瑞,谓善后会议显违民意,务速取消。

《国民会议促成会讯》,《中华新报》1925 年 1 月 10 日)

　　△ 永嘉县商会、教育会等致电孙中山、段祺瑞,拥护国民会议,反对善后会议。(《温州国民会议运动之活跃》,上海《民国日报》1925 年 1 月 15 日)

　　△ 旅暹侨务局参议陈阜民等致电孙中山等人,要求参与国民会议,略谓:"旅外华侨数几千万,祖国灾难向相助援,而于革命事业尤为踊跃输将……故此次国民会议,在内地之团体固应参加议席,而旅外之华侨岂可独令向隅……尚望一视同仁,无间中外,准予参加末议。"(《旅暹华侨请加入国民会议》,上海《民国日报》1925 年 1 月 29 日)

　　△ 上海广肇公所等致电孙中山,对之前粤东各商号指责其"诬骗关税"的提案加以澄清,称:"运粤各货,由起运各口岸海关验明斤两,完纳正税,给单放行。复由起运口岸海关给有红照,注明斤两,咨粤海关。到粤复经粤海关查验相符,照章纳税,始准提货。种种手续,备极妥密……伏乞俯恤商艰,迅将该案取消,免予处罚,以维市面而安商业。"(《旅沪粤团体电文》,《时报》1925 年 1 月 9 日)

　　1 月 10 日　令广东省长胡汉民:即行严饬所委专员会同佛山驻军,切实催收佛山商团罚款,克日收齐,扫数报解。(《严限催收佛商团罚款》,《广东七十二行商报》1925 年 1 月 12 日)

　　△ 准大本营军政部长程潜呈请,给予湘军第三军军部故书记谢其新少校恤金;给予已故湖南衡州金库出纳课主任廖逢岳少校阶级恤金。(《大本营公报》第 1 号,"指令")

　　△ 建国奉军总司令常德盛等致电孙中山、段祺瑞诸人,略谓:"今我北伐联军大举驱蔡,铲除吴氏余孽,德盛逢此盛会,即无一兵一卒,亦当执鞭随镫,以为诸公之后,何幸如之。又蒙我大元帅委以重任,自当鼓舞三军谨听帅令,努力杀贼,以期建国大纲可立,三民要义得申。"(《中华民国史档案资料汇编》第 4 辑下册,第 634 页)

　　△ 报称,孙中山方面否认国民党有将叶恭绰、郑洪年宣告除名事。(《孙段对时局当可合作》,《中华新报》1925 年 1 月 11 日)

△ "国民党护党同志驻京办事处"开会披露谢持、张继等弹劾案所附之共产党秘密文件,并发布宣言。称:"自汪精卫等勾结共产党加入本党,一年以来,朋比为奸,党德人道,几至决荡无遗。外受敌党之挑拨,内遇党义之争执。风雨飘摇,朝不保暮。念我总理三十年缔造之艰难,不禁痛心。兹特将本党监察委员谢持、张继及各地同志去秋查获共产党人阴谋后向中央弹劾案内之文字要证,摘要披露,冀全党同志,奋起注意,共图挽救。"(《国民派牺牲共产派》,《晨报》1924 年 1 月 13 日)

△ 山东国民会议促成会、扬州仙女市女界国民会议促成会、安徽国民会议促成会、国民党广东大学特别区部等团体致电孙中山,赞成国民会议,反对善后会议。(《山东亦主张组织全国促成会》《国民党宣传员在仙女之活动》,上海《民国日报》1925 年 1 月 15 日;《皖促成会反对善后会议》《广东大学区党部告全国各界》,上海《民国日报》1925 年 1 月 17 日)皖人汪永铭等八十人致电孙中山、张作霖、卢永祥诸人,拥护国民会议。(《皖人赞成国民会议之二电》,上海《民国日报》1925 年 1 月 10 日)

△ 《盛京时报》刊载报道,称对于善后会议有乐观悲观二说:持乐观说者,首为执政府方面并赞成该会议之各方面。据其观察,则谓规定时期前,会员定能达法定人数,届时必可开会。且各省有力者之代表多已在京。外间所传该会议不能成立之说,概属反对派之宣传,绝非真相。其持悲观论者,首为与现政府关系较少方面及民党方面。据其观察,则谓孙中山、黎元洪,终难出席,又著名之人物三十名中,如唐绍仪、岑春煊、章炳麟、王九龄、杨庶堪、汪精卫、李根源、彭养光等十数名,亦恐弗克莅会。又讨伐曹锟有功勋之人物中,如许崇智、谭延闿、杨希闵等数氏,能否遣派代表与会,极属疑问。更兼各省有力者中,如云、贵、宁、桂、湘等省,能以诚意派遣代表否,犹是问题。要而言之,执政府与民党方面之感情,苟如现在无少变化,则会议之前途,诚不得不抱悲观。又纵届开会时幸达法定人数,而其结果能否有效,亦一莫大之问题。(《万目睽睽之善后会议》,《盛京时报》1925 年 1 月

10 日）

　　是月上旬　国民党中央执行委员致电孙中山,呈报紧急会议所议决之结果:(一)认为善后会议为不尊重民意,宣言反对;(二)主张应废止宪法,复活临时约法;(三)反对委员制度;(四)广东政府之名称,在国民会议未召集以前决不取消;(五)参酌孙、段意见,可许在国民会议之前先行召开预备会议。(《国民党之主张》,《晨报》1925 年 1 月 10日)[①]

　　1 月 11 日　熊克武就建国军川军总司令职。

　　去年 10 月 13 日,孙中山在广州训令编制建国军,熊克武于 12月 5 日接奉命令,着将其部编为建国军川军,各部编制准用原有建制编成。本日,熊就任建国军川军总司令职。(罗刚编著:《中华民国国父实录》第 6 册,第 4985 页)

　　△　是日消息称,粤籍拒选议员与孙中山磋商维持粤省现状:(一)制止陈部发展;(二)北伐军现驻防地暂不迁移。(《益世报》1925年 1 月 11 日,"专电")

　　△　国民党发表通告,阐释孙中山对时局之宣言,希望本党的主张能获得多数国民之了解与同情。称国民会议之大要,"一曰使武力与国民相结合,二曰使武力为国民之武力,而以国民武力斯时尚无可言之故,用是集合全力于第一步,因而有召集国民会议之主张。然犹恐国民会议徒有其名,而实际所解决者,尚无裨于国民也。故有以现代事业团体、商会、教育会、大学、各省学生联合会、工会、农会、共同反对曹吴各军,及政党九种团体选举代表组之国民会议之确定。又

――――――――――――

　　①　该报道据广州电通社电讯,称"国民党接孙(中山)由京来电,开紧急会议,其结果昨有复电致孙,其决定之态度如左",即此电。按《盛京时报》1 月 8 日载 5 日发的广州专电,称:"国民党于昨晚特开紧急会议,决议下列数项事宜:一,反对不尊重民意之善后会议;二,废止宪法,复活临时约法;三,反对委员制度;四,广东政府名义非俟召集国民会议,解决国事后决不取消。惟据胡汉民谈话云,孙段意见渐趋接近,不久即当组织一种折衷的预备会议。"《国民党之政治决议》,《盛京时报》1925 年 1 月 8 日)则国民党中央的复电当在 1 月 4 日(开会之日)至 10 日(《晨报》登出报道之日)之间。

慨乎吾国官僚政客之惯用其巧借名目故技,而为包揽把持之阴谋也。故有于国民会议以前,由上述九种团体派出代表,组织预备会议,以决定国民会议之基础条件"。(《为国民会议告国民》,《京报》1925 年 1 月 11 日、12 日)

△　自孙中山主张开国民会议后,各方均极赞同。民治主义同志会、中华法制革新会、平大政治研究会于是日开联席会议,一致议决电请中山赓续主持,以期早底于成,得决国是。(《各团体请中山主持国民会议》,《京报》1925 年 1 月 12 日)北京民治主义同志会等致电孙中山,拥护国民会议。(中国第二历史档案馆编:《善后会议》,第 10 页)上海国民会议协商会致电孙中山,赞同国民会议,反对善后会议。(《国民会议协商会开会记》,上海《民国日报》1925 年 1 月 12 日)

1 月 12 日　方本仁在南昌发表通电,就赣局问题声讨谭延闿,略谓:"窃念此次战役,谭延闿实为戎首。当仁部讨蔡,甫抵南昌,彼竟声言讨伐,不惜破坏和平,令其所部湘、滇、山、陕各军乘虚实行犯赣,比以钧座力主和平统一,迭电请为制止,并由中山先生所派来赣代表李君翌东前往严重交涉,冀其各守防地,不相侵犯。乃彼更口是心非,派队节节进逼,犹复造作言语,蒙蔽中山,以致中山致主政巧电,谓本仁对谭部,当蔡未去招之惟恐不来,蔡既去麾之惟恐不去云云。不知当仁部对蔡用兵未出发之先,中山先生派其代表李翌东来赣接洽,要求倾覆赣省会师北伐,仁以此举破坏大局,严词拒绝,只允彼此各守防地,不相侵犯,旋由李代表转示。谭之复电,对于所提出彼此不相侵犯之言表示容纳,代表文电具在,足资证明,岂所谓'招之惟恐不来,麾之惟恐不去'乎。是其背弃信义,颠倒事实,已不待辨而自明矣。"(《申报》1925 年 1 月 15 日,"公电")

当时舆论颇注意孙中山对江西局势的重视,《香港华字日报》曾刊文指出孙中山之抱疾入京实有委曲苦衷"有不堪为外人道也",所指即为赣局。报道称:"湘军在赣大败,消息传至,中山闻而大患,语其左右,谓湘赣有一人于吾党手中,方可保存粤局,今偏不争气,拼此老面北上,却不能发展丝毫,为湘军声援,致一败至此,今既如此,惟有硬着头皮晋京,与干木(按:指段祺瑞)商阻方军之逼压湘军,冀保存多少实力,为将来再行发展余地而已。"(《中山病状及左右派内讧详情》,《香港华字日报》1925 年 1 月 15 日)

△ 青岛公民纪凤仁等致电孙中山、段祺瑞、张作霖诸人,列举海军司令兼胶、澳督办温树德的"八大罪状":官卖烟膏;滥用私人;卖官鬻爵;纵容部下兵士庇娼窝赌;沉湎酒色烟赌,荒废职务;搜刮商埠财政作军饷;勾通商界败类假造民意;增加军队,别具野心。又谓:"温树德既无政治知识,更乏外交经验,以之主持青岛埠政,非将青埠蹂躏至不可收拾不止。尚望主持公论,力为赞助。"(《青岛公民攻讦温树德电》,《益世报》1925 年 1 月 12 日)

△ 山西国民会议促成会成立,并电致孙中山,拥护国民会议,反对善后会议。(《山西国民会议促成会成立》,上海《民国日报》1925 年 1 月 12 日)天津妇女国民会议促成会致函孙中山,称:"先生所提倡以民众为基础之国民会议,允为匡时良策,惜乎对于二万万之妇女未与参加团体之列。证之先生素来主张,恐系挂漏。务请早日将此项团体加入,藉符全民之意。"(《女团体反对善后会议》,《益世报》1925 年 1 月 12 日)

△ 是日香港电称:"孙科奉父命南返,将赴韶与谭延闿商解决赣局。"(《时报》1925 年 1 月 14 日,"电报")《香港华字日报》则断言此次孙科返粤"是其与汪精卫积不相能而去",并分析了广州政局中国国民党内"元老派"与"太子派"的矛盾,略谓:"查日下广州地盘,全在元老派之手,凡太子派之同袍旧侣,一一被胡派排去,孙科与本派原痛痒相关,自难长作壁上观,因有倒胡运动……孙科此次离津,名虽由乃父遣之返粤,实则别有原因,缘中山带来随员虽有二十余人,惟管理秘书处机要者只有汪精卫、戴季陶、邵元冲三人,皆与共产派发生某种关系,与孙科积不相能。汪等到津未久,即受民党多人纷纷函责,谓其不利于中山……汪疑此事与孙科有关,故向中山前表示去志,中山

为慰留汪氏起见，遂不得不命其子他适。实则中山此时病体未愈，万无遣子他行之理，其所以致此者，盖有不得已之理由也。但孙科此行，因广州市长一职，将为胡汉民之弟毅生夺去，故匆匆返粤。"（《孙科返粤之政海波澜》，《香港华字日报》1925 年 1 月 13 日）

△　孙科是日会见东方通信社记者，谓："外间于余此次之南归，颇多臆测之辞，要之，余之回粤，一欲将北京政局之现状，奉天、国民两军及段执政就职后之经过真相报告广东当道，二因□于中国现今渐次趋向改善之曙光之现情，就于复杂之广东军事问题之解决及行政之善后问题，与各当局有所商榷，故特南归也……现在之执政政府系临时的性质，无约法，无国会，无法律的根据，至真正之政府，须依国民会议之结果以树立，国民党于段执政召集之善后会议，虽反对其列席资格中'国民代表不得参加'之点，但国民党对于善后会议实际上能否赍国民党所希望之效果，则届于旁观地位。"继又提及国民党谋与国民军结合实行第三"古台太"（武断政客）计划之说，孙科云："国民军仅不过谅解国民党之主义，赞成吾人之主张耳，所谓'古台太'云云，似未得其正鹄也。"（《孙科与日记者之谈话》，《时报》1925 年 1 月 14 日）

△　《申报》刊载评论，分析孙中山入京与时局之关系，称："（孙中山）固认定国民会议为解决大局之惟一途径，而极不以善后会议为然，故最近仍遣派代表分赴各省，从事宣传，其散布地点计有长江各省及河南、山西、陕西、甘肃、山东、直隶、热、察、绥等省区，同时复在各省区组织国民代表会议促进会，即为将来召集国民会议之基础，酝酿正将成熟。而政府方面之'钦订国民会议条例'，适又不惬人望之时，则各地促进会即起而号召，虽将来之结果未可知，然此为孙氏目前肯定之方针。"并分析了各派之关系，认为："段联冯可以抵张，兼可以制孙；孙联冯可以抵张，兼可以制段，故民党中之左派如李石曾等颇从事于孙冯之携手，民党中之右派如于右任等则谋从联络胡景翼入手。孙氏入京，颇有不少民党中人思利用国民军以为政治上活动

之凭借,然政局一时尚不致大变化者……以目前之情势论,张则可段可黎,而与孙较远,冯则可孙可段,而与黎不易合作。后来之纵横离合,要须视利害变化以为定时局前途,诚未容作苟安之想也。"(《孙中山入京与时局》,《申报》1925 年 1 月 12 日)

1 月 13 日　"国民党海内外同志卫党同盟会"上书孙中山,提出七项办法,意在将国民党内共产派完全推翻。

略谓:"查共产党自加入本党以来……以致党内同志对于三十年终始不渝之主义,起绝大之怀疑。而内外人士对于本党之信仰,及友党对于本党之关系,亦因而减若干之程度……今海内外同志,以共产党横行无忌,一至于此,若不速图挽救,必将沦本党于万劫不复。"并提出其所议决的七条挽救方法:"(一)中央执行委员会及各执行部之共产党籍职员,应一律撤换;(二)凡与共产党有关之党中印刷所、新闻、杂志、学校各宣传机关,其补助金应一律停止;(三)对于现在一切政治问题,请由总理指定无共产嫌疑之纯粹党员三人以上负责办理;(四)派赴各省之国民会议宣传员属共产党籍者,应一律撤换;(五)以最短期间召集国民党第二届全国代表大会在北京开会,惟共产党员不得当选为代表;(六)各地党员去年所提出弹劾共产党各案,应由纯粹党员组织特别裁判委员会以裁判之;(七)本党一切大小事权,以后不许〔外〕国人干预。"(《国民党中反共产派决推倒共产派》,《晨报》1925 年 1 月 14 日)

△　训令广东省长胡汉民:准湘军第二、第三军在马坝向各绅商所借军饷八千余元抵完民国十四至十五年两年田赋,仰转饬曲江县长遵照办理。(《大本营公报》第 2 号,"指令")

△　准建国军湘军总司令谭延闿呈请,令曲江县将该军借款换给印收,准抵完民国 14、15 年之田赋,以清手续。(《大本营公报》第 2 号,"指令")

△　准国立广东大学校长邹鲁呈请,准予前高师第十一届各科学生毕业,由该校印发毕业证书。(《大本营公报》第 2 号,"指令")

△　委派林直勉为财政委员会委员。（《大本营公报》第 2 号,"命令"）

△　汪精卫转达孙中山面谕,辞谢段祺瑞执政之招待,谓:"请自今日为始,所有行馆内一切膳食零用及汽车等项,概由敝处自备,不必仰劳招待,至于行馆厚备,远人栖止,敢拜嘉惠。行馆内供张各物,暂时借用,将来当照天津行馆办法,如数点还。"（《孙中山谢招待》,《京报》1925 年 1 月 14 日）

△　孙中山继派国民会议宣传委员李希连、傅汝霖抵吉后,续派王治安、傅沐波、李梦庚为奉天国民会议宣传员,是日在明湖春开欢迎会。（《申报》1925 年 1 月 15 日,"国内专电"）

△　下午 2 时,旅京广东同乡欢迎孙中山先生会在中央公园召集会议。（《粤同乡欢迎孙中山》,《京报》1925 年 1 月 14 日）

△　福建省议会致电孙中山、段祺瑞诸人,告知闽省宪法于是日公布。（《福建省宪公布》,《晨报》1925 年 1 月 16 日）

△　国民党万隆分部致电孙中山、段祺瑞诸人,称"国民会议,全体赞成";万隆民仪书报社也电称"国民会议,华侨一致赞成"。（《南洋万隆华侨已起响应》,上海《民国日报》1925 年 1 月 14 日）

△　《晨报》报道段政府筹划国民会议组织方案之艰难,谓:"关于国民会议之组织方法,前经执政府饬令临时法制院拟定具体方案,以便提交善后会议公同决定。兹闻法制院方面,对于此事,已由姚震召集所述评参事等开始讨议,顾以事属草创,并无成规足资援引,且鉴于历届国会选举之弊端百出,实为民国十三年来政治纷乱之恶因,今欲根本刷新,对于国民会议之组织,自须审慎规划,以免再蹈从前覆辙。该院连日集议数次,尚未致规定方法,而评参事等人数既多,意见亦遂难一致。惟闻姚震颇倾向于直接选举一途,将来下手起草,当即根据此点作为准绳。"（《国民会议组织问题》,《晨报》1925 年 1 月 13 日）

1 月 14 日　日前汪精卫曾依中山面谕,致函许世英辞谢招待。

是日,许世英复函汪精卫,略谓:"执政闻命之下,仰见中山先生眷念时艰,谦抑为怀之至意,惟中山先生为国宜劳,惠临都下,政府自应赓续招以尽优礼。"(《招待孙中山问题》,《顺天时报》1925 年 1 月 16 日)

△　旅粤江西同乡会致电孙中山,"请速饬北伐军进攻"。(《旅粤赣人对赣事意见》,上海《民国日报》1925 年 1 月 16 日)

△　张继接受记者访谈,就时局与善后会议、国民会议的趋势发表意见。略谓:中山不赞成善后会议,又适在病中,故对于该会条例,并未表示意见。西南各省及民党对于善后会议均持反对态度,观于唐少川、章太炎之谢绝参加,可想而知。西南及民党方面,如不加入善后会议,纵能开会,则其范围狭小,不能代表全国意见,自难一律施行。而"国民会议之组织,须政府与人民合作,政府如能完全让行政官吏极力从旁提倡督促,则可于短期内集会;如政府虽有主张国民会议之名,而不出以诚意之提倡督促,当此现状之下,恐亦不易早日集会"。国民会议代表之选举"应由国民多数直接讨论规定之"。关于国民会议之地点以何处为适宜,"个人主张以为,苟真能不受武力影响及政府操纵,无论何处皆可"。国民会议应有无上之权限,所有一切大问题,均可解决。约法、宪法、国会三大问题,"须完全听诸国民会议解决,因为此种问题,关系国家立国根本问题,除专制国之皇帝外,任何人不能自由取消。段氏前虽有下令取消之议,但已搁置,现在此项问题,正在保留期间。即如非常会议,虽能开会,亦不过为约法看家。在国会问题未解决前,亦不能议决任何案件,即现在之段执政府亦不过为全国国民临时看家,俟国民会议开会后,新政府依法产生,然后将一切事务交代。执政府并与正式政府不同,不第不能取消约法、宪法、国会,即各项重要命令,除因维持现状必不得已者外,亦不可轻事摆布。若滥发命令,则丧失威信,拘束力甚小,即看来亦不易矣"。"救国之法,惟有由国民方面自行设法,并由当局诚意帮助国民,制成一种纯粹民国团体之结合。舍此外实无他道也。"(《张继之时局谈话》,《中华新报》1925 年 2 月 1 日)

△　《京报》称："孙中山先生主张召集国民会议，实合时代之要求，自主张召集国民会议宣言发表后，各处响应电文竟如雪片飞来。"并刊载学生废约同盟、保定女界国民会议促成会、国民会议江西促成会、广东省女权运动会、广州市市商会等团体拥戴国民会议之汇电。（《全国民众拥戴国民会议之汇电》，《京报》1925年1月14日）

△　《香港华字日报》报道谓："因孙文组织赤卫军，在黄埔设立共产党陆军军官学校，招聘俄人教授，因此各官署局所招聘俄国人技师顾问等，极一时之盛（航空局及铁夹〔甲〕军队均俄国人主持），其后俄人向本国招致国人来粤者日众，广州几成为俄人流浪地。"该报道又刊载特约专访员之通讯，称"粤中共产党，自将孙文包围，久拟在广州实行共产"。（《孙政府不忘情于共产》，《香港华字日报》1925年1月14日）

1月15日　广州大本营以建国滇、粤、湘、桂等军组成东征联军，杨希闵为总指挥，发布东征动员令。（《中华民国史资料丛稿·大事记》第11辑，第9页）动员滇、桂、湘、粤军，讨伐陈炯明。（罗家伦主编、黄季陆增订：《国父年谱（增订本）》下册，第1279页）

△　卢师谛是夕赴豫，代表孙中山与胡景翼有重要军事接洽。（《申报》1925年1月16日，"国内专电"）

△　是日北京电称，孙中山语人："予非反对善后会议，予将于一星期内发表对于善后会议之意见。"（《申报》1925年1月16日，"国内专电"）

△　行辕秘书处发布针对《东方时报》1月15日报道《国民党反对善后会议宣言》之声明，澄清由该报道所造成的误会，称"细阅全文，则与一月九日北京法文日报之时评无异，以法文日报之时评，而指为孙中山秘书所发表之消息，已为可讶，指为国民党之宣言，尤为不伦"，"至于本党对于善后会议之态度，不久必能令关心此事者明白认识，亦不妨豫为诸君告之也"。（《中山先生秘书处对于东方时报记载之声明》，《京报》1925年1月16日）

　　△　岭南冼世勋堂理事冼植洪致电孙中山、胡汉民诸人,反映锡良学校被人肆意破坏,有人"藉军招摇,强占民房,摧残教育","乞请严令撤销,并将何侠依法查办,以惩强暴而安民业"。(《电请维持教育》,《香港华字日报》1925年1月17日)

　　△　安徽旅京霍山同乡会1月10日来函云:"敝省各种新军均被编抚,由省政府作正供给。独有李雨村等率领建国军,约三四千人,驻扎霍山未受编制……现该军尚未就编,旷日持久,军民均感不便,既通电服从遵命,敢乞先生电令该军严整军纪,亟谋收束。或派专员赴霍办理各项事宜。"是日,行辕秘书处函复函谓:"中山先生在去岁九十月间,自广州率师北征,当时因各路军队名号纷歧,故今一律用建设军名号,以归划一,如建国湘军、建国滇军等等,皆直接统辖于大元帅府者也。惟当江浙战事方亟之际,长江各省同志有组织军队参与反直战争者,以同志关系,亦沿用建国军之名号。其成立非奉核准,其就职亦非奉委任,与直接统辖于大元帅之建国诸军,异其性质,如霍山之建国军,是其例也。今者战事结束,中山先生北来,主张以国民会议为收拾时局之最良方法。所从事者为和平统一之运动,即直接统辖之建国诸军,亦正谋收束,何况同志沿用同一名称之军队。当以党谊忠告,俾函谋收束。"(《中山先生处置各地建国军》,《京报》1925年1月18日)

　　△　报载新闻编译社消息称:天津、山东、热河、青州、保定各地国民会议促成会因京师为政治中心,而孙中山此时恰在北京,均先后来电主张以北京为全国国民会议促成会联合总会地点,并委托北京国民会议促成会司筹备之责。日昨各该会等特共同发起此项组织,除在报纸登载启事即日成立筹备处外,京会并已通电各地促成会催派代表即日来京。(《国民会议促成会筹备全国联合总会》,《京报》1925年1月15日)

　　△　北京国民会议促成会发表宣言,谓:"吾人认为目前唯一解决时局之方法,即为召集中山先生所主张之以九团体组织之国民会

议。盖中国之内乱外患,为人民不起闻问政治,委之于少数人包办之过,吾人今日应该痛应改旧非,起而参加国政。"(《北京国民会议促成会宣言》,《中华新报》1925 年 1 月 15 日)

△　《顺天时报》刊载察哈尔、张家口国民会议促成会、湖北黄家港商会、山东省市民大会等各地各团体拥护国民会议之通电。(《国民会议之促成声浪》,《顺天时报》1925 年 1 月 15 日)

△　开封律师公会致电孙中山,指陈国民会议"宣言所列法团遗漏律师公会",谓:"律师对于取消不平等条约、收回裁判权各项研究,不无一得,且公会设遍各省,会员不下万余,洵属极大法团,应请纳入,俾资贡献。"(《关于国民会议消息》,《北京日报》1925 年 1 月 16 日;《豫律师会请加入国民会议》,上海《民国日报》1925 年 1 月 29 日)

△　《香港华字日报》刊文,言国民党内左右派之内讧,谓:"中山左右,颇有愤汪等之专横,甚有谓其有不利于中山者。此事声传于外,一般反共产派之张继、冯自由等,遂有宣布汪、邵罪状宣言之拟稿,决定即日发表。汪因事亟,不暇恤及中山病状之不宜动气,竟泣诉于中山之前,中山乃召冯自由入府盛气责斥,谓:汝等是何如人,安得窃用民党名义,以宣布同党罪状。冯颇崛〔倔〕强,后因宋女士以目示意,似恳勿使中山动气以加亟其疾,故冯转念即掉头而出,汪、邵之宣布罪状,因得缓置。现中山尚健在,而内部之讧争,已如此甚剧烈,一旦不讳,则其分裂,殆为当然必至之事实也。"(《中山病状及左右派内讧详情》,《香港华字日报》1925 年 1 月 15 日)

1 月 16 日　训令大本营军政部长程潜、建国军各军总司令、军长及建国赣军司令等,限驻省各军于本月 26 日起,一律实行军用手折,分给各士兵,以便稽查而维军纪。仰各饬所属遵照。据广州市联军军警督察处督办杨希闵呈称:"查广州市面友军林立,军民杂处,良莠不分,每一次抢案发生,不谓假冒军人,即谓某军串劫,此风若不整顿,何以维持久远……兹拟驻省各军实行军用手折,如果拿获盗匪如身怀手折者,知其确系何项军人,分别办理,身无手折者,自系冒军匪徒,当极刑严办而昭炯戒,既可以保全军人名誉,又可以分别匪徒,是实行军用手折一事,殊关重要。"(《大本营公报》第 2 号,"训令")

△ 准广东全省筹饷总局总办罗翼群呈请,任命陈鼎芬为该局主任秘书,沈桐轩、徐韵泉、黎仲琪、谭炳鉴为秘书,张伟丞为会计科科长,张觳为稽核科科长,王秉瑞为饷捐科科长,罗哲明为禁烟科科长。(《大本营公报》第 2 号,"命令")

△ 孙行馆改定会客时间,"原定上午十时至十二时,下午一时至三时,近因秘书处上午须办理函牍等事,且来客由多在午后,特由汪精卫将会客时间改至下午二时至四时"。(《孙行馆改定会客时间》,《京报》1925 年 1 月 16 日)

△ 孙中山派来湘省宣传国民会议代表陈涛已于本日抵省,经省议员李荣植介绍于国民会议促成会委员蒋兆骧等,由蒋再介绍与各界接洽。(《宣传员在湘开会之武剧》,《申报》1925 年 1 月 30 日)

△ 国民会议江西促成会致电孙中山,拥护国民会议。(《江西国民会议促成会二次通电》,上海《民国日报》1925 年 1 月 16 日)

△ 《北京日报》刊载消息称:"善后会议,当局已在积极进行中,惟国民会议,尚无具体之组织办法。据闻段孙间近日接洽结果,对国民会议,决由段孙合提一组织大纲,交善后会议讨论。此项大纲,双方业在起草中。"(《关于国民会议消息》,《北京日报》1925 年 1 月 16 日)

△ 段祺瑞任命苏、浙、赣、鲁、闽五省督办军事善后事宜。

本日,段祺瑞令准督办江苏军务善后事宜韩国钧辞职,以卢永祥继之。又令方本仁、郑士琦、孙传芳、周荫人分别督办江西、山东、浙江、福建军务善后事宜。(吴廷燮编:《合肥执政年谱初稿》,第 93—94 页;胡晓编:《段祺瑞年谱》,第 210 页)

△ 北京国民会议促成会为阐发国民会议真义起见,特延请名流学者,在四城各处轮流讲演。第一次讲演大会于是日下午 2 时在北大三院举行,讲演者为黄昌谷、杨杏佛二人。(《北京国民会议促成会第一次讲演大会》,《京报》1925 年 1 月 17 日)

△ 《顺天时报》刊载费保彦致民党要人彭养光函,费氏主张孙段合作,谓孙段当"把袂言欢,共商大计","至善后会议,前无师承,筹备伊始,自多疏简,然椎轮已置,大辂之成,正不难期。弟恭与会务,略闻末议,凡今之所规画,不过为将来国民会议导其先路耳,非谓建国大计,取决于是也。夫为政有序,循次渐进,程绩可期,躐等而图,欲速不达,求全责备,宜竢将来,似不必望急效于目前也"。(《孙段应当合作》,《顺天时报》1925年1月16日)

△ 是日广东专电称,据由北京回粤之孙科云:善后会议条例及所定代表人物,孙文未曾与议。国民党方针亦拟不参与善后会议,因观段氏左右态度殊属未能慊然。惟广东现因东江问题及江西问题,不便遽尔积极活动,是以暂当观望形势,徐定政策。(《孙科回粤之时局谈》,《盛京时报》1925年1月18日)

1月17日 复电段祺瑞,反对善后会议权限过宽及其构成份子之偏重于实力派,提出兼纳人民团体代表及将军制、财政最后之决定权让与国民会议等两条件。

是月初旬,段迭次电邀孙中山列席善后会议,孙置而未复。这期间,国民党内对于是否应参加善后会议意见颇不一致,或认为不宜参与,或主张"必须加入后方可防止其包办国民会议",或建议不予理睬,咸望中山裁决。(《国民党考虑善后会议》,上海《民国日报》1925年1月17日)孙中山于是日复电段,谓:"善后会议于诞生国民代表会议之外,尚兼及于财政、军事之整理,其权限自较预备会议为宽,而构成分子则预备会议所列人民团体无一得与。"鉴于14年来之历次会议,国民皆无过问之权,故无良结果,此次"善后会议所列构成分子,则似偏重偏于实力派一方面,而于民意方面未免忽略民意代表,恐不能矫往辙、成新治"。"文筹思再三,敢竭愚诚为执事告:文不必坚持预备会议名义,但求善后会议能兼纳人民团体代表,如所云现代实业团体、商会、教育会、大学、各省学生联合会、工、商、农会等,其代表由各团体之机关派出,人数宜少,以期得迅速召集。如是则文对于善后会议及《善后会议条例》,当表赞同。至于会议事项,虽可涉及军制、财政,而最后决定之权,不能不让之于国民会议。良以民国以民为主人,政府官吏及军人不过人民之公仆。曹、吴祸国,挟持势力压制人民,诚所谓冠履倒置。今欲改弦更张,则第一着当令人民回复主人之地位,而使一切公仆各尽所能,以为人民服役,然后民国乃得名副其实也。"[①]《《孙文不反对善后会议矣》,《晨报》1925 年 1 月 20 日;《孙先生对善后会议之主张》,上海《民国日报》1925 年 1 月 28 日)

《京报》报道此事,谓:"据最确所闻,孙中山先生昨复执政东电,声明预备会议与善后会议,所争不在名义而在构成之分子,倘善后会议能兼纳现代实业团体、教育会、学生联合会、农、工、商会之代表,则对善后会议当赞成等语,以表明最近之态度。"(《善后会议有希望之福音》,《京报》1925 年 1 月 19 日)《晨报》则称"此系日来该党各要人秘商之结果",认为孙氏对于善后会议,是"不得不用一种手续,以资转圜也",谓:"孙因恐该项会议,万一开成,加入既有所不便,不加入又难免全为他派所利用,故先持此论调,以便见风转舵。"(《善后会议与孙文》,《晨报》1925 年 1 月 19 日)

《申报》分析孙中山对善后会议之态度,谓:善后会议之召集虽不尽满人意,但赞成之者则不乏人,就中段芝泉所认为有力之赞成者略如下述:(一)镇威军领袖张作霖;(二)国民军领袖冯玉祥、胡景翼、孙岳;(三)西南联治派唐继尧、赵恒惕、陈炯明;(四)直系将领孙传芳、萧耀南、周荫人;(五)无所属将领郑士琦、阎锡山、陆洪涛、刘镇华;(六)北洋耆宿王士珍;(七)大国师章嘉呼图克图;(八)民党要人柏文蔚;(九)新文化运动者胡适。唯赞成者虽多,而在无论任何方面上言皆不可少之孙中山则尚无俯就范围之意。孙中山最初因本人曾主张召集国民会议之预备会议以产生国民会议,与段祺瑞所欲召集之善后会议命意不同,表示极端反对之意,既而鉴于各方面之形势,知从

---

① 此电由孙中山口授,汪精卫等执笔,脱稿后由孙亲自审阅、删改而成。

根本上反对善后会议乃不智之行动,于是遂于篠(17)日发表一电,主张善后会议须容纳人民代表,为附条件之赞成。(《善后会议与孙中山》,《申报》1925 年 1 月 28 日)

△　计划开国民会议及筹款实行"化兵为工"方法,拟向各国交涉将中国每年应还外债,展期十年,移此款以建设交通事业。(罗家伦主编、黄季陆增订:《国父年谱(增订本)》下册,第 1177 页)

△　孙中山派赴吉省之国民会议宣传委员李希连、傅汝霖,于是日午间出席欢迎会。席间,两委员畅叙此来所负之使命,大要谓此来一为奉国民党总理孙中山先生之命,宣传国民会议之主旨;二为促吉省同志团结精神,为公开之进行,秉三民主义以尽治国之宗旨。(《国民会议宣传委员抵吉》,《北京日报》1925 年 1 月 31 日)

△　杭州学生联合会、天津国民会议促成会致电孙中山,拥护国民会议及其预备会议。(《杭州学生联合会反对善后会议》,上海《民国日报》1925 年 1 月 17 日;《天津促成会主张预备会议》,上海《民国日报》1925 年 2 月 2 日)青岛国民会议促成会致电孙中山、段祺瑞诸人,支持国民会议,反对善后会议。(《青岛国民会议促成会之成立》,《益世报》1925 年 1 月 31 日)

△　临时执政段祺瑞于昨日任命苏、浙、鲁、赣、闽五省督办军事善后事宜。本日,令裁撤直、晋、陕、新、甘五省督军职,另任命李景林、阎锡山、刘镇华、杨增新、陆洪涛分别为直隶、山西、陕西、新疆、甘肃督办。(吴廷燮编:《段合肥执政年谱初稿》,第 94 页)

△　《顺天时报》刊文,就清室优待问题质问孙中山,称孙中山之言行与宗旨前后矛盾。驳斥孙中山秘书处复宝熙、绍英之函,谓:"但闻优待清室条件,自民国元、二年以来,政府即未尽履行,故经费欠发至一二千万,旗民生计全未代筹,其双方谁先破弃契约,须问之民国政府及清室。"(《请教孙中山先生》,《顺天时报》1925 年 1 月 17 日)

△　国民党某要人对记者谈孙中山对共产党的态度问题,略谓:"前年十二月,仿照俄国国民党之组织法,改组中国国民党,设立中央执行委员会,推举二十位委员,公同担负国民党之责任……当国民党

改组之后,其已被举为中央执行委员者。固已无闲言,但未被举为中央执行委员者,则颇多失望,当国民党未改组之先,中国有许多青年社会团体,曾举代表到俄国,列席国际共产党,请示俄国人对于中国革命之方法,及革命愈奉行之主义,俄国人便言:'孙中山先生所提倡之三民主义,便为在中国最适用之主义,孙先生所用之方法,便为中国最适用之革命方法,若奉行孙先生之主义与方法,在中国改良政治,中国便立臻富强之域云云。'此等青年在俄国受此劝告,故回国之后,遂加入中国国民党,因此中国国民党改组之后,遂有许多青年党员,亦被举为中央执行委员,其失望之老党员,对党魁之孙先生,不便反对,遂借此新加入之青年党员为名,而挑起共产党与非共产党之事。其是此种争论,纯是党员中个人的关系。而非国民党全体内讧的关系……然自中山先生观之,以为均属自己之同志,何必加以敌视。只得仍以宽大遇之,故至今未见其处分何党员,此乃国民党最近发生党员争执之真相……近来许多在中国抱帝国主义未醒之外国人,恐孙先生之主张实现,于彼辈少数人在中国不利,遂亦设法中伤先生,而加孙先生以赤化之恶名,殊不知先生之言论成绩俱在,甚易证明。"(《国民党毫无共产非共产之争执》,《顺天时报》1925年1月18日)

1月18日　段执政府照常招待孙中山。

孙中山前曾面谕汪精卫,致函许世英、梁众异,辞谢执政府之招待,许氏前已函复汪氏,略谓奉执政论,一切供应,照常办理。兹日闻梁众异顷亦函复汪氏,措辞与许氏之复函,大致相同,函谓:"中山先生远道惠临,理应招待,一切供应,仍着照旧办理,特以奉呈,敬祈转陈中山先生,勿稍客气。"(《政府照常招待孙中山》,《顺天时报》1925年1月18日)

△　行辕秘书处发表声明,称孙中山对善后会议的态度,既对其名义表示让步,而于人民团体参列会议之主张,则仍求贯彻。(《孙中山对善后会之表示》,《时报》1925年1月19日)

△　汪精卫复电善后会议筹备处许世英,称:"关于善后会议,中

1925 年 1 月(民国十四年　乙丑)五十九岁 /6195

山先生致执政篠电,已详述意见,中山先生之主张,国民党人一致服从,兆铭不必更有所表示。敬祈鉴及,并祈转呈执政。"(《国民党与善后会议》,《中华新报》1925 年 1 月 28 日)

△　国民会议协进会于是日下午 2 时在堂子胡同法政大学第一讲堂开成立大会,到会会员五百余人。并定于本月 20 日下午假米市大街青年会举行成立式,延请段祺瑞、孙中山、胡适、高一涵等莅会讲演。于 19 日拍发通电,宣言七大主张:(一)和平统一;(二)国民会议解决国家根本大法;(三)善后会议于不抵触民权原则范围内,得制定国民会议组织法;(四)国民代表以各地方自治团体及职业团体为选举机关;(五)废督裁兵;(六)国权统一,省宪自定;(七)收复蒙藏及租借地,修正不平等条约。(《国民会议协进会成立式启事》,《京报》1925 年 1 月 19 日;《国民会议协进会之七大主张》,《京报》1925 年 1 月 20 日)

△　福建省农会致电孙中山、段祺瑞诸人,请速开国民会议。(《闽农会电请速开国民会议》,《时报》1925 年 1 月 18 日)山东博山国民会议促成会致电孙中山,拥护国民会议及其预备会议。(《山东博山国民会议促成会电》,上海《民国日报》1925 年 1 月 30 日)

△　《益世报》刊载是日北京特约通信,言孙中山与民党对促成国民会议之召开所进行的工作,称:"据与孙接近者云,孙文到京以来,对于解决政局意见,毫无表示,欲俟自己主张之国民会议成立后,提出表决实行。闻孙之希望:(一)提出全国各界代表对政局意见通过会议时,请中央分别实行;(二)各团体代表到京后,再磋商组织国民大会,讨论和解南北政局,筹办统一;(三)征集西南各要人意见,俾与中央和衷共济,早定国是;(四)素所主张之三民主义,即由会议通过实行;(五)各省团体代表,解决政局意见,与对中央方针,俟开幕时,提出讨论表决,再以国民会议名义,请执政府积极办理。闻以上主旨,皆系孙文亲自规定者,至于协助孙文进行者,则为在京民党各要人,与一般拒选议员。日来民党重要份子,已电沪滇粤各处民党要人,请速同时协助办理,将来开始发电赞成国民会议者,必为西南

各首领,及各省民党……据近日形势上之观察,孙文与民党各要人,联合进行一切,颇称顺手。当局对此,亦无若何表示。惟视内幕能否不生意见,则可卜国民会议之前途。至于应提之问题,因该会适在组织之时,尚难谈到耳。"(《急进中之国民会议》,《益世报》1925 年 1 月 19 日)①

1 月 19 日　派代表陈涛赴湘宣传国民会议。(《湖南政讯》,《中华新报》1925 年 1 月 19 日)

△　报载,广东四百团体致电孙中山、段祺瑞等人,赞成由预备会议以产生国民会议,反对善后会议。(《广东四百团体反对善后会议》,上海《民国日报》1925 年 1 月 19 日)

1 月 20 日　"日俄协议"成立,两国复交,苏俄承认 1905 年密约有效。

日俄两国自 1920 年 8 月 26 日之大连会议开始交涉以来,历时五载,去年 5 月间,日本驻华公使芳泽谦吉与苏俄驻华代表加拉罕会商于北京,继续谈判。计正式会议六十一次,预备会议十六次,其间屡开屡停,几度濒于破裂。至 1 月 9 日,各项问题方得协议作成协定。本日,加拉罕与芳泽于"日俄协议"上签字成立,明白表示苏俄政府承认 1905 年 9 月 5 日朴次茅斯条约仍然有效。(《中华民国史事纪要(初稿)——一九二五年一至六月》,第 40—41 页)

中国政府在该协议未签字前,已通告日、俄两国"日俄协定不得含有侵害中国之主权及领土之条项",而两国代表亦复文绝对承诺。然协议中却承认朴茨茅斯条约继续有效,该条约中则有俄国所得自中国之特殊权利(即旅顺、大连之租借权,长春、旅顺之铁路及附近之矿产等),一概让予日本。中国政府乃于 2 月 11 日对该协议之此项提出抗议。但加拉罕复文竟谓此项权利,已经前中国政府给予承认,不应于今始提抗议。(幼雄:《日俄协议之成立及其影响》,《东方杂志》第 22

---

①　《盛京时报》随后亦刊载此则报道。(《孙中山派积极进行国民会议》,《盛京时报》1925 年 1 月 23 日)

卷第 7 号,1925 年 4 月 10 日）

　　△　训令大本营军需总局局长、广东筹饷总局监督、两广盐运使、省财政厅长、管理粤汉铁路事务及连阳、乐昌等四县县长,令各负担北伐军军费机关将应行负担之款统解大本营军需总局,以便通筹支配,毋得任各军自行截留,以重饷需。（《大本营公报》第 2 号,"训令"）

　　△　准大本营内政部次长代理部务谢适群呈请,准予褒扬寿民李能昭,题颁"共和人瑞"四字,并给予银质褒章一枚。（《大本营公报》第 2 号,"指令"）

　　△　任命王鸣亚为建国军琼崖军第二路司令。（《任王鸣亚为建国军琼崖军第二路司令状》,《国父全集补编》,第 615 页）

　　△　报称,孙中山通电对善后会议,表示主张加入法团代表后,"闻执政府人员于昨日下午一时至六时①,在东河沿十号宴请孙文幕僚,如汪精卫、彭养光、焦易堂、凌毅等十余人,从事疏通。以时日匆迫,且威信所关,务请孙无条件加入"。（《段派宴孙派》,《晨报》1925 年 1 月 20 日）又有报道称:微闻汪精卫等对许世英表示,谓有中山先生在,不关所谓政府威信问题,至于时间匆迫,尤为不成问题,盖江浙方面战事正酣,各方代表一时殊难到齐,而各省法团之召集,为期亦不过两星期。（《执政对孙派之疏通宴》,《盛京时报》1925 年 1 月 23 日）

　　△　蒋介石得黄郛自北京来函,本日覆书,望其以全力助孙中山,谓:"民国存亡,全在中帅一人……粤中纷乱,日甚一日,要想于纷乱中理出一个头绪来,恐非朝夕所能为力。然粤治之时,即为国治之日,此时要知治国非难,治粤为难,望兄在京以全力事中帅,使弟在粤军专心灭贼,则党事庶有豸乎!"（毛思诚编纂:《民国十五年以前之蒋介石先生》第 9 册,第 10—11 页）

---

　　①　《盛京时报》之报道,则称"二时至六时"。（《执政对孙派之疏通宴》,《盛京时报》1925 年 1 月 23 日）

△　汪精卫于是日下午 4 时半,应工大欢迎孙中山大会之请,前往公开讲演,听众约有千人。先由主席许绳祖致词毕,汪氏即登台讲演,题为"中山先生何以主张开国民会议"。略谓中国工业不能发达,由于不平等条约所致,不平等条约所以不能取消,又由于帝国主义与军阀勾结所致,国民会议所以解除帝国主义与军阀之勾结,取消一切不平等条约,即所以振兴中国工业。演词甚长,历两小时之久。(《汪兆铭宣传国民会议》,《顺天时报》1925 年 1 月 23 日)

《申报》报道称:朝夕不离中山左右之汪精卫,于是日发表一谈话,对于中山之篠电下一详明之批注,大旨分为两段:上段谓国民会议构成之分子总须不出士、农、工、商之外,方能名符其实,故产生此国民会议之母,不应均为军政界及执政府指派之人物,至少亦须令少数之法实团体代表参与其间;下段则谓,无论整理军制或财政,皆与人民负担有关,既谋人民以负担即不可不征人民之意见,故亦不能除外人民之代表。质言之,即谓欲中山赞成善后会议,则必须先修正善后会议条例之谓也。(《善后会议与孙中山》,《申报》1925 年 1 月 28 日)

△　中华民国全国息战会南京总会发表通电,劝告各方息战,并致孙中山,略谓:"中华不幸,战祸迭起,人民浩劫,惨不忍言……务望各当道诸公持平处理,各拥兵员将勒马悬崖……劝告各方先行息战,听候全国公论裁判中央政府解决外,并不日推举代表赴各方接洽。"(《申报》1925 年 1 月 27 日,"公电")

△　《顺天时报》刊载报道,为善后会议加入各省公法团体及职业代表一事,甚为孙中山担忧。盖以广东之工商业者及公法团体之人,多曾罹孙军火烧西关、杀戮千百余人之残祸,无不切齿痛恨于孙中山。若善后会议而有公法团体及职业代表,恐职业代表中人将有追究孙氏杀人放火之罪。一经多数议决,即不能不加以处分。(《读林白水很替孙中山担忧感言》,《顺天时报》1925 年 1 月 31 日)

△　记者造访孙中山秘书黄昌谷,就善后会议等问题,询问中山对于时局所抱之真实态度。是日《盛京时报》刊载其问答,节录如下:

问:昨日观京中某报登载,贵党有反对善后会议之宣言,确否?

答:意曾有之,但尚未至明白表示之时机耳。

问:中山对于合肥所召集之善后会议,亦反对乎?

答:在中山未正式发表意见以前,余(黄君)实无以代表中山,公然发表意见,惟以私人资格之研究,作友谊上之谈话资料。斯种军阀脱影之会议,实无一谈之价值。进一步言之,吾国以民为主,而召集会议,竟以军阀代表为中坚,纵如希望开幕,其所讨议者,不过地盘之支配,欠饷之支给,权利之交割而已矣。与吾等主人翁之安全幸福,又何与焉。

问:如君之意趣,中山先生之意见亦不时有所流露否?

答:中山已决定三四日后,当有一种宣言发表。其发表宣言之要旨,关系提倡以民为主之国民会议。其列席之团体,则决定九种机关,如农业团体代表也、工业团体代表也、商业团体代表也、教育团体代表也、华侨团体代表也、讨曹吴团体代表也,此外官吏代表、在野耆宿之代表,与无所属之代表矣,列席之人数,多多益善。惟须谋人民之自由幸福,与阶级平等。决非如善后会议之主旨,专为军阀谋便利也。惟此种宣言未发表以前,姑作私人之谈话资料可也。

问:设若君之谈话,竟成事实,值供军阀跋扈时代,各方能否就范率然言之,彼将中山之行动又当如何乎?

答:中山此项计划,以平民之资格,供献于政府当局。采纳与否,姑当别图,政府当轴者,果抱定与民更始之意,当然欣慰乐从也。否则供诸人民之研讨耳。

问:中山为国为民,奔走数十年之久,与军阀奋斗,与帝国主义竞争,提高国际地位,拯救人民于水火之中,倍常艰苦。此次单身入都,挽狂澜于既倒,吾人于景仰之余,无任钦佩。但奋斗最终之结果,则必发生政变,政变之后,人民之窘苦,国势之日弱,更有甚于畴昔。或与救民之心愿,适得其反,未审君以为然否?

答:此层吾等亦充分考虑,或不至发生政变,请勿悬念。

问:近日报载贵党内部有分裂之说未识确否?

答:本党并无分裂之说,惟外间传有共产党与非共产党之争耳。其实本党无所谓共产党与非共产党之名,不过中山三民主义之中,民生主义之试验耳。十九年前,中山曾作为社会主义与平民生活之运动,徒因专制压迫,未有丝毫效果。兹次秉哲学之原始,迎合人民之心理,进行斯种运动,铲除阶级制度,实行均产生活。惟有一部分青年学者,既不秉中山之意,复背哲学之原理,举动未免稍有越出轨道之动作。中山业已施行惩戒,共产云云者,即不均之反动也,试问吾国社会之生活均乎? 外人方面,近因中山接近俄德之故,力倡打倒帝国主义,取销不平等条约等说,外人中帝国主义者,故衔怨入骨。是故假此名词以诬中山,诚缺乏国际外交家之风范也。更有言者,吾国尧舜之世,无所谓特殊阶级,亦无所谓生活竞争。迩数十年以来,海禁大开,外人均分我一杯水,割我一禁脔。吾等被处置者,被分割者,当然急起直追,究讨社会主义,以冀平等之生活也。

问:前闻安福某要人云,中山、雨帅、合肥三方面,均已完全谅解,谋时局之开展。确否?

答:此系一方面之言耳,不足信。

问:焕章与中山双方对于时局,有何补救方法?

答:焕章一督办耳,中山一平民耳,何能相侔也。

(《孙中山将发表宣言》,《盛京时报》1925年1月20日)

1月21日　自昨日以后,体温升降失常,有时高到摄氏41度,有时低到摄氏27度,肝病日形恶化。(《大元帅北上患病逝世以来之详情(四)》,《广州民国日报》1925年5月14日)

△　报称,是月21日、22两日执政府会议,善后会议拟专门委

员一项,用各省、区法团代表或将来国民会议组织法,先征集各法团同意,再订以此两种办法与孙中山协商。(《善后会议最近形势》,《中华新报》1925 年 1 月 27 日)

　　△　执政府召集特别会议,讨论孙中山篠电所提意见及如何应对问题。

　　《顺天时报》报道称:是日正午执政府召集特别会议,讨论善后会议各项问题。谓善后会议已内定 2 月 1 日举行开会礼。又关于孙中山所主张之会员内加入各团体代表一节,惟因"(一)善后会议开会期,已迫目前,无从容讨议之余裕;(二)善后会议组织令会员资格既经正式公布,忽尔今又变更,则殊多未便","则孙之主张万难全部容纳,然为承认其一部主张起见,拟于专门委员中加入各团体代表,藉示尊重其意见,议决后即派许世英谒孙声明一切,请其俯纳"①。又谓执政府方面对于孙中山此次主张之诚意表示怀疑。"盖中山先生在津时,许世英曾一再赴津就商善后会议组织条列,而彼时中山先生绝未提示明确主张,其间虚掷一月光阴,今善后会议会期已届。始有此项要求,谓其无破坏善后会议之意见,又谁得而信之耶。苟执政府容纳中山先生之主张,使各团体代表列席,势必俟该代表之确定始开会,然该代表之确定,无论由选举方法或推荐方法,绝非短期间内所得竣事。或竟至半年或一年以及数年,方始确定,均未可料。因之善

---

　　①　《京报》对此亦有报道,谓许世英特于是日上午 11 时,邀集汤漪、林长民、乌泽声等十余人开会,讨论办法。闻其结果,对于孙中山主张各团体加入会议一节,则以时期迫促,赶办不及,加之东西南各省兵匪骚扰,各团体多已无形停会。今欲促令选举代表,事实上小属难能。故结果决定,各函答复孙中山,声述困难情形,请其鉴谅。(《执政府对中山篠电态度如是》,《京报》1925 年 1 月 22 日)另有《申报》报道称:段祺瑞及许世英于 21 日上午 9 时召林长民、汤漪、章士钊、屈映光、龚心湛、梁鸿志等开紧急会议于吉兆胡同,谋应付中山之方法。结果佥谓:"中山既有明白之表示,自不能不予以尊重,但中山之意见固须尊重,而执政府之威信亦必须保全。故唯有加发聘书,将现任教育会长、商务会长、农会长、工会长而又有声于时之人物若干人罗而致之,方可副中山之希望,而又不伤执政府之威信。"段大以为然,因即责成许世英以此事征中山同意,并决定于中山同意之后即仿补请于右任等加入善后会议之成案,以补请各团体代表,令其加入。(《善后会议与孙中山》,《申报》1925 年 1 月 28 日)

后会议竟至弗克成立,亦未可知。"①(《昨日段宅之特别会议》,《顺天时报》1925 年 1 月 22 日)

许世英后与记者晤谈,谈及本日的执政府会议,表示政府"对于中山之建议,大多数主张为相当之容纳……执政府对于中山之意见,在可能范围内,自当表示尊重"。(《善后会议最近消息》,《晨报》1925 年 1 月 23 日)又有消息称:"执政府方面拟善后会议中专门委员聘请各省区法团人物担任,藉合孙中山主张。"(《善后会议最近形势》,《中华新报》1925 年 1 月 27 日)

《时报》后就执政府关于答复孙中山篠电之讨论结果有所报道,谓有两点:"(一)执政府讨论容纳孙文意见,颇一致主张有容纳之必要,惟不求形式的团体的容纳,而期在精神上之一致。其法即将善后会议决议案中之国民代表会议组织方法保留不予公布,而由执政府或由善后会议,将全文通电全国法团,请招同意票,俟得多数通过后实行公布,否则听法团多数之主张而重新制定之,亦在所不惜,总期以副民治精神为归宿。此项讨论尚未具体决定,仍当先事征求孙之同意云;(二)主张孙在民国功高望重,其提出办法,应与以相当的容纳。所谓相当的容纳者,如孙所以提出之教、农、商、大学等团体选派代表,教育会、商会等领袖,在教商两界中,自有相当的地位与资格,应享有代表教商两界之权责。至于工会会

---

① 据《申报》报道,参加执政府是日会议的汤漪、梁鸿志,关于中山如不能谅解则又当如何之问题,曾对一部分新闻记者发表意见,大意谓:"吾人今惟望中山先生能赞成吾人之主张,但中山先生如仍不赞成,则吾人将亦有说:第一,善后会议条例未公布以前约一旬,芝泉曾先后令李烈钧、许世英、叶恭绰等赴津征求意见,彼时中山虽无赞成之表示,但亦无反对之表示,可见中山彼时实曾默认善后会议之条例,中山彼时既默认之,则此时实无提议修改条例之余地;第二,中山篠电中虽以病中不能考虑为辞,然中山彼时对于李烈钧回赣一事既能有所主张,则可见中山彼时实尚能考虑,且确已加以考虑者;第三,善后会议在目下已成将熟之饭,断无另起炉灶修改条例,重新将团体代表一项规定于组织分子中之理,由是以观,则知中山如不能谅解,则遗憾固所不免,而责任则固不全在执政府也。"自汤、梁本谈话观之:(一)可知段对指派团体加入已认为大让步;(二)中山即不赞成,段亦必开善后会议,换言之,即至万不得已时将除外中山而开善后会议也。(《善后会议与孙中山》,《申报》1925 年 1 月 28 日)

长,十九非工界中人;大学学生,学位虽高,然在求学时代,参与大政,似尚非其时。并闻当时许世英苦思力索,期得一于孙段两方都极冠冕之办法,启正式答复,尚需经一度磋商也。"(《善后会议筹备消息》,《时报》1925 年 1 月 31 日)

△　汪精卫就善后会议问题发表谈话,谓须加入人民代表。与记者问答如下:

问:中山先生篠电,可谓之中山先生及国民党之决定态度否?

答:去年国民党改组,取中央执行委员会制,而总理对于中央执行委员会,有最后决定之权,故总理篠电,决定总理对善后会议之态度,同时决定国民党对善后会议之态度。

问:中山先生至此时始决定态度,得无稍迟?

答:不但不迟,且正为适当时机,盖若早日发表此等意见,则热望善后会议即开者,或虑□及此等意见,将妨碍善后会议之进行。□至□今日,以各方面之形势,欲于 2 月 1 日以前,召集善后会议,恐已不能不延期,则于此时发表意见,不但无妨碍进行之嫌,且将促其发展也。

问:既有国民代表会议在后,则善后会议不兼纳人民团体代表,似亦无不可。

答:此问甚关紧要,请为君郑重辨析之如下:中山先生所主张之国民会议,其构成分子为现代实业团体、商会、教育会、大学、各省学生联合会、工会、农会、各军、各政党,在国民会议未召集以前,先开一预备会议,以决定国民会议之基础条件,及召集日期、选举方法等等,其构成分子,与国民会议同,所异者各团体之代表,由各团体之机关派出之,人数宜少,以期得迅速召集。由是言之,预备会议与国民会议其构成分子,性质相同,以预备会议谋国民会议之产生,犹以鸡产鸡卵,为事顺而易。至于国民代表会议,其构成分子若何,尚未知悉,第既号为国民,当不出士农工商之外。而善后会议构成分子,大都为军政人物,且皆为政府所指派,与国民代表会议之构成分子,性质全异,以善后会议,谋国民代表会议之产生,犹以鸽产鸡卵,为事至逆而难。此宜知者一也。善后会议所讨论者,尚兼及于军制财政之整理,夫无论为军制与财政,皆与人民负担有关。既课人民一负担,安可不征人民之同意。数年以来,国家分崩离析,政府所恃以为收入者,非借外债,即强取之于人民。北京政府两者兼之。南方政府绝对不借外债,而强取之于人民之事,为军费所逼迫,时或不免。坐是之故,不但无法整理,即军制亦无法整理,而人民与国家之关系,且因以日形疏隔,此实可为痛心者,今欲改弦更张,则课人民以负担,不可不征人民之同意。既以引导人民参与政治,使人民对于国家之权力观念,义务观念,日益增重,同时藉人民之力,以谋理财谋练兵,然后军制财政,始有端绪可寻。此宜知者二也。以此之故,总理不争预备会议之名义,而惟求于善后会议兼纳人民团体之代表,其为人民设想,实为深至愿相与深昧之也。(《国民党与善后会议》,《中华新报》1925 年 1 月28 日)

△　是日为列宁逝世之第一周年纪念,北京各界人士特发起纪念大会,定于是日下午 1 时,借北河沿北京大学第三院大礼堂举行,请孙中山、段芝泉、俄国大使加拉罕、汪精卫、王正延、易寅封、马戈初、李石曾、李守常、蒋梦麟、顾梦余、伊葛诺夫及各大学教授到场讲演。据闻:"中山因病尚未愈,段执政政务冗忙,尚无赴会答复。而其余诸人,乃俄大使及汪、王、易、李诸人,均已面允到会。"(《今日之列宁纪念大会》,《顺天时报》1925 年 1 月 21 日)

1 月 22 日　训令大本营军政部长、广东省长、建国各军总司令、司令、军长,嗣后凡各军逮捕人犯、搜查店户,须有该军高级长官及广州市军警督察处发给的逮捕搜查命令,方得执行。仰各转饬所属一体遵办。(《大本营公报》第 3 号,"训令")

△　复函田中义一,谓:"文去月抵津,适患肝脏病,卧床至今,对于时局未能多所贡献。深为焦〔虑〕。君以多年患难之交,故于段君被推当国之际,自广州致电赞同,且轻身北来,共商大计,文之诚意当

已为段君及同志所了解。果此后文对于国是之主张能荷容纳,则金石之交必将始终不灼。回忆滞留神户,为时虽暂,亦既抒其怀抱,与贵邦人士相切劘;而卧病以来,又数承贵邦人士之关注,深为东亚民族结合前途生其希望。文对于段渝此可为麈右告者义。卧病中,医生戒,未能与伊藤君畅谈,至歉至疚。谨为书达意,并谢盛谊。"(《国父全集》第5册"函电"[下],史委会藏原件影印)①

△　孙中山表示对善后会议意见后,段祺瑞颇费踌躇,现拟酌聘职业团体代表,充善后会议专门审查委员,为变相的容纳孙氏意见,派许世英、姚震谒孙疏通。许托汪精卫先容。(《时报》1925年1月27日,"电报")许世英、姚震访汪精卫,称孙中山之"篠电"主张在时间上来不及遵办,请商承孙中山别定变通办法。(《孙先生表示态度后之善后会议》,上海《民国日报》1925年1月27日)

△　报载:北京国民会议促成会昨在京开会,讨论对于善后会议各促成会应发表之意见,议决致孙中山、段执政之通电,详加解释,即善后会议应完全容纳人民及实业团体、各教育会、农会、商会、律师工会、大学、新闻界、妇女界、学生联合会等。又北京各界国民会议促成会昨开执行委员会,议决发表宣言表示意见,略谓:"本会以为欲达彻底改革目的,建造光荣民治之国家,在理应纯本诸国民意志,而国民意志之集合,则为国民会议,原无须画蛇添足,召集一个军阀参与任何会议,或集合一般军阀另开善后会议之必要。第在今日之中国,形势不同,事实特殊,段执政既主召集。我国人为合作希望改革起见,善后会议可以承认召集,在形式名义上本无须反对,惟构成会议分子与会议范围,我民众决不能轻轻看过。照十二月二十五日段执政所公布之善后条例,人民团体代表,

---

①　孙中山复田中义一该函,见于郝盛潮主编、王耿雄等编:《孙中山集外集补编》,第465—466页。其所标出处为"《国父全集》第5册'函电'(下),史委会藏原件影印"。经查,系出自秦孝仪主编《国父全集》第5册"函电(下)"第570—571页之《复日本田中义一告以近况及此来与段祺瑞共商国是函》。

无一能参与焉,可谓纯为军阀,政客,官僚代表式之会议……望国人再为督促,务请加入现代实业团体如商会、教育会、大学校及各省学生联合会、农会、工会等,每团体还派代表一人参与,然后方可制定国民会议组织法,及讨论财政军制诸端,提出具体意见,待诸国民会议作最后之解决。"(《两团体为孙文篠电响应》,《顺天时报》1925年1月22日)

△　中国共产党第四次全国代表大会发出宣言,指出"善后会议是段祺瑞要用军阀制度而借着帝国主义者的帮助,以统治中国人民的工具",号召全中国的劳动群众起来制止段氏这种恶劣的计划……并极力赞助国民会议促成会,要求国民会议之召集。(《中国共产党第四次大会宣言》,《向导》第100期,1925年1月28日)

△　桂林县教育会致电孙中山、段祺瑞,批评善后会议为政客、军阀所操纵把持。(《桂林县教育会之通电》,上海《民国日报》1925年2月6日)

1月23日　是日眼球出现黄晕。德医克礼诊断为肝脏之脓渐将侵及他部,遂与中、美、德各医生共议手术方案,并延请协和医院法医皮大夫施以药液注射。自是不复能进饮食,食即呕吐。(《哀思录》初编,"病状经过",第3页;"医生报告",第1页)

△　训令粤海关监督范其务将宏远堂商人陈其明之案撤销,从宽免究,谓:"查年来大局不宁,兵灾迭见。本大元帅每念商业调零,至为悯恻。该商所称各节尚属实情,仰该监督即将原案,并将该堂各号本单簿据悉数发还,以恤商艰。"(《大本营公报》第3号,"训令")

1月24日　是日起不能进饮食,进食辄呕吐,体温高,状极痛苦。医生及家属、同志均劝以速入协和医院进行手术治疗。(《大元帅北上患病逝世以来之详情(四)》,《广州民国日报》1925年5月14日)

△　与中医葛廉夫谈话,请断病症并拟中药方。

是日延中医葛廉夫来,对葛谓:"余平生有癖,不服中药,常喜聆中医妙论……余请君以中理测我病机。夜不成寐,每晚则面热耳鸣,心悸头眩,嘈杂躁急或胸中作痛,干呕,甚则土气面浮,有时而消。此何故?"葛依所报病状断为:肝郁日久,气火风化,上干肺胃,劝曰:"要戒之在怒,不再耗精,不过作劳,破除烦恼。"并应孙中山之求,拟出"复脉汤"加减一药方。孙称"未服过中药,恐不能受"。(《与葛廉夫的谈话》,《孙中山全集》第 11 卷,第 571—572 页)

△　中华留日学生废除不平等条约同盟会致电孙中山,称:"先生此次入都,主张国民会议解决国是,并首倡废除不平等条约,解民倒悬,举国翕然,万众景从……务望先生毅然决然坚持到底,务令国家大权还诸我民,并使列强恶势扫除净尽。"(《留日学生致孙段电》,上海《民国日报》1925 年 2 月 10 日)

△　陕西国民会议促成会成立,并致电孙中山,拥护国民会议。(《陕西国民会议促成会成立》,上海《民国日报》1925 年 2 月 20 日)

△　国民党檀香山总支部、国民阅书报社俱乐部等致电孙中山、张作霖诸人,拥护国民会议。(《檀香山华侨之表示》,上海《民国日报》1925 年 1 月 29 日)

1 月 25 日　至昨日及今日,竟不能进饮食,体温更高,脉搏更快,各医生咸谓病源已深,甚为危殆,非注射所能维持,均主张迁入医院,施行手术割治。(罗家伦主编、黄季陆增订:《国父年谱(增订本)》下册,第 1281 页)

1 月 26 日　入协和医院接受手术割治。

是日上午,应夫人宋庆龄之求,允入协和医院手术治疗。下午 3 时,被抬入该院 E 楼,入院后体温增尚。医生作过常规检查后,认为病情危急,必须立即施行手术。6 时半,由外科主任邰乐尔主刀,施行手术割治,助之者有代院长刘瑞恒、王逸慧、顾大夫等①,邰大夫将腹壁切开后,只见整个肝脏表面、大网膜和大小肠上面长满了大小不

---

①　《哀思录》则称:"一月二十六日午后三时,先生既入协和医院稍事体看书,至四时许,即由医士邰乐尔施任解剖手术,助之者为院长刘瑞恒。"(《哀思录》初编,"病状经过",第 4 页)

等的白色的结节,结节发硬,将腹脏之器官联在一起,脓血甚多,所患为肝疾绝症,无法割治。邰大夫见状,即向看台上示意无治,在肝上取出小块组织作活检标本后,遂洗净缝合伤口。整个手术前后仅花二十五至二十六分钟。手术毕,国民党特聘之俄国医生即向国民党几位要员报告:今日手术结果,肉眼所见系患肝癌,此病外国之新科学亦挽救乏术。众人听罢,极为悲伤。(《大元帅北上患病逝世以来之详情(四)》,《广州民国日报》1925 年 5 月 15 日;王逸慧:《回忆孙中山先生卧病的日子》,《孙中山生平事业追忆录》,第 506—507 页)

△　由北京饭店移入协和医院,在手术前曾与某人谈话,谓:"予此次抱病,恰在时局艰难之际,外人观之,必谓予有遗憾。其实予并无所不安。盖现在时局,并不以余病有若何影响。予若不病,势必参加国事。以予素性之急切,亦未必定能使时局转入佳境,而自心反感不安。故予对予病之非时,亦坦然处之。"(《昨日中山之病状》,天津《大公报》1925 年 1 月 31 日)

△　汪精卫复电国民党上海总部云:"总理病转剧,德俄中美诸医均云非开剖不可,今午入协和医院,拟明早用手术,夫人及弟等均不得不听医言,总理亦有决心,今晚再集同志会议,决定彼此每日一电,请通告同志。"是日,许世英致电孙科,报告孙中山病状,谓:"令尊大人同午移往协和医院,施用手术,极平安,请释念,望驾早来。"(《孙中山入协和医院剖疗》,《时报》1925 年 1 月 28 日)孙科于午后与党内同志二十余人均到京,二时许入谒孙中山。(《哀思录》初编,"病状经过",第 4 页)①

△　谕汪精卫、陈友仁在京设立国民党中央政治委员会,并派定各委员。该委员会首次会议议决请中山立遗嘱。

孙中山入协和医院手术前,知病势严重,不能躬理政务。而好几位政治委员会成员不在京——胡汉民、廖仲恺在广州,戴季陶在上

---

①　《孙中山年谱长编》是日条下,谓孙中山手术时"看台上有德国医生、俄国医生及汪精卫、孔祥熙、孙科等人",不确。(陈锡祺主编:《孙中山年谱长编》下册,第 2112 页)

海,乃谕汪精卫、陈友仁谓:"将广州中央执行委员会内之政治委员会移设北京。"即派汪精卫、于右任、李大钊、李石曾、吴稚晖、邵元冲、陈友仁为政治委员会委员。当晚,在京政治委员会成员召集紧急会议,议决趁中山临危之前,求他立一遗嘱,俾供全党同志共守。会后即叮嘱医生:如觉中山临危,请以实相告,以便请立遗嘱。医生允诺。因各同志都对中山之病抱一线希望,直到 2 月 24 日前,一直未对中山提起立遗嘱之事。(《中华民国史档案资料汇编》第 4 辑上册,第 267—268 页;《中山病状较有进步》,《顺天时报》1925 年 2 月 3 日)

△ 《京报》报道孙中山卧病后之起居状况,谓:"自十二月四日至三十一日卧病天津张园内……其时中山精神仍健,虽卧床不起,然较重要之宾客及函电,仍躬自会晤及披阅。每晨必令人读西报及京津各报,卧而谛听,并赞〔读〕书自遣,其夫人及随侍诸人,劝其节劳,不全听从也。自三十一日至一月二十六日,卧病北京饭店……其时中山从医生之劝告,长日静卧,且有看护妇日夜伺应。一切函电,概不披阅,读书报等事,亦一律停止,一切宾客,概不接见。关于一切事务,概由汪精卫每日亲赴榻前,简单报告。外国消息,则由陈友仁报告……每日一次,每次十分钟左右,逾时即退。故在此一个月内,中山可谓全在听受治疗时期。其所以藉以为伴侣者,夫人之外,亲戚二三人,所言皆消遣常事,以慰岑寂而已。在此一个月内,其稍劳中山先生之神思者,只有两事:一为复段执政之篠电,中山先生口授汪精卫以大意,略有商榷,旋即起草。在中山先生榻前朗读一过,审易数字,即以小印授汪精卫,钤盖发表;一为二十六日上午十二时未入协和医院以前,命汪精卫、陈友仁至榻前,令将广州中央执行委员会内之政治委员会移至北京……二十六日下午三时入协和医院后,于下午六时受手术,除协和医院医生外,德医克礼仍每日诊视。汪精卫等虽仍得近前视病,但绝对不能以时事报告,有时中山问以今日有何紧要新闻,亦婉答以无有。"(《孙中山先生卧病后之实况》,《京报》1925 年 2 月 3 日)

△　陈炯明部练演雄等股袭击联军驻地虎门、石滩、东江,战事又起。(《中华民国史资料丛稿·大事记》第11辑,第13页)

1月27日　协和医院代院长、外科主任邰乐尔联名宣布手术结果:中山所患系肝癌,病状危殆。

协和医院之报告谓:"具证明书:民国十三年十二月三十一日,协和医科大学医院医士三人,及狄博尔、克礼二医士,被约赴北京饭店会议中山先生病症。当时即以为是最烈肝病,遂向中山先生及其家属商议,拟用外科手术探查病状。但中山先生愿用内科方法治疗,并愿请德国克礼医士诊治。克医士施用内科治法,颇见功效。至十四年一月二十三日,克医士察其病势忽变而加剧。二十六日,协和医科大学医院外科医士前往看视其病状,已属危殆,当经各医士会议,全体赞成请中山先生入协和医科大学医院疗治,即于是日入院,并即用外科手术探察,始见其肝部生有恶瘤,按现在状况(二十七日)中山先生病状,颇为危险。此证。医士克礼、北京协和医科大学医院院长刘瑞恒、北京协和医科大学外科主任教授邰乐尔。"(《哀思录》初编,"医生报告",第1页)

午后神志渐爽,思进饮食,饮燕窝汤、蜜橘汁等。至下午5时安眠至夜。(《哀思录》初编,"病状经过",第4页)

△　下午3时顷汪精卫入视,孙中山问:"外间有无新闻?"答以无之。复问:"昨日割治时,你在场否?"汪答以在。又问:"当时之情景如何,系目击否?"汪乃简单告以施术之经过,但语未竟,医士已入,即禁止汪氏发言。汪退出后,医士且埋怨汪氏不已。(《孙中山病状别报》,《中华新报》1925年2月5日)

△　任命林俊廷为粤桂边防督办。(《大本营公报》第3号,"命令")

△　驻苏军队总指挥秦洗致电孙中山、段祺瑞诸人,声讨齐燮元不恤民隐,妄起衅端,"以渠一人之私争而阶天下之乱",称正联合各军以对抗齐燮元。(《秦洗在沪发通电》,上海《民国日报》1925年1月28日)

△　孙中山患病住院之消息，在日本谣传为"孙文逝世"①。梅屋庄吉派萱野长知前往北京参加悼念活动。

梅屋庄吉本日从报纸上获悉"孙文逝世"消息后心情异常悲痛，在《备忘录》中写下"是日，挚友孙文逝世"。因他大病未愈，无法远行，乃找萱野长知、头山满、古岛一雄等商议，决定派萱野为代表，前往北京参加葬礼。萱野于当日晚即离开东京，取道朝鲜，赶往北京。接着梅屋拍电报给居住在大连的养女冈本梅子，要她代表他们赴北京参加悼念活动。梅子即遵命前往。几天后，日本报纸纠正了此一谣传。（《孙中山、宋庆龄与梅屋庄吉夫妇》，第103—104页）

各报纸亦就东方通讯社关于孙中山死讯之误报，及其所引发的影响作了分析与评论。

《晨报》报道称："当二十八日上午东方通讯社将京电发表，谓孙文已于二十七日早逝世，人心颇为震动。而西关商家含笑辗转相告，莫不以此为谈话之资……据某要人谓：以现在形势观察，纵使孙文果死，大局暂时仍可维持。陈军得此消息，总不免有一度反攻，东江战事之爆发，事势所当然，然以联军兵力而论，实比较陈军为优。果能始终团结，陈军固不易得手云云。但一般人推测，以孙文为联军首领，一旦逝世，内部必溃散。战事起时，必难收合作之效。据军界消息，现在最堪注意者为滇军，因其实力较厚，有举足轻重之势。彼必

———————————

①　日本东方通讯社的报道，是此次孙中山死亡说的来源。1 月 27 日下午两点发的东方通讯社北京电，第一次报道了孙中山死亡的消息。东方通讯社是日本人宗方小太郎于 1914 年设立的通讯社，从设立初期就开始得到日本外务省的财政支援，同时具有收集中国情报和所谓"负责进行东亚主义宣传"的一种国家政府机关的性质，到 1920 年以后，被改编为外务省更加直接参与管理的实际上的国家情报机构。东方通讯社对孙中山死亡的"误报"，含有日本反对孙中山的意图，或为日本情报机关的有意策略。以此电文为依据，相关报道在香港、上海、东北等地区的报纸上广泛出现，在日本、韩国等国家也产生了相当大的反响，关于孙中山逝世后国民党内部开始分裂，权力之争也已激烈展开的消息也开始出现。对此谣传，广东政府于 1 月 27 日，以广东省长胡汉民的名义给各报社下达了不要登载东方社电文的命令，并给日本驻广州领事发去公函要求解释。〔韩〕裴京汉：《1925 年 1 月孙中山逝世说的流传与日本东方通讯社》，《从韩国看的中华民国史》，社会科学文献出版社，2004 年）

不肯拼孤注之一掷,乘此机会,起而与东江陈军弃战言和,未可料也。至于西江方面之李济深、郑润琦,南路方面之梁鸿楷,早已以观风头称,孙文如有不测,必难以与联军合作。又闻湘军各军长已多秘密向赵恒惕输诚,求其归宿地,而刘震寰命伍毓瑞速移师英德,预备退路。联军内部形势如此,总可谓非佳兆也。关于国民党自身问题,总理继任人物,彼此竞争,在所不免。昨以此探诸国民党党员,据谓继任人物,现有一部分党员,颇属意于汪精卫。至多数意见仍未得其真相。惟党中亦分甲乙两派,总理一席,竞争极烈。且环视党中人才,实无一人足继孙文者,将来能否令一炉而冶之,实一疑问。"(《孙文病重中之粤局》,《晨报》1925 年 2 月 11 日)

《香港华字日报》刊载之报道略谓:"省中各界二十八日上午因东方通信社将京电发表,谓孙文已于二十七日早逝世,于是相见时均以此事互相告语,而叩诸政界方面,仍极力否认,迨向各方调查。又闻大本营方面,二十七日下午亦得孙文病故之京电,或系因孙已入昏睡状态,故有此虚传,亦未可知……至于广州局面之如何维持,则目下仍未有切实之解决。然默察是日军政界要人之惶急,粤局将因此而起绝大之变化,自在意中。据军界消息,最堪注意者为滇军,因其实力雄厚,确有举足轻重之势,乘此机会,起而与东江粤军弃战言和,未可料也。盖孙文果死,联军失却提携之人,势若一盘散沙,滇军为自身前途计,或不能不出于此。若夫西江方面之李济深、郑润琦,南路方面之梁鸿楷,则早已宣传其与粤军通声气。大约粤军一旦反攻,联军内部,即发生变化。至国民党内部,太子、元老两派又必从此分裂,因继任总理,人选极难,实无一人足为全党所当意者,虽谓有中央执行委员会为该党最高机关,表面上可以提携一切,然既分裂,谅非该会所能维系,是则国民党之命运,将随孙氏之寿命以定也。"(《孙文病重与粤局变化之趋势》,《香港华字日报》1925 年 1 月 30 日)

是月 31 日,《盛京时报》刊载评论,就此问题有感而发,对孙中山持批判意见。略谓:"总而言之,他在理想方面,名的方面,确已成功;

在事业方面,实的方面,则不见有何功绩可言……直到如今,国家依然四分五裂,百孔千创……由民主精神的国家看起来,照中山这样的人,忽然溘逝,不能不说是国家一大损失。可是照现在的时局以及中山个人关系看起来,则中山之死,不能不说是有意义,而且是很幸很合乎其时,恐怕别的伟人,将来再想得他这样一个结局还不容易呢。至于他究竟成功没成功,我们也就无暇刻论。因为伟人的成功与否,也不能尽责伟人个人,在一般国民,和一般环境,也有极大关系。设便中山生在欧美,也许成了华盛顿或是林肯那样的成功伟人,也许平淡无奇过了一生。不幸中山生在中国,而欲为不可行之理想,此中山之不幸也。然则中山负中国乎?中国负中山乎?此其所以为中山也。"(《中山果死乎》,《盛京时报》1925 年 1 月 31 日)

△　中国国民党中央执行委员本日开会决议,通电全国,主张人民自动的举派代表,组织全国国民会议促成会联合会于北京,实行监督政府,进而以民众力量解决国是。并定 2 月 2 日正午 12 时在第一公园开国民大会,巡行示威。(中国第二历史档案馆编:《善后会议》,第 13 页)

△　是日广州电称:"昨日喧传孙文逝世,胡汉民立即召集各要人,秘密会议善后处置,关于会议之内容。确闻关于大元帅之继承问题,有两种主张,一派主张新举大元帅,仍照旧例,行独裁制;一派主张改作委员制,行使大元帅之职权,以委员制之呼声较为有力,因政府方面未接孙氏逝世公电,故未采决,决定先电询北京确实消息,一面命公安局长吴铁城任维持市内治安之责。"(《孙中山之病状》,《时报》1925 年 2 月 2 日)[1]

△　章太炎谢绝参加善后会议,亦不满孙中山对善后会议之态度。复函善后会议筹备处,称段祺瑞"口言和平,而实兴祸乱,已为人

---

[1]　《顺天时报》2 月 4 日亦刊载此条消息,惟称系"广东二十九日东方电",内容一致。(《广东所受中山病重之影响》,《顺天时报》1925 年 2 月 4 日)《晨报》2 月 4 日所载消息,亦称该电为"广州二十九日电"。(《广州政局渐形动摇》,《晨报》1925 年 2 月 4 日)

所不信。况招致俄匪明目张胆以行叛国之事,此乃曹吴之所不为,吾辈敢以会议出席,引起承认叛国人之实乎?侧闻中山宣言'法团加入,文即赞成'。中山病中瞀乱,或为左右假托,或为精神差错,皆未可知,非鄙人之所敢附和也。"(《善后会议章太炎谢绝参加》,《中华新报》1925年1月28日)

1月28日　本日协和医院报告:"中山先生之病,情况并无变更,其脉搏次数为一百十五,温度为三十七度四,前晚睡眠良安,腹部不痛,能吃滋养料较多,此则病有转机之状况也。"(《哀思录》初编,"医生报告",第2页)

△　是日广东电称:"本日晨,东方通信社记者赍孙文病危之消息历访胡汉民、廖仲恺、许崇智等要人,似均未接得此项公电,闻信之下,愕然失色。廖仲恺夫人竟至歔欷,掩面而泣。自清晨以来,代理大元帅胡汉民即在省长公署召集各要人开会议,各要人皆忧形于色。"(《孙中山最近之病状》,《申报》1925年1月30日)据香港电云,该会议由午前12时至下午5时始散会,内容未悉。散会后省署即函东方社,谓接京电,未言及孙有不讳事,请将孙逝世消息更正。(《申报》1925年1月30日,"国内专电")

△　宋庆龄电复宋太夫人,述孙中山病情,望其勿信谣传。

上海孙夫人之母宋太夫人来电问讯昨日沪传中山凶信确否?孙夫人复电如下:"得电知沪传婿凶问,无任悲惋。婿自去冬抵津,卧病至今,儿侍侧未离,病状迭经德医及协和医生报告,病势诚重,倘有不幸,亦无须秘密。婿为国尽瘁,自不能免有政敌,然利用此时机,造作谣言,以遂其幸灾乐祸之心,实为可鄙。望慈怀勿为所扰,非得儿电,切勿轻信。儿惟尽人事以听天命而已。"(《孙夫人电复宋太夫人所述》,《京报》1925年1月29日)

△　北京学生联合会致函孙中山,支持孙中山对国民会议和废除不平等条约的主张。并代表北京全体学生向孙中山致意,"敬希为国珍摄。早占勿药"。(《北京学生会慰问孙先生》,上海《民国日报》1925年

2月5日)

　　△　中华自治协会致电慰问孙中山,谓:"务乞捐除万虑,静心以养,庶几早日就痊,为国造福。"(《中华自治协会电慰中山》,天津《大公报》1925年1月31日)

　　△　保定国民会议促成会致电孙中山,慰问病情,并谓:"更有望于先生者,最大国民会议促成会之成立,应请先生躬亲参预其组织及进行,精心擘画。"(《保定国民会议促成会之二电》,上海《民国日报》1925年1月28日)

　　△　留暹侨民发电表示赞同孙中山主张的国民会议。(《暹华侨一致赞成声》,《京报》1925年2月3日)

　　1月29日　协和医院报告中山"昨晚舒畅,今晨无痛,体温合度,饮食亦佳,解剖之伤部具满意之情况"。同日又一报云:"割口已交合,所有缝线绷布均撤去,此次施行特别手术可望无虑。"(《哀思录》初编,"医生报告",第2页)

　　△　段祺瑞复电孙中山,对中山篠电主张作出回应。

　　段祺瑞接到孙中山篠电后,迭次召集要人开会讨论,认为原电所称善后会议兼纳人民团体代表之主张,实不能不与以相关之调和,以免该派人绝对不肯列席,经几番讨论结果,始拟定照善后会议条例第六条之规定,聘请各团体代表为专门委员。是日下午,各要人在吉兆胡同段宅最后讨论决定,即由许世英将复孙中山及致各省区团体两电稿拟就,送段核阅,段当将复孙电交梁鸿志由府秘书厅缮发,而致各省区团体通电,则交许世英携回善后会议筹备处缮发。

　　致各团体通电略谓:"照善后会议条例第六条之规定,应设专门委员会,审查大会,所交议案,并得出席报告及陈述意见,兹将决定聘请左列各团体人员为委员:(一)省议会议长一人;(二)省教育会会长一人;(三)省城总商会会长一人;(四)省农会会长一人;(五)北京,天津,上海,汉口,总商会会长一人;(六)各特别区与省同,无者缺之。

善后会议现定于2月1日开会,望即迅速赴京与会,并盼将赴京人员姓名及行期先行电告为盼。"(《段祺瑞善于对付孙文》,《晨报》1925年1月31日;《答复中山电已发出》,《京报》1925年1月31日)

段祺瑞复孙中山电谓:"善后会议与国民会议职权本不相同,无妨各异。且非速开善后会议,先谋各方意见之融合,则国民会议之前途,尚多障碍;非军财各政先有解决之道,则国民会议之根本方案,更无从实施。今当举国企望之际,群贤莅止之时,忽改条例,延缓会议,恐于和平统一前途,有所窒碍。"又谓:"特为尊重先生意见,定于专门委员会中,聘请各省省议会议长、教育会、农商会各会长一人为专门委员会委员。"(《段执政覆孙中山电之全文》,《顺天时报》1925年2月1日)

△　东方社东京电是日消息称,日本朝野接得孙中山危笃之报,均深痛惜之,报纸各揭载相片、略传、社说等,尚于孙氏之平愈,系一线之望;《东京日日新闻》云,收拾此次之时局,以代表理想与实际之孙、段两氏之协力,为绝对必要条件,然孙氏与段氏尚未谋一面而遽受最后之宣告,吾人对此革命之大伟人,惟祈其万一之恢复,与痛苦之减轻而已;《大阪朝日新闻》谓,孙氏如有万一,深恐时局不易收拾,并于其杰出之人格,大加赏扬,后又谓今也东亚之形势,如孙氏之达识卓见人物,极为必要。当此之际,突如接其危笃之报,为中国计,抑普为东方诸民族之兴隆计,均不得不为之扼腕痛惜也。(《孙中山病状之昨讯》,《益世报》1925年1月31日;《孙中山最近之病状》,《申报》1925年1月30日)

△　报载本日电讯谓:"广东政府绝对否认孙氏逝世说,严禁报纸揭载关于此事之电报及记事。"(《孙中山病已无虑》,《中华新报》1925年2月2日)

△　宋子文自粤赴北京,为孙中山侍疾。

宋子文为孙夫人宋庆龄胞弟,时任广州中央银行行长。中国国民党在京同志,以孙中山病势日重,身后各事,诸待办理,特电请宋北上共商进行。宋于昨日接北京急电,乃将职务交林丽生、黄隆生代

理,本日赴香港转轮北上。(罗家伦主编、黄季陆增订:《国父年谱(增订本)》下册,第 1179—1180 页)

△　广州国民党开会讨论孙中山身后诸事。

报称:"国民党内部,恐孙文万有不测,拟先行决议重要问题,请孙文核定。"于是日夜深,重开会议,"现已将条件四项,拟草成立,并选出政府委员十一人,以胡汉民为领袖,以其余十人为汪兆铭、孙科、廖仲恺、李烈钧、许崇智、张继、伍朝枢、林森、戴天仇、邹鲁"。其四项条件内容为:(一)临时政府之名称废止;(二)广东政府仍继续行委员制;(三)政府委员,须待国民大会之决议;(四)在善后会议召集期内,仍维持广州地域,为国民党地盘。(《孙文危笃定中之广州》,《晨报》1925年 2 月 5 日;《广东民党筹备后事》,《盛京时报》1925 年 2 月 11 日)

《香港华字日报》亦报道此事,并提及当中的派系问题,略谓:"闻大体已决定委员姓氏,一致推定胡汉民任委员长,内定之人员题名如下:胡汉民、汪兆铭、孙科、廖仲恺、李烈钧、许崇智、张继、伍朝枢、林森、戴天仇、邹鲁。计十一人中胡、汪、廖、戴、邹五人属共产党,孙科、张继、伍朝枢三人为反共产派,李烈钧、许崇智、林森三人属中立派。按此系就广州方面左派所内定,而京中党潮现正剧烈,胡、汪何能领袖党众,即如孙科、张继等,亦必不甘居胡、汪之下,孙、张又向不与胡、汪合作,此次林森北上,又欲调停右派也。"(《广州民党秘密会议之一瞥》,《香港华字日报》1925 年 2 月 18 日)

△　天津国民会议促成会致电孙中山,声讨善后会议,略谓:"此种会议,简言之,即民六段执政当国主张督军团入京干政之变相而已矣。"希望孙中山对此加以注意,并请孙中山就民国 6 年以后一切借款向段执政提出严重质问,要求其将所有借款用途详细公布国人,"如未将用途公布以前,决不能有丝毫借款,以重人民负担,倘有私自借款者,勿论内债外债,国家人民,誓死不能承认"。(《津促成会致孙中山电》,《益世报》1925 年 2 月 4 日)

△　《京报》刊布山东峄县各团体,宿务华侨国民促成会,澳洲欠

未劳顿埠华侨,吉林省教育会,驻日华侨联合会,美国葛仑埠华侨,美国芝加高中华会馆,河南省国民会议促成会,天津、北京、察哈尔、张家口、保定国民会议促成会等海内外各团体汇电,声援国民会议。(《海内一致主张国民会议》,《京报》1925年1月29日)

　　△　皖北自治联合会致电孙中山,拥护国民会议。小吕宋广东音乐社、广东陈镇工会联合会等分别致电孙中山、段祺瑞诸人,拥护国民会议,反对善后会议。(《皖人之赞助声》,上海《民国日报》1925年1月29日;《小吕宋广东音乐社通电》《广东十三工会反对善后会议》,上海《民国日报》1925年2月7日)驻日华侨联合会致电孙中山,反对善后会议,"主张组织全国促成国民会议联合会,以为先生后盾"。美国费城华侨致电孙中山、段祺瑞诸人,谓:"直系已被推倒,宜即召集各界代表会议产生国民会议,解决国是,以求真正和平统一,全侨当为尽力赞助也。"(中国第二历史档案馆编:《善后会议》,第11—12页)

　　△　《广州民国日报》刊载报道,揭露陈炯明军队内部的矛盾,略谓:"林虎之出辅陈炯明,原非出于诚意之拥护,不过有所借助,有所利用于陈氏,故不能不与之合作。近经种种变化,林虎弃陈北附之态度,益为显露,对于陈氏虽未正式分家,然已同床异梦,志趣各有所属……陈军原日各部,近亦颇生变化。洪兆麟态度暧昧,可北可南,与陈渐行分离,目下或无倒陈之举动,但其惟一目的,固至于自身之将来,故其对于任何方面,均抛以秋波,吊吊膀子,以为日后地步"。称陈炯明之反攻,"其远因固种于联省自治主张,而近因则在获得北方曹、吴之接济。但此种接济,不过北方军阀之一种祸粤计划,目的在使粤省长在扰乱中,而实际则无扶助陈炯明之决心也"。(《陈军之内部解体》,《广州民国日报》1925年1月29日)

　　1月30日　协和医院发布第四次报告:"孙中山先生昨夜睡眠亦甚安稳,惟较昨日午后似稍衰弱,然夜间脉搏甚顺调(一百○八),体温亦如常也。割治疮口已愈,缝线业全部除去。中山先生之病,并未因割治而生何等障碍。"(《哀思录》初编,"医生报告",第2页)

　　△　是日精神尚好，谈话如常，宽慰夫人宋庆龄谓："余诚病，医者亦诚无如余此病何，但余所恃以支持此身者，夙昔即不完全恃医，而恃余曰〔自〕身之勇气。余今信余之勇气必终战胜此病，决无危险。"（《中山病情消息》，上海《民国日报》1925年2月7日）

　　△　广州东征联军总指挥部召集军事会议，确定滇、粤、桂军分任左、右、中三路出师东征陈炯明部。（《中华民国史资料丛稿·大事记》第11辑，第15页）

　　△　国民党中央执行委员会秉承孙中山意旨决定发表宣言，命令党员概不加入善后会议。宣言大旨谓："先生篠电之主张，为本党对善后会议之最大之让步，然犹未得段执政之容纳。兹秉本党总理之意，特布宣言，不加入善后会议。"（《国民党宣言不加入善后会议》，上海《民国日报》1925年2月5日）[1]

　　△　唐继尧通电反对段祺瑞之善后会议，并望召集国民会议解决国是。

　　电曰："民国以还，变乱相寻，攘据战争，日益纷扰，欲求今后改革之途，非由召集国民会议入手不可。芝老主张召集善后会议，徒启争执之端，难举善后之实，断不可行。望即召集国民会议，解决国是，国家前途，实利赖之。"（孙曜：《中华民国史料》，第604页）

　　△　林森致函宋庆龄，慰问中山病，并转致德国同志寄赠各物。

　　函云："孙夫人同志：敬启者，大元帅政躬不豫，既经各国名医诊治，自可吉人天相，早日恢复康健。唯宜摒绝见客，得以静养。兹因廖夫人（何香凝）北上之便，托其带上德国同志寄赠各物，祈即察收。"（中国国民党中央委员会党史史料编纂委员会编辑：《前国民政府主席林公子超遗集》，第97页）

---

　　①　罗家伦主编、黄季陆增订的《国父年谱》下册第1180页也将该宣言系于本日。而收录在秦孝仪主编的《革命文献》第10辑和中国国民党中央委员会党史委员会编辑的《国父全集》中的《中国国民党为决定不参加善后会议宣言》，所署日期则均勘定为1925年2月2日。

△ 《顺天时报》对孙中山手术前后之经过做了详实报道，并称孙中山"养病于北京饭店，外间不明真相者，往往多揣测之辞。此次移入协和医院割治，尤多谣传"。(《孙中山病状尚在危境》，《顺天时报》1925 年 1 月 30 日)

该报并发表社论，回顾孙中山之政治生涯，称颂其理想抱负，谓"使一般人民发生脱被治者地位，得治者地位之自觉而努力者，盖自孙逸仙氏始也"，"孙氏身在病榻，对于国事，不能有所贡献，中国政局之损失，岂胜计耶"。(《孙中山病笃与善后会议》，《顺天时报》1925 年 1 月 30、31 日)

△ 报载善后会议筹备处第五次联席会开会情形，此次会议对善后会议的会场、宿食招待、车辆配备、招待员、交际员等各事项做了筹备安排。(《善后会议筹备消息》，《时报》1925 年 1 月 30 日)

△ 是日电讯称，段祺瑞对国民会议已定三项办法：(一)代表人选，采用普通选举法；(二)中山提议，加入公团代表，可即容纳；(三)凡女子在中学以上毕业者，准其参与会议。(《益世报》1925 年 1 月 30 日，"专电")

△ 广东滇、湘两军，近又发生缴械情事，湘军谢国光于是日致电孙中山，声讨赵成樑，请求澈查，以维风纪。(《广东军阀内讧》，《顺天时报》1925 年 2 月 1 日)

△ 《京报》刊布广西学生总会、广东国民会议促成会、花县农会、广西总工会、广东女界国民会议促成会、福建学生联合会、广东新学生会社等团体之汇电，声援孙中山主张之国民会议。(《海内外同胞对于国民会议之热烈》，《京报》1925 年 1 月 30 日)

△ 报载，小吕宋司徒教伦堂致电孙中山、段祺瑞诸人，支持国民会议及预备会议。(《小吕京司徒教伦堂通电》，上海《民国日报》1925 年 1 月 30 日)

1 月 31 日 段祺瑞慰问孙中山。

是日下午 3 时，段执政与秘省长梁鸿志同乘汽车至协和医院慰

问中山病状。沿途军警森严,由汪精卫接待。段氏直至三层楼 310
号病室,由孙夫人迎入。时医士在旁,禁止中山谈话,执政至病榻前,
中山微举其手,表示谢意。段即退出。孙夫人随之至会客室,段执政
对于中山病状,询问甚详。叙谈约十余分钟,即驱车回执政府。(《段
昨慰问中山》,《京报》1925 年 2 月 1 日)

　　△ 《晨报》报道称:"段祺瑞以孙文虽在病中,然国民党中人,仍
不能不有相当联络,已决定于是日正午 12 时,假外交大楼宴请汪精
卫、于右任、卢师谛等计有十余人之多。"(《段祺瑞大宴国民党》,《晨报》
1925 年 1 月 31 日)

　　△ 是月 30 日,北京学生联合会、中华妇女协进会、中俄协进会
等致函孙夫人,慰问孙中山病况,是日孙夫人复函,谓:"盛谊厚情,良
深感荷。中山先生病势虽重,然私里敢信其必获痊愈,请纾廑念,谨
复并谢,专候公安。"(《孙中山病情之昨报》,《顺天时报》1925 年 2 月 1 日)

　　△ 是日东京电讯称,犬养毅递相(即递信大臣)因闻孙中山病
笃之讯,特向电通社往访记者谈云:"余现尚未直接得孙氏病笃之讯,
先时余闻其略抱微恙时,本拟烦相识之满洲某医生赴京诊治,后因接
孙来信,谓病无大碍,遂尔中止,初不料其近日病况乃日见沉重也。
孙实不愧为一廉洁之士,处世接物,既决无半点私心,且又常以实现
其理想为怀,其为自己之主义而苦战奋斗,备极劳瘁者,盖数十年。
虽其所志未克尽伸,然其勇往直前之气,固数十年如一日也。余与孙
氏订交,始于明治四十一年,渠常舍余宅。与余家人至为亲昵。去腊
寄书与余时,尚极述战争之悲惨,力唱东亚民族联盟之必要。"(《犬养
毅与孙文》,《晨报》1925 年 2 月 3 日)

　　△ 在京国民党员集会,议决派代表慰问中山及拒绝加入善后
会议。

　　是日下午 1 时,在京国民党党员在大中公学开会,到会三百六十
余人。公推冯自由主席,报告开会宗旨。次吴稚晖报告中山病状,旋
由到会诸人发言,结果议决:(一)推举韦青云、江师竞、姜诒谟、施明

四人为代表,拟于 2 月 1 日上午至协和医院慰问中山,并主张加入中医,帮同诊治;(二)向国民党中央执行委员会建议,凡隶属国民党来京准备出席善后会议各代表,一致不加入善后会议,推举吴稚晖、王文彬为代表,负责进行。次对于党务有所讨论,至下午 6 时始散会。(《国民党昨日开会》,《晨报》1925 年 2 月 1 日)

　　△　是日北京电称:孙中山以善后会议仅征人民团体代表为专门委员,未完全容纳筱电意见,对此尚需考虑,民党暂不列席。(《善后会议今日开会》,《时报》1925 年 2 月 1 日)另据报道:"闻国民党员之为善后会议代表者,均主张服从党魁之主张。在党魁未决定各党员参加以前,各党员决暂不列席。"(《段合肥答复中山后国民党与善后会议》,《京报》1925 年 1 月 31 日)又有广州特电,"谓胡汉民以反对善后会议主张系革命政府之唯一政策,属革命政府旗帜下之官吏皆应积极赞助,不容歧异。乃广西绥靖督会办李宗仁、黄绍竑竟违背主旨,迁派代表马君武、蒙经、严端三人出席善后会议,此举不啻公然反抗革命政府,故昨特由大本营电令李、黄,饬将派出桂省代表人克日撤销,免与政府政策相抵触"。(《段祺瑞善于对付孙文》,《晨报》1925 年 1 月 31 日)

　　△　是日北京电称:"民党要人以孙中山病危,于是日在北池子会议,如孙不讳,拟推唐绍仪任民党总理,派员南下征求党员意见。"(《孙中山病势仍危》,《时报》1925 年 2 月 1 日)

　　△　蒋介石集合军校官兵、学生,举行东征誓师礼。(毛思诚编纂:《民国十五年以前之蒋介石先生》第 9 册,第 18—19 页)

　　△　内蒙古土默特旗国民会议促成会致电孙中山,谓:"韩麟符、崔柏、高玉祥三公莅绥,备道我公对于时局主张之三点,老成谋国,苍生为怀,心折无任。恭聆韩君痛述贵党民族主义与蒙古问题,知我公秦越无分,同仁一视,破汉族一尊之陋见,泯畛域歧视之鸿沟。行见蒙汉一家,共跻康平。民族平等胥公之赐。同人等已于一月二十日成立土默特旗国民会议促成会,一按我公硕画,努力进行,务使十三年来国柄授诸人民之手。"(中国第二历史档案馆编:《善后会议》,第 12 页)

△ 《京报》刊文反驳"善后会议与民权原则绝对不能两容"之说,并对孙中山所主张之国民会议预备会表示质疑,略谓:"最初主张国民会议预备会者,非孙文个人乎! 孙氏果以何种资格主张此种办法,而遂谓能适合民权原则乎! 若孙氏主张此种办法而成为法令,是否等于孙氏钦定乎! 若根据孙氏主张尚须征求国民多数之意见,则此国民多数之意见,又将以何法表现之乎? 如此执难者而问之,难者又必有时而穷,至最后答案将仍必归于革命行动,无原始合法依据之可言。嗟呼! 孙文式革命如是,段祺瑞式革命如是,吾国民任以一部分人组织革命亦宜,莫不如是也。见国民素乏政治组织,平日不积极干涉政治,任令少数人包办革命,及革命猝发,乃于此辨自动被动之别,亦可哀矣。"(《善后会议与民权原则》,《京报》1925 年 1 月 31 日)

是月下旬　为伍廷芳撰墓表,介绍其生平事迹。

墓表谓:"公自幼时,已怀经世之志,睹中国积弱,发愤以匡救自任……其以身许国,数十年如一日。"又谓:"文自元年与公共事,六年以后频同患难。知公弥深,敬公弥笃。谨揭其生平志事关系家国之天者,以告天下后世,俾知所楷模焉!"(陈锡祺主编:《孙中山年谱长编》下册,第 2115 页)

是月　国民党军事委员会举行紧急会议,讨论北伐形势。经过讨论,会议提出了三项决议案:一、满足湖南士兵的要求,将北伐军中的湘军残部遣返湖南;二、北伐军撤到韶关地区;三、江西省的北伐军留在赣州地区进行整编,以便日后陈炯明进犯时,大约在梅县一带打击其右翼,或者视战局的需要,从赣州直接向南出击。(《共产国际、联共(布)与中国革命文献资料选辑(1917—1925)》,第 646 页)

△ 陈炯明准备反攻广州,向赵恒惕、唐继尧等建议组织联治军,以对抗孙中山之建国军,除本人在东江发动反攻外,并请湘、滇分途进攻北江、西江,以便推翻广州政府,建立联治政府。这个计划因联治派内部矛盾重重,最终未能实现。(陶菊隐:《北洋军阀统治时期史话》,第 1409—1410 页)

△　汪精卫接受《顺天时报》记者采访,就时局热点转达孙中山之意,其问答如下:

问:为什么孙逸仙博士允许共产党人加入国民党? 为什么虽有刘成禺、谢持、冯自由和谢英伯等先生的强烈反对并提供了大量证据表明共产党人企图制造骚乱,但孙不仅拒绝批评共产党人,而且还威胁要把他们四人开除出党?

答:在去年春天国民党改组期间,冯自由、谢英伯和刘成禺等三位先生被选为临时中央委员会委员。当讨论接纳共产党人的问题时,他们没有表示异议。但是后来,当他们没有进入在党的全国代表大会上选出的中央委员会时,他们才就共产党人加入国民党一事发难。孙博士就其前后矛盾严厉地责备了他们,只是在他们表示悔悟之后才允许他们留在党内。至于谢持,他是党的监察委员会委员,他以这个身份在去年夏天对党内的共产党人提出责难。为了讨论这个问题,召开了一次党中央的专门会议,经过十天的讨论,制定了特别指令并已散发给全体党员。如果记者君费神读一读这些指令,那就会知道,为什么国民党允许共产党人加入他的队伍。谢持的做法是对的,因此也不存在像记者君所暗示的什么对孙博士不敬的问题,而且谢持还声明,他对中央委员会的指令是满意的。

问:为什么汪精卫没有在任何一家中国报纸上否认他、胡汉民和廖仲恺都是共产党人的说法(地方报纸上时常出现这样的断言)?

答:汪精卫、胡汉民和廖仲恺在近二十年来一直追随孙博士左右,他们是国民党的老党员。他们从来没有加入过任何其他政党,而记者君推测他们是共产党的资深党员,这是可笑的。他们对此不屑置理。

问:为什么国民党接受俄国布尔什维克每月五千金卢布资助?

问:为什么广州军事学校靠俄罗斯苏维埃政府的经济维持?

答:关于国民党和黄埔军校接受经费的问题,这要有书面材料才能成立,记者君请拿出真凭实据来证明你的关于接受苏维埃资助的责难吧。如果他做不到这一点,那么他不仅负有道义上的责任,而且还负有法律上的责任。况且,世界上也找不到一个政党或学校会反对接受别人的资助。因此,即使证明国民党或上述学校从其他来源获得财政支持,那在道义上也不是什么不光彩的事。为什么记者君一定要对我们的动机提出异议呢?

问:为什么在广州组织了受到省长廖仲恺公开支持的,公然以推翻资本主义为目标的工人队伍?为什么苏维埃的旗子挂在广东省长办公室醒目的地方和广东大学的教室里?为什么孙博士不禁止这样做?

答:如果广东的商人被允许组织志愿队伍,那么对工人和农民来说,组织自己的队伍就是很自然的了。省长帮助工人队伍,仅仅是履行其保护居民的职责,不论是什么阶级。至于说苏维埃的旗子挂在省长房间里和广东大学内的消息,则毫无真实之处。

问:为什么把著名的中国共产党人和共产党广东省委员会主席谭平山选进国民党中央委员会,使其获得和久经考验的老党员同等的重要地位?

答:党的政策在于只吸收有能力和有才智的人而不管他们过去的状况如何。选举谭平山进中央委员会是最好体现了党的政策,也证明老党员并不妒忌年轻党员的才干。

问:为什么广州警察局帮助广州的共产党散发攻击资本主义并号召推翻它的传单?

答:首先,必须弄清共产党在广州有没有散发过什么传单。即使有过,这也是使用了言论自由权。至于说到警察局帮助他们散发,那是流言蜚语。(俞湔霙、张志诚译,傅也俗校:《孙中山、汪精卫答〈顺天时报〉记者问》,《党的文献》1992 年第 2 期)

2 月

2 月 1 日　是日有报道称:孙中山之病,西医于是日已告束手,

"前日克利、邰乐尔及刘瑞恒三医生所发表之英文病状报告书中,曾有无法治疗语句,孙之秘书陈友仁见之,以为此节万不能公布,特将删去"。《孙中山之病状》,《时报》1925年2月7日)

　　△　港电称,胡汉民因孙中山病笃,派邹鲁赴京慰问,邹于是日晨起程。(《益世报》1925年2月4日,"专电")

　　关于胡汉民派邹鲁北上侍疾,《香港华字日报》曾刊载评论,渲染国民党之内讧,略谓:"孙文病重消息传到广州后,共产派之廖仲恺又乘机活动,图谋恢复其政权,故竭力主张胡汉民北上,代孙文主持一切,以免善后会议开幕,国民党陷于失败之地位。闻其表面上之言论虽如此,而内幕则实欲趁此攫取政权,盖以胡氏北上果成事实,广东政局之主持,势必另觅替人,环顾广州现在民党中,以资格而论,此替人当然属诸廖氏也。讵料此种计划,不能瞒过胡氏,因是与胡氏接近之老民党如邓泽如等,极力阻胡之行,谓广东为民党根据,断不能不设法维持,宁于北京失败耳。况国民党在粤两年,弄到天怒人怨,纯因共产党积极谋共产之进行所致,诚以人民畏共产若蛇蝎也,若一旦将政权付托该党之手,粤局将愈不可收拾,惟有大僵而已。北京之行,仅可以邹鲁任之,邹所任之广大校长,其职务稍为放下,料亦无甚影响也。廖以胡既不去,决以邹代,乃又改变方针,谋攫该职,一面并声言该校长职务重要,必须另委相当人员代理,或可希冀邹氏怵于地位之行将摇动,中止其行,则仍可促胡之去,而偿其恢复政权之愿望。抑知胡派应付之手腕亦不弱,与胡、邹接近者,极力怂恿邹氏之行,并订明邹氏去后,广大校长一席无论如何决不更动,以安邹氏之心。邹乃实行北上,昨已正式委托褚民谊代行职务矣。"(《孙病垂危中之胡廖争权》,《香港华字日报》1925年2月4日)

　　△　沈鸿英来电,为派兵出巡被李宗仁、黄绍竑部截击事,请迅令将李、黄速行撤防,免开兵衅。(《中华民国史档案资料汇编》第4辑下册,第890—891页)

　　△　是日东方电称:"孙派联合军因陈军由东江方面来袭,特开

军事会议,决定今日下总攻击令,令各军向该方面增援。云南军总司令杨希闵,亦定于日内,向石南方面出马。"(《粤战重开》,《顺天时报》1925 年 2 月 4 日)

△　蒋介石率黄埔军校学生及教导团开始东征。

联军东征计划于去年 12 月末制定后,本年 1 月 15 日,有陈炯明军自潮汕来犯之情报传至,遂依原定计划颁东征动员令。复因少许部队尚存徘徊观望态度,乃于 1 月 30 日在粤军总司令部举行军事会议,调整作战计划。本日,蒋介石在军校下动员令,教导第一团乘舰出发,集中虎门;粤军张民达及许济部,由广九路向石龙前进。(罗刚编著:《中华民国国父实录》第 6 册,第 4973 页)

△　善后会议在北京开幕,段祺瑞发表宣言,提出"制定国宪、速成省宪"主张。

本日上午,善后会议在北京举行成立大会,推赵尔巽担任临时主席,到会者九十六人。临时执政段祺瑞在会中发表宣言,宣言第一项述辛亥革命建国之意义;第二项谓革命延长之危机;第三项则提出制定国宪、速成省宪,以避免现在及将来之革命;第四项阐述善后会议与统一之关系;第五项论及国民代表会议与制宪之任务;第六项则以建设前途之责任为归趋。(《中华民国史事纪要(初稿)——一九二五年一至六月》,第 77—81 页)善后会议至 4 月 21 日闭幕。

报称,京外各省代表派定出席善后会议者,计有奉、直、鲁、豫、晋、鄂、甘、陕、湘、川、粤、赣、苏、黔十四省区,大约已足三分二法定人数。(《将开幕之善后会议》,《申报》1925 年 2 月 1 日)《申报》报道指出:"但就实际而论,被邀请或指派之人数虽达百数十人,而为段所认为最不可少之人物,则仅有七:(一)代表民党之孙文;(二)代表镇威军之张作霖;(三)代表国民军之冯玉祥;(四)代表西南联治派之唐继尧;(五)代表旧直系之萧耀南;(六)代表政学会之岑春煊;(七)代表研究系之梁启超。其余皆不过凑数而已。"此七人态度略为:"(一)孙文——为附条件之赞成,主张容纳团体代表,而以修改条例为容纳之方法；（二）张作霖——积极赞成；（三）冯玉祥——赞成；（四）唐继尧——赞成；（五）萧耀南——免〔勉〕强赞成；（六）岑春暄〔煊〕——消极赞成；（七）梁启超——消极反对。"并据此分析道："善后会议之人的问题，实可以多数之赞成，制少数之反对。此筹备善后会议事宜之许世英所以决计照预定之计划，以二月一日为本会议开幕期之由来，亦即除外中山而开会之腹稿之所由成也。故目下段虽因孙派之反对，仍从事于疏通，而实际上则不过聊以敷衍孙氏，使一般人咸知其仍能尊重孙氏之主张而已。惟段方今虽决计于中山无可疏通之际，即除外中山而开善后会议，而时论对于本问题，则谓万一除外中山而开会，其结果将发生两种危机：（一）中山被除外，则民党分子即全体不能加入，未来之会议，结果将悉受段氏及镇威、国民两军首领之指挥，而不能有以善全国之后；（二）国民会议必因而归于消灭。何者？以善后会议之组织分子，最重要者本仅孙、段、张、冯之党，就中除孙党可代表一部分之国民而外，余皆仅能代表军人，与国民毫不相关，纵孙氏加入其中，犹不免有孤掌难鸣之概。除外孙氏，则武人自利之企图，势必尽量发挥，而善后会议亦且成为解决战胜武人与战败武人间授受地盘问题之机关，去国人所期望者必甚远，断难有以善全国之后，更不能产生一较良之国民会议组织法也。但除外中山而开善后会议，其前途固不可谓坦荡，而善后会议因有下列大批武人、政客、官僚及少数名流之参加，所谓人的问题，如不论其质而但数其数，则已可谓完全解决。"（《善后会议之人的问题》，《申报》1925 年 2 月 5 日）

　　《盛京时报》亦就善后会议的前景发表评论，认为："此会之将来，恐不能得圆满之结果。"关于出席会议之代表构成及其态度，略谓："就今日到京代表而言，其能出席者，不过一百二三十人。而此一百二三十人，原来在京者尚居大半数，由外省专诚来京之代表，除东三省二十人外（尚有两人未到），其余各方，皆敷衍故事，以不甚紧要之人物来京列席。近日善后会议公布电文，常有改派代表者，即原拟以重要人物出席，现则另外以次等人物代替也。……再就善后会议之人物言,细分之可为五大派:(一)安福系;(二)奉天系;(三)国民军派;(四)政学会;(五)杂色人物。此五派人物中,以安福系之精神最为饱满,即第五项人物,亦半属于此辈指挥下,若赵尔巽、胡适、江亢虎、言敦源等,此辈对于时局有何解决之能力,皆安福系拉拢以助威者也。其次则奉天系,于此会议中确不无多少之希望,全体代表来京时,在奉天曾开一□预备会,以便到京后一致行动,观于此层,可想见其态度。至于国民军派,则似十分淡然,当以将来会中之形势如何,方可断定其态度。政学会虽人甚少,在会中则极为活跃,大半章士钊等从中所主持也。"此外,国民党已宣言不出席。西南方面,"现则拟在上海先为一种齐集,得相当之条件,然后再行北上,故说者谓善后会议即有始有终,对于西南,恐亦无效力可言"。(《善后会议之派别与将来》,《盛京时报》1925年2月10日)

《京报》对于善后会议的前途亦感悲观,称:"目下所可列席之代表,除一部分信望素著者外,似在政治上社会上殊无多大分量。苟国民党人士概不参加,恐使会议前途益增黯淡,贻合肥政策以致命之伤。"(《善后会议之前途如何》,《京报》1925年2月1日)

△　国民党对于善后会议已有不出席之决议,故是日国民党要人如汪精卫、于右任、柏文蔚等,均未出席善后会议行开幕式。报称:自孙中山派不加入善后会议消息传出后,凡各疆吏派定之代表与中山接近者,皆纷纷表示不就。如保定孙禹行军长已派定之代表王法勤,即谓其本人决定服从中山之主张,不列席善后会议,业已致电孙军长,请其改派他人。王法勤本系直隶民党,孙派王为代表时,并未得王氏之同意。(《国民党昨未出席善后会议》,《京报》1925年2月2日)

《顺天时报》发表社论,分析国民党对善后会议之态度,略谓:"自国民党方面观之,党魁孙中山氏既抱重恙,不能处理党务,而党内复无负有威望势力足以全权代理指挥策画之人物。当兹大功将成之今日,莫不抱有党员步调行将不整之隐忧。于是中央执行委员会按照上月十七日孙氏复电,为澈底表示尊重民意之态度,其声明决定不参加者,乃示处于今日之难局,党内策画一切,尚稍有人在焉。盖民党因不参加:(一)善后会议成绩如何,彼无责任,并专援助今后民论。可于政思无忌惮,以力倡其主义主张;(二)执政府不论善后会议成绩如何,必不得不迅予召集国民会议以定国基。善后会议虽声明不参加,而执政府对于民党所持好意援助态度之雅量,将来国民会议成立,凡民党所主张,自亦不得不示相当让步之雅量。换言之,即民党之不参加,能使善后会议减其价值,而增国民会议之意义。今民党为涵养今后活跃之地步计,而出此态度,在党略上,洵可谓贤明之举。"(《民党对于善后会议之态度》,《顺天时报》1925 年 2 月 5 日)

　　然善后会议开幕之日,国民党员亦有出席者。《晨报》刊文称此事"颇堪注意",谓:"国民党中之吴敬恒、汪兆铭一派,因党略上不欲明白加入善后会议,乃于前日召集其同志,在大中公学开谈话会,结果不参加之提议通过,遂发出通告,通知各党员,不得参加,并推吴稚晖、王文彬二人负责进行。惟国民党中本非一派,反对吴、汪者均不依此决议,竟于昨日全体出席善后会议,彼反对之理由,则谓总理(指孙文)现在病中,此种主张,完全出自吴、汪之意,吾人不能服从。故前日该党所发党员不加入善后会议之通告,完全失其效力也。"(《国民党与善后会议》,《晨报》1925 年 2 月 2 日;《国民党执行委员会声明反对善后会议之理由》,《晨报》1925 年 2 月 4 日)

　　《晨报》后曾报道民党中人马君武"欣然出席"善后会议,称此举反映国民党内部的分歧,略谓:"马君武为反对国民党中央执行委员会之一人,前由李宗仁推举为广西出席善后会议之代表,马对该会议本抱怀疑,未必即行出席。后国民党中央执行委员会决议不许党员出席该会议,马愤而宣言非出席不可。执政府正欲多扯几个国民党党员增色,遂直聘马为会员,李宗仁代表另行选派,马自更乐于出席。其复许世英函云:'豪电敬悉,全国扰攘,十有余年。收拾方法,首在停止连年继续无意识徒苦人民之内争。各方面开诚布公,协商互让,庶几一切问题,容易解决。今承执政召令出席善后会议,敬当本此主张,从诸公之后,努力于裁兵止乱之平和运动,先行奉复,并颂台祺。马君武敬上。'国民党昨尚有通电根本否认善后会议,而重要党员如马君武者且欣然出席,则其内部之不一致,已可窥见矣。"(《马君武与善后会议》,《晨报》1925 年 2 月 12 日)

《盛京时报》报道亦称:"兹据探得确息云,民党旅京党员,前在大中公学开会,意见亦极纷歧,未获结果而散。是日晚复在某处开会,继续讨论对于善后会议应持之态度,结果遂决定一调和的办法,即汪精卫、柏文蔚、于右任三氏均不出席,以慰反善会派之主张;其它党员,则一律与会,以示与执政府方面合作。故该党要人彭养光氏,一日始参与善会开幕典礼,又闻粤中各将领如杨希闵等,亦拟遣派代表莅会。"(《国民党态度之强硬》,《盛京时报》1925 年 2 月 5 日)

△　报称,国民党积极筹备国民会议,以应对既已开幕的善后会议,所定筹办方法包括:"(一)分电各省公民团体,速派代表来京,共同组织国民会议;(二)征集各省公民团体对该项会议之意见;(三)宣布国民会议宗旨,及应行解决之事件;(四)关于国民会议开会日期、地点,俟各省各团体代表到京后,再议进行;(五)由促进会组织国民会议预备会;(六)该项会议经费,由各省担负,及中央协助三分之一。"(《国民党急进国民会议》,《益世报》1925 年 2 月 2 日)

《益世报》刊载时评,对孙中山所主张之国民会议表示质疑,略谓:"段氏重在以实力派(军阀)与朝野名流(政客)结合,而解决国事,孙氏则以国事当由国民自决……但就事实言之,孙氏所主张之国民会议,究能保不为武人操纵,而真发扬民治精神乎？武人讵肯不言不笑,甘居他人宰割之下乎？试问不得军阀同意之国民会议决议案,而能发生何等效力乎……总之,军阀而果觉悟耶,善后会议未始非解决国事之工具;军阀而未觉悟耶,国民会议亦不过有名无实之产物……

余对段之善后会议固怀疑，而对孙之国民会议亦未敢释疑。余更恐孙氏主张之国民会议，非中华全国之国民会议，而仍为一党一派之国民会议，其危险将有倍于善后会议者矣。"（《善后会议与国民会议》，《益世报》1925年2月1日）

△　广州新学生社致电孙中山诸人，拥护国民会议，反对善后会议。（《广州新学生社反对善后会议》，上海《民国日报》1925年2月1日）

2月2日　晨，体温脉搏如昨，饭食睡眠均佳。惟至夜12时，体温骤高，脉搏亦增，极显烦躁，嗣由医生注射针药，夜深4时20分至5时10分始得安眠，精神较前益加疲乏。（《哀思录》初编，"医生报告"，第2页）

△　是日午后3时，孙科、李烈钧、徐绍桢、杨庶堪、张静江等抵京侍疾。据报道称，前往车站欢迎者有警厅所派之军警队（或谓"军乐队"）、保安队第二营；执政府方面有许世英、姚震等；团体方面有民治主义同志会、民生周刊社等二十余团体；个人方面有赵铁樵、陈敬修、张知竞、费行简等千余人。下午5点宋庆龄传中山语谓："静江、哲生到时，先偕汪精卫、吴稚晖、李石曾五人入见。"孙中山一见张静江即谓："劳汝久病之人远道来探，心甚不安。"复言："吾病良已，只须休养而已。"并嘱孔祥熙告医院预备病室为张静江治病。（《国民党重要分子昨日抵京》，《京报》1925年2月3日；《孙中山病状与孙科抵京》，《申报》1925年2月8日；孔庆泰：《张人杰关于孙中山病情的记述》，《历史档案》1985年第1期）据谢持日记记载，其于1月30日下午乘船离上海赴北京，2月2日"下午二时到京，直入协和医院，静江先入，先生哭，于是新到诸人皆不能进见矣"。（谢持：《谢持日记未刊稿》第4册，第376页）

△　中山秘书处发表声明谓："日来报纸载中山先生病状，往往失实，尤甚者谓看护妇偶然疏忽，致中山先生几乎晕倒云云，全非事实。看护妇侍候中山先生之病，甚为周慎，并无此等事实，合亟更正。"（《孙中山先生卧病后之实况》，《京报》1925年2月3日）

△　中国国民党中央执行委员会发布不参加善后会议之宣言。

电云:"去岁十一月十三日[①],本党总理公布对于时局之宣言,主张开国民会议以解决时局,而先之以预备会议,以议定国民会议之基础条件、召集日期、选举方法等。预备会议之构成分子,为现代实业团体、商会、教育会、大学、各省学生联合会、农会、工会、共同反对曹吴各军之各政党。国民会议之构成分子与之相同,惟选举方法及人数较预备会议为繁且密,以期得真正之民意。自宣言公布以来,海内外各民众团体群起响应,函电络绎,披露报端,为国民所共见。而各处国民会议促成会更风起云涌,进行积极。宣言所主张为人民心理之所同,于此可证。临时执政府所召集之善后会议及国民代表会议,其国民代表会议组织之方法,未知如何? 至于善后会议条件,则其组织方法并非以人民团体为基础,故本党总理于一月十七日复电临时执政府,提出两条件:其一,善后会议加入现代实业团体、商会、教育会、大学、各省学生联合会、农会、工会诸代表。其二,善后会议虽可讨论军制、财政诸问题,而最后决定之权当还于国民会议;并声明如临时执政府能容纳此条件,则对于善后会议当表赞同,此为本党总理对于临时执政府最大限度之让步。二十九日临时执政府复电对于此两条件未能容纳,而本党总理卧病未瘥,未能亲决庶务,故中央执行委员会仰体本党总理意志,议决对于善后会议不能赞同。凡读本党总理十〔一〕月十三日之宣言及一月十七日之复电者,当知此决议实为本党必然之结果。惟本党尚有当郑重为临时执政府暨国民告者:本党总理一月十七日之复电,一方表示尊重民意之坚决态度,一方表示对于临时执政府相当让步之精神。本党仍守此坚决及让步之旨,务期真正民意得以充分发表,以为解决时局之最高机关。本党当竭其力之所能至,以观厥成焉。"(《中国国民党为决定不参加善后会议宣言》,

---

①　所指当为 1924 年 11 月 10 日孙中山发表的"北上宣言",此处谓:"十一月十三日"公布,应是指 11 月 3 日该宣言登载于《广州民国日报》的日期。

《革命文献》第 10 辑,总第 1521—1522 页)

　　△　训令建国粤军总司令许崇智,即将侵吞军需券款犯赖铭光,私造军械、盗卖子弹军米犯周少棠,解送广东高等检察厅执行有期徒刑。(《大本营公报》第 4 号,"训令")

　　△　下午 3 时,国民会议协进会派代表吴天放、何延述前来医院慰疾,由邓彦华接见。邓答称:中山刻因医生禁止见客,不能面见,贵会盛意,当为转达。(《国民会议协进会慰问孙中山》,《顺天时报》1925 年 2 月 3 日)

　　△　报称:"陈炯明乘孙中山北上之际,拟大举反攻广州。兹据香港电讯,陈炯明进攻广州之计画已经实行,连日以来,潮梅右军陆续开赴前方,陈氏亦于二日径赴惠州指挥一切,并定于前日(四日)下总攻击令。"(《粤省之烽烟四起》,《北京日报》1925 年 2 月 7 日)

　　△　驻粤滇军将领杨希闵、范石生、胡思舜电致孙中山、段祺瑞诸人,声讨唐继尧,谓其"借口北伐,意存扰乱",在滇中多行不轨,造成"民穷财尽,市野皆盗"。(《驻粤滇军反对滇唐》,《晨报》1925 年 2 月 10 日)

　　△　上海国民会议促成会致电段祺瑞,表示拥护国民会议,并谓:"善后会议须有各省国民会议促成会等人民团体之代表占出席代表三分二以上,方有讨论国是之权,望延期以待人民代表到京始开议。否则善后会议如擅自议决国家根本大法、政府组织及外交财政等案,人民誓不承认。"(《上海国民会议促成会之二要电》,《申报》1925 年 2 月 3 日)

　　△　花县九湖乡自治会致电孙中山诸人,拥护国民会议。(《花县自治会赞成国民会议》,上海《民国日报》1925 年 2 月 4 日)天津国民会议促成会致电孙中山,反对段执政艳电之主张。(《天津促成会反对段执政艳电》,上海《民国日报》1925 年 2 月 11 日)

　　2 月 3 日　协和医院报告:"病者今晨虽脉搏为一百二十,体温合度(即三十七度),但较衰弱。本医生等受命已将病症真情报告病者。孙先生听之,甚为安静,而精神倍增勇敢。"(《哀思录》初编,"医生报告",第 2 页)另有东方社本日北京电云:"今(三日)晨七时,协和医院副院长与德医克利会合,向孙中山宣告临终之期已迫,中山闻之泰然。"(《孙中山病笃中要讯》,《益世报》1925年2月4日)

△　报称:"据协和医院透出消息,孙氏自前日(指2月2日)下午接见北上民党之要人后,不免偶起心思。前晚自1时起见人烦躁,由前晚4时20分钟睡至5时15分钟即醒。"是日精神已见不支,经协和院长刘瑞恒宣告,本日起无论何人均不准延见。惟孙科以父子关系,再三力恳入见,经刘许可,于是日上午10时45分入室接见。孙科至11时即出。闻入见时,距离有五尺之远,孙氏大有欲语不能语之概,科告辞出,孙氏两眼流涕,经医士克利等慰以别言乃止。(《孙中山之病状》,《北京日报》1925年2月4日)

△　葡萄牙驻华公使符立德至医院问疾,中山命孔祥熙代为接待和致谢。(陈锡祺主编:《孙中山年谱长编》下册,第2116页)①

△　报称:"日本犬养毅、头山满、尾崎行雄等因悉孙病况,特请萱野长知氏携带慰问函件、药品、食物等于昨日抵京,即由中山秘书山回〔田〕氏介绍至协和医院晋谒孙中山,由汪精卫招待。"(《孙中山昨日之病状》,《北京日报》1925年2月3日)来协和医院探望孙中山的日本友人当中,只有萱野长知被允许面见孙氏。当萱野轻步走到中山病榻前时,孙中山认出了这位曾热忱援助中国革命的日本友人,缓声问:"木堂翁(犬养毅)如何? 立云翁(头山满)如何?"问了这两句话后,他顿了一下,接着又问:"烟波亭(梅屋庄吉)如何? 在神户未晤仁兄(梅屋),甚感遗憾。"(《孙中山、宋庆龄与梅屋庄吉夫妇》,第104—105页)。而据萱野长知回忆,在接到板垣征四郎中将自北京发来的关于孙中山病危电报后,他代表犬养毅、头山满去北京看望孙中山,当时孙中山刚做完最后的手术,当他走近孙中山枕边时,孙突然问道:"我的演说精神(大亚洲主义)在日本反响如何?"萱野答称,演说在《改

---

①　2月5日北京专电称:"孙中山昨与某医士长谈,精神渐好,葡使往协和医院问病,孙未见。"(《孙中山病状昨报》,《中华新报》1925年2月7日)则谓葡使问疾在2月4日。

造》上登载,传遍了日本全国各地。听闻此言,孙中山高兴地说:"我的理想由日本而实现。"接着又询问了犬养和头山的健康情况,然后便沉默不语。(萱野长知《孙文の憶出》,《改造》1938 年 1 月;[日]久保田文次编:《萱野長知·孙文関係史料集》,第 171 页)[①]

梅屋庄吉的养女梅子遵其养父之命,随后也赶到北京。因孙中山生命垂危,医生不同意她入病房探视。但宋庆龄特意抽时间接待了她。梅子紧握着宋的手说,我是代父母亲来的,请转告孙中山先生,我们全家相信并躬祝(孙先生)一定康复,并希望能在孙先生康复后拜访他。宋庆龄表示一定转告。接着,宋庆龄详细询问梅屋病情,并嘱梅子转告梅屋,静心养病,争取早日痊愈。(《孙中山、宋庆龄与梅屋庄吉夫妇》,第 105 页)

△　是日北京电称:颜惠庆往协和医院问孙中山病,未见;郑士琦派田友望入京,慰问孙中山病。(《孙中山病危》,《时报》1925 年 2 月 4 日)重庆电称:"陈(炯明)、洪(兆麟)、范(石生)令告军民,谓孙中山政策,只可科学研究,断难见诸事实。此间国民党已电陈质问。"(《申报》1925 年 2 月 6 日,"国内专电")

△　北京各界国民会议促成会派代表毛壮侯、李绍霖、孙武等持具公函,赴协和医院慰问中山病状。该会又上书执政府并通电各省法团,对于善后会议有两点要求:(一)加入人民团体代表,方得制定国民会议组织法;(二)财政军制,不得议决,须经国民会议通过。(《北京各界国民会议促成会》,《顺天时报》1925 年 2 月 4 日)孙行辕秘书处随后去函致谢,谓中山病状已大有转机。(《各方悬念之孙中山病状》,《顺天时报》1925 年 2 月 14 日)

————————

①　萱野的回答可以理解为是对孙的一种善意安慰,又因这篇回忆发表于 1938 年,也不排除或有迎合战争的舆论宣传需要而夸大其词的可能性。至于孙中山的"大亚洲主义"演讲在当时日本的实际影响,据藤井昇三的研究,孙中山主张撤废不平等条约,其第一阶段最希望实现的,是收回关税自主权和废止领事裁判权,日本方面对此并无全面支持的言论,仅见《东京朝日新闻》社论指出:应该重视在孙中山主张背后中国民众的支持。([日]藤井昇三:《孙文の研究:とくに民族主義理論の発展を中心として》,第 271 页)

△ 《中华新报》刊载评论,批评孙中山及国民党对善后会议之态度,略谓:"此次之善后会议,专为集合各方之有势力者,商榷战事结束后之种种问题,有为吾民所无从参预者……又况民党对于国事之主张,亦有为今日所未易行者,方此国家扰攘之时,亦宜稍抑之,以求于时势相适合,然则此次之善后会议,其又何多求之有哉!"(《善后会议》,《中华新报》1925 年 2 月 3 日)

《香港华字日报》亦载文谓:"顷孙中山发表其对于善后会议之意见,一则曰加入职业团体,再则曰重要议案由国民会议议决。此在理论上诚千真万真,然先生之建国论,固尝大书特书要行军政三年矣,固尝要行训政六年矣,固尝要四万万国民皆做阿斗矣。姑勿论孙先生之对于国民胡前倨而后则恭,胡昔坠诸渊而今则加诸膝,设段督办亦要训政者,亦要国民做阿斗者,孙先生其又何说? 岂对百姓一张嘴,对段督办又一张嘴耶? 岂在广州一副面目,在北京又一副面目耶? 关于此点,吾民设希望孙先生为吾侪小百姓争一啖气者,真不得不绝望矣。虽然,中华民国者四万万国民之中华民国也,非少数国人党徒之中华民国也。"(《善后会议与职业团体》,《香港华字日报》1925 年 2 月 3 日)

△ 《香港华字日报》载称:据某要人传出消息,已推定汪精卫为继任总理(一说谓系临时),但胡汉民野心勃勃,亦不作第二人想,若胡北上,必成汪、胡争总问题,因此有人劝胡暂勿北上,因北方空气,右派(即反共产)之排汪排胡进行甚力,汪、胡同是左派,若发生内讧,将予敌方以进攻之机会,故胡氏北上,尚在考虑中。(《孙病危急中之民党暗潮》,《香港华字日报》1925 年 2 月 3 日)①

△ 报称:孙中山于每省派宣传员二人,宣传组织国民会议促成会,实为反对段祺瑞方面之善后会议,故直省宣传员于演说中,对政府

① 又有香港电云:"孙中山内兄宋子文与胡汉民,冬日(二日)北上视中山疾。"(《益世报》1925 年 2 月 4 日,"专电")实则胡汉民并未亲自北上,而是派邹鲁北上。宋子文与邹鲁于 2 月 3 日由粤抵沪,并于 5 日与戴季陶等由上海登轮北上。(《邹鲁宋子文昨日赴京》,《申报》1925 年 2 月 6 日)

颇有不满意之论调。(《国民党反对善后会议》,《益世报》1925年2月3日)

△ 东征联军中路桂军林树巍师进袭宝安,是日,占云霖后继续追击前进。右路粤军张民达师许济旅、王若周旅进攻石龙、东莞,次日攻克。陈炯明军沿广九线败退。(《中华民国史资料丛稿·大事记》第11辑,第19页)

有报道披露陈炯明攻粤之计划,谓:中山北上后,陈炯明方面即积极扩张军备,准备反攻,现所配置之大要如下:(一)右路以李易标、刘志陆两部,约五千兵,向赣边牵制北伐军,掩护林虎出攻北江;(二)林虎率所部约一万,由龙门出从化攻北江,并协攻中路增城广九路;(三)中路以洪兆麟、杨坤如、陈修爵、林子云数部约八千,由博罗、石龙攻增城、石滩;(四)左路以练演雄、熊略、翁辉腾、罗献祥四部约五千人,由钟鼎基指挥攻虎门;(五)同时以邓本殷及陈章甫攻南路,牵制粤军;(六)陈氏本人拟先从虎门进攻,以摇动广州,诱联军大兵加入右路,使左中两路易于进攻。(《陈炯明攻粤之计划》,《顺天时报》1925年2月3日;《陈军攻粤之计画》,《益世报》1925年2月3日)

△ 重庆律师公会来电,称国民会议宣言中与会法团漏列律师公会,"恳乞主持加入,藉贡刍荛"。(《响应国民会议》,《顺天时报》1925年2月8日)

△ 嘉兴国民会议促成会筹备处来电,表示拥护国民会议,"务望坚持到底,勿再让步"。(《嘉兴促成会筹备会消息》,上海《民国日报》1925年2月5日)

2月4日 自知病已不治,约党内同志入京,有所指示。午服安眠药入睡。(陈锡祺主编:《孙中山年谱长编》下册,第2116页)

△ 与协和医院主治医生泰尔谈话。

泰尔谓:"先生之病,一时虽无危险,惟速效实无把握。现先生之亲属友人,多主张改用中医。鄙人之意,以为亦不妨一试。照例在医院中,原不能服两处药,但先生为特别人物,如以在医院较为安适,即在院就中医,本院亦当特别通融。"孙曰:"余深信余之病可望治愈,不必改用中医，且尚有以雷的母(Radium)照治之法，尚未实行，如医院有此种设备，予极愿就此法医治。"泰尔以院中有此种设备，可以一试，即允照办。(《孙中山昨日病状》，天津《大公报》1925 年 2 月 5 日)

△　汪精卫、孙科向广州方面报告孙中山病状。汪致大本营电谓："昨今两日，医生已将病症真情告知总理，闻后安静而勇敢。现仍用镭电母施治。"孙致吴铁城电谓："先生病状，昨日今晨比前三日好，食量进步，体力亦增。"(陈锡祺主编:《孙中山年谱长编》下册，第 2116 页)

△　报称:戴季陶去年腊月回湖州原籍后，连接中山病危之电，因湖沪交通梗阻，昨日始由杭来沪，现已定于 8 日乘"西京丸"转青岛赴京视疾。(《戴季陶定期北上》，《时报》1925 年 2 月 4 日)

△　萱野长知抵北京后，于本日致电梅屋庄吉称："孙文尚可。"梅屋闻讯，喜出望外，立即分别致书宋庆龄、张继、居正、戴季陶、萱野长知等人，要求竭尽全力，设法使孙脱险。同时拟请日本治疗癌症的权威中井博士赴北京参加会诊。梅屋以此电告萱野，询问是否可行。北京医师团认为此举无济于事，故此计划未能实现。(《孙中山、宋庆龄与梅屋庄吉夫妇》，第 104 页)

孙中山于萱野探视后，于是日嘱致电头山满，电曰："承蒙萱野氏抚慰，谨谢厚谊，惟期以勇气与自信力克服病魔，乞望释念。"(段云章编著:《孙文与日本史事编年(增订本)》，第 726—727 页)

△　不允大本营军需总局局长罗翼群辞职请求，批示谓："该局长应仍勉为其难，所请辞职之处着毋庸议。"2 日，罗翼群呈请准予辞退军需要职，略谓"窃职忝承简任，总理军需，瞬逾两月，所有收支数目均遵奉发清单办理。无如支出方面，各军均照数收取，不能减少分文;而收入方面，各财政机关每不能如数拨付……正负相加，日亏日重"，"环顾财政当局，再无可资挹注之途"，请另简贤能，免误戎机。(《大本营公报》第 4 号，"指令")

△　是日广州电称，梅光培筹汇四万元至京，作为孙中山治病费。(《孙先生力战病魔》，上海《民国日报》1925 年 2 月 6 日)

△ 中华民国各团体联合会议、工商友谊会等团体来电慰问中山病情。(《团体联会慰问中山》,《中华新报》1925 年 2 月 5 日)

△ 北京各界国民会议促成会致函慰问孙中山病况。(《北京各界国民会议促成会昨讯》,天津《大公报》1925 年 2 月 4 日)

△ 桂军代总指挥黎鼎鉴致电孙中山、杨希闵诸人,报告桂军已完全占领三江墟一带。(《中华民国史档案资料汇编》第 4 辑下册,第 814 页)

△ 报称国民党因候补总理问题引发内部争议,谓:"国民党以中山患病,与党中以后党务前途,关系殊非浅鲜,连日该党中央执行委员会开会,讨论共事,前日业已决定推出蔡元培为国民党候补总理。惟国民党中非共产派均谓蔡氏共产色彩太浓,况蔡氏并未入国民党籍,去年广东民党大会,推举蔡氏为监察委员,蔡亦正式声明不就。今次中央执行委员会,以蔡为候补总理,实有违党章。"(《国民党预推候补总理》,《顺天时报》1925 年 2 月 4 日)

△ 本日北京特约通信称,国民党决续派员分赴各省宣传,以期早日成立国民会议。"据民党某议员云,国民会议进行是否顺利,确以中山为转移。自中山病见缓和以来,民党连日集议,讨论进行方法,并闻多数主张,公推明白医理之本党要人,在中山左右照顾,视察医生调治;一面由民党各要人,急进国民会议……近日民党,对中山之病皆抱乐观,国民会议当然亦因中山之病为转移,而见起色也。兹就形势上之观察,须俟分赴各省之宣传人回京后,方能议定开会日期与地点。至于合肥与各疆吏代表,对此会议皆无若何表示,实恐若稍否认,即牵动善后会议也,然以国民会议适在酝酿之中,各省法团代表,一时亦难来京,观察民党之进行,方能规定如何应付。"(《中山病状与国民会议》,《益世报》1925 年 2 月 5 日)

△ 报称,陕省民众对国民会议反应热烈。屈武到西安各方宣传,各界已了解国民会议之意义与重要,各团体更形活跃,遂从事陕西国民会议促成会之筹备,经过最短时期之热烈进行,加入之团体已达五十以上。(《陕省民众对国民会议之热烈》,《京报》1925 年 2 月 4 日)据

屈武后来回忆,他在天津面见孙中山接受国民会议宣传委员任命后,即返北京和刘天章、董汝诚陪同李大钊南下开封,与胡景翼会谈。在此期间,他就孙中山关于召开国民会议的主张,多次征求李大钊的意见。李大钊表示:"孙先生的这个主张是很好的,我也赞成。不过,就目前形势来看,恐怕难以实现,许多现实问题不是开会所能解决的。当然,用召开国民会议来作宣传,发动民众,唤起民众,还是必要的。""中国革命的最大障碍是军阀势力,他们凭借武力,割据一方,绝不是开一次会,作一个决议,就能使他们心甘情愿放下武器的。何况他们背后都有帝国主义撑腰,相互之间又是尔虞我诈,矛盾重重,情况是十分复杂的。要消灭军阀势力,只有靠革命的军队,采取武力的手段,逐步削弱以至最后消灭他们。除此而外,没有别的办法。"屈武在开封仅住了三天,就和董汝诚起程赴陕西。到了陕西,他们以孙中山代表的合法身份在西安、富平、临潼、渭南、蒲城、三原、耀县等地,广泛宣传孙中山的国民会议主张,使这些地方的国民会议促成会很快建立起来。(《屈武回忆录》上册,第140—141页)

△　旅港粤广西同乡致电孙中山、段祺瑞诸人,声讨李宗仁、黄绍雄,历数其"剪除异己,扩张实力"、"纵兵掳掠,纵匪殃民"等八大罪,誓不承认李、黄为绥靖处督、会办,并请孙中山撤销任命。(《旅港粤广西同乡会数李黄八大罪》,《香港华字日报》1925年2月4日)

△　东莞第二区农民协会致电孙中山诸人,拥护孙中山所主张之国民会议及其预备会,并对预备会议提出几个先决条件:(一)特赦政治犯;(二)人民选举代表自由;(三)发表政见自由;(四)不许军阀代表参加;(五)不许帝国主义者干涉。对国民会议也提出以下最低要求:(一)对外取消一切不平等条约;(二)规定田主最高限度之租额;(三)设立农民借贷机关;(四)提高农产品价格及促成农民之组织;(五)打倒劣绅土豪操纵乡政;(六)省长、县长由人民直接选举;(七)推广平民教育。(《东莞农会赞助国民会议》,上海《民国日报》1925年2月4日)

△　广西省立第二师范校友会致电孙中山,拥护国民会议,反对善后会议。(《广西二师校友会之通电》,上海《民国日报》1925 年 2 月 4 日)

△　《香港华字日报》刊载报道,披露孙科关于联合陈炯明的主张,并分析国民党内部的争斗,称:"孙科过港北上,与陈炯明派之某要人会见,有希望孙陈复和,无条件将广东地盘让与陈竞存一节,已见前报。据一般人推测,谓孙陈绝对的无复和之理,但孙科提出意见,谓张、冯、孙三派联合,地盘平分,广东则让与陈竞存。在孙科意见,以陈炯明时代,尚予市厅与太子派,今胡汉民得了省长,又欲以市长畀其弟,因此不直胡所为……孙科之作用,亦不外排去胡元老之一派耳,将来变化,能否化干戈为玉帛,似尚难望,要之,今日广东有待于粤民自决,否则任人俎割,粤民失去自治精神,永无复活之希望也。"(《孙氏病危中之联陈谈》,《香港华字日报》1925 年 2 月 4 日)

2 月 5 日　电胡汉民、廖仲恺、杨希闵、许崇智、刘震寰、蒋介石、谭延闿、古应芬、范石生、吴铁城等,勉努力东征杀敌。电谓:"大病少苏,闻东江将战,复添系念。望诸兄努力破敌,以安内而立威信于外。引颈南望,不欲尽言。"胡、廖、杨等以中山重病不忘东江军旅之事,甚为鼓舞,即将此电印刷成传单遍传各军将士。(《联军攻东江迭克名城》,上海《民国日报》1925 年 2 月 14 日)

△　因《晨报》于 2 月 4 日刊载报道《见人流泪之孙文》,其中有"闻孙文现每见人,辄两眼老泪盈盈,无限感慨,欲言不得,令人不胜同情"等语。孙行辕发表通告,谴责《晨报》谓:"晨报记者,平日与中山先生政见不同,中伤攻击,其所为惟于病人沉顿之时,怀幸灾乐祸之心,用冷嘲热讽之技,徒足增人鄙视而已。"(《孙行辕发表中山病况》,《顺天时报》1925 年 2 月 5 日)后来《晨报》方面有所回应,称:"孙文病状,国民党方面惟恐真相漏出,影响粤局,故谓孙已起坐,或不久即将迁出铁狮子胡同,正在添置病室等等传说,不一而足。吾人对于生死,具有同情,况孙为历史的人物,吾人自有相当敬意,尤无幸灾乐祸之念。然每为求新闻翔实起见,据事直书,致引起该党之毁谤,吾人亦

只可置之而已。"(《孙文病无变化》,《晨报》1925年2月15日)

　　△　沪中华民国各团体联合会,工商友谊会总部等数十团体,以及赣省自治团等致电慰问中山病状,望早日康复。(《孙先生病象转佳之电讯》,上海《民国日报》1925年2月6日)

　　△　是日胡汉民等人致电汪精卫,报告东江战事,谓:"陈炯明闻帅座病亟,遂纠合所部,窥伺广州,其凶残苟贱,为人类所羞道。我军迎击,士气旺盛,将帅辑睦。支(四日)复石龙,歌(五日)复东莞,豫计惠州以下,不难于数日肃清。"(《中山部下打败陈炯明》,《京报》1925年2月8日)

　　△　报称,段祺瑞对于孙中山篠日主张,甚为注意,已派许世英、汪精卫一再磋商,允于各团体中遴选代表,位置于善后会议专门委员内,以为容纳中山主张之一调停办法。(《善后会议筹备经过》,《中华新报》1925年2月5日)孙党连日运动促成国民会议,刻下职业团体中已举出报、农、工、商、学生、妇女六团体代表十二名,预备集合北上,认真奋斗。(《反对善后会议之示威声中之京讯》,《香港华字日报》1925年2月5日)

　　△　报称,孙中山所派之国民会议宣传委员屈武,是日午间在卢进士巷某宅被刘镇华逮捕,闻有性命危险。(《孙文代表在陕被捕》,《晨报》1925年2月12日)①国民会议促成会随即致函段执政请其饬令速为释放,并通电各省促成会及各公团,一致请求援助,略谓:"国民会议为孙公与执事之所共倡,宣传国民会议乃今日必要之图,且国民党于派遣宣传员之先,曾通电各省军民长官,征求同意,陕西当局事前未之阻也,今忽将宣传员加以拘捕,且将处以峻罚,其罪名则为宣传国民会议,执事闻之,将谓之何? 陕西为政府直辖区域,非割据自立省份,绝不得有反抗中央威福自恣之举动。今屈武受国民党之委任,宣传执事与孙公共许之主张,而竟被拘捕,是该当局非仰承政府意旨,以图加害,即蔑视政府威信,目无中央,盖事前既未请命于执事,事后

─────────

　　①　然据屈武回忆,他到西安后以孙中山代表的名义求见陕西省长刘镇华,刘镇华表示会大力支持他们的宣传工作,并没有施加阻力。(《屈武回忆录》上册,第139—140页)

执事又未加以禁阻,其理殊难明也。今屈武被捕已届旬日,民众之间,愤怒难平。执事为顾全政府威信计,为解除民众愤怒计,即请即饬陕西当局速将屈武释放为幸。"(《国民会议促成会近讯》,《京报》1925年2月17日)

△　方本仁由南昌致电孙中山,请其赞成善后会议,谓:"执政段公,特布大公,共谋国是。拟先成立善后会议,以解决时局纠纷。再行召集国民代表会议,以决定国家根本大计。用衡缓急,标旨鲜明。揆与尊电之所主张,不过手续之略异。诚以时当改革,险象环呈,治本治标,万难同时并举。必先谋各方意见之融洽与军制财政之解决,而后国民会议进行无窒碍之虞,议案有实施之望。所幸两贤会协,相得益彰,为国为民,自能百虑一致。伏望先生益宏大义,力予赞助,速派代表参与善后会议,以解目前之纷乱,而救危亡。中国幸甚,大局幸甚。"(《方本仁电劝中山》,《顺天时报》1925年2月9日)

△　广西公民五万余人致电孙中山、胡汉民诸人,反对许崇智出兵西上。略谓:"近日叠接父老来书暨省、港、梧公私记载,咸称粤军纷纷西上布防备战。……两省睦谊素敦,为两省人格计,桂人固不欲粤军代谋侵其独立,且甚望粤军之善自量度……伏恳我大元帅严令双方将领各返原防,一面由许总司令迅将赴梧部队撤回,以梧防还诸桂省,权限既分,纠纷自解。"(《广西公民反对许崇智出兵西上》,《香港华字日报》1925年2月11日)

△　报载广东市商会致孙中山电,反对加增印花税,请取消加贴办法。(《粤商反对加增印花税》,《北京日报》1925年2月5日)①

2月6日　协和医院报告称:"昨晨(6日)中山先生体气稍趋衰弱,体温为三十七度八,脉搏一百二十次,现正用镭锭治疗,用以减轻痛苦。"(《哀思录》初编,"医生报告",第2页)有报道称:"闻用镭锭疗治后,计先后映照三次,经过时间达四十余分,精神似较前为佳,脉搏每

① 该电末署"元",即发出时间为13日,惟未能确定月份,且按报载之日,系于此处。

分钟一百零五跃,体温亦在三十七度以下,与常人无甚差异。"(《中山先生用雷锭疗治后》,《京报》1925 年 2 月 7 日)

△　饬知里昂中法大学海外部定为国立广东大学海外部。

先是,国立广东大学校长邹鲁呈请明令将里昂中法大学海外部定为该校海外部之一,并确定管理权责及每月经费数额。本日,大元帅除指令照准外,复训令广东省长胡汉民遵照,并转行财政厅、教育厅遵照及里昂中法大学协会查照。(《大本营公报》第 4 号,"训令";《饬知里昂中法大学海外部定为国立广东大学海外部令》,《国父全集》第 4 册下,第 1368—1370 页)

△　报称:中山在京抱病,国民党要人纷纷赴京,因即决议召集开会办法。是日闻本埠国民党方面曾接北京来电,大意略谓:(一)经北京执行部暨政治委员会联合会决议,自本月 3 日起,三星期内召开全体中央执行委员会;(二)于五个月内召集第二次全国代表大会,并催各委员即日赴京。(《国民党召集会议讯》,《中华新报》1925 年 2 月 7 日)

△　记者因国民党反对善后会议事,晤见直隶国民党省党部安幸生,询以真相,安君答称:国民党反对善后会议,系根据中央执行委员会之决议,下级党部服从上级党部之议决案,至不出席善后会议,亦系服从中央执行委员会之议决,又可见国民党全体意见之一致,绝无纷歧之说。(《反对善后会议之理由》,《益世报》1925 年 2 月 6 日)

△　《京报》刊载报道,分析时人对两种会议的误会,认为"国人有目段孙为分领善后、国民两会者,亦有与事实不甚相合之处",段祺瑞"并非只主'善后'而不主'国民'",且段祺瑞之善后会议,能将新文化运动健者胡适之教授、社会党首领江亢虎等人列为重要分子,"至少亦可谓为胸无成见。在北洋系首领而有此,总已算难得也"。(《段孙与两种会议》,《京报》1925 年 2 月 6 日)

△　《京报》刊载天津国民会议促成会、天津妇女国民会议促成会等团体慰问孙中山电。(《津民慰问中山先生》,《京报》1925 年 2 月 6 日)

△　江苏工团联合会来电慰问中山病。(《苏公团电慰孙中山病》,《时报》1925 年 2 月 7 日)江西自治同志会来函慰问病况。(《孙先生病象转佳之电讯》,上海《民国日报》1925 年 2 月 6 日)

△　上海各团体联合会致函慰问孙中山,并言已"公推胡君菊生北上,趋前慰问起居,俾早全愈,以副民望"。(《慰问孙文代表过津》,《益世报》1925 年 2 月 10 日)

2 月 7 日　日来各方到院慰视中山者络绎不绝。汪精卫特于楼下大堂设备客厅,派员招待,并将协和医院按日病情报告书,粘贴于来宾登记簿,慰问者若不谙英语,则由招待员为之口译。段执政前虽亲自存问,连日又派蔡廷干代表,每日均赴协和医院询问病况,许世英亦时赴院慰问。至日本国民党近派千叶氏来京,于昨日到院慰视,现已将中山病况电告该国民党本部。(《中山先生用雷锭疗治后》,《京报》1925 年 2 月 7 日)

△　报称,黎元洪前日派黎澍代表来京,探视中山病况,是日到协和医院谒孙,由孙夫人接见,谈十余分钟即去。(《中山病象仍无甚变动》,《顺天时报》1925 年 2 月 8 日)

△　与前来探病的叶楚伧、张静江谈服中药事。

是日,由沪甫抵北京慰问孙中山的叶楚伧,提出改用中药治疗事。中山以协和医院乃西医院,兼用中医有所不便,谓:"医院规矩,不可由我而破。若密不令院中人知之,则我平生从未作此暗昧不可告人之事,断乎不可。"又张静江等前将人参汤和入食物内,供中山饮食。中山知后对张静江谓:参汤"勿再和入食物,待予自饮可耳。参汤我人本代茶饮,非中药治病也"。遂连饮三日而后停服。(《孙先生脉搏降至九十六》,上海《民国日报》1925 年 2 月 13 日;孔庆泰:《张人杰关于孙中山病情的记述》,《历史档案》1985 年第 1 期)

△　宋庆龄电约《京报》记者面谈病状,略谓:"中山先生病体较昨日渐愈,温度由一百二十度已减至一百十八度,脉搏如昨,至睡眠时间虽久,但醒后异常明白,精神亦好,绝无神昏状态。予与中山先

生左右主张以中医调治,但先生极端反对,故更换中医一层,只好暂□作罢。外间各报所传中山先生病状如何如何,全属子虚。"(《中山先生病况》,《京报》1925 年 2 月 8 日)

△　下午 3 时许,胡汉民、廖仲恺、加伦将军、许崇智等赴石龙,与蒋介石会商东征进军计划。(毛思诚编纂:《民国十五年以前之蒋介石先生》第 9 册,第 24 页)

△　广州警察厅长吴铁城与记者谈话,略谓:粤局战事,自孙中山离广州后,岑寂已久,此次陈炯明部诸将领洪、林诸人,闻中山病笃,思乘广州人心浮动之机会,特下令大举反攻。(《民党所传之粤战消息》,《顺天时报》1925 年 2 月 8 日)

有消息称,陈炯明于是日大举反攻,向东江进伐。杨希闵、许崇智等部大队迎攻,将陈部击退三十五华里,夺获子弹无数。又据报道,林虎所部,在大庾岭南一带,被谭延闿部橄械者,已有十分之七,战斗力已失。(《中山部下大败陈炯明》,《京报》1925 年 2 月 8 日)

△　北京临时执政府安排四川、西康之军政、民政职务。

本日,北京临时执政府令改四川川边道为西康特别行政区域。令杨森督办四川军务善后事宜;令免邓锡侯四川省长职,以赖心辉继之;令刘湘为川康边务督办节制该省军队,令刘成勋为西康屯垦使兼管民政事宜;令刘文辉帮办四川军务善后事宜。(吴廷燮编:《合肥执政年谱初稿》,第 95—96 页)

△　《盛京时报》报道称,段祺瑞对善后会议表示三大意见,为:"(甲)整顿中央财政。及由各省助款维持方法规定后,即责成财政部速组整理财政委员会,负责进行;(乙)急进统一。日前规定本拟由统一委员会单独办理,只以各省代表均对于注意南北统一,政府即趁此时间,将该案在善后会议表决,分电西南各要人,接洽进行;(丙)和解民党意见。因民党方面,最近对善后会议,确有一种不满表示,所组之国民会议,即为将来之对等会议。关于表决之事件,难免不无抵触,是以决向民党要人处接洽,请对善后会议予以谅解。将来化除意

见后,以期和衷共济,解决国是。"(《善后会议之紧要问题》,《盛京时报》1925 年 2 月 7 日)

《中华新报》则刊载评论,谓国民党之反对善后会议系出于"意见争执",批评国民党的不合作态度。称:"善后会议,为段执政时代一最出色之举动,费千气万力,运动各方派出代表,仅乃得以开幕,而国民党以意见争执故,竟始终不允出席,此实于段氏为一大打击也。夫中山既已北上,显亦与段提携之意,而段之对于中山,亦极表示尊崇,且能容纳其政见。今此善后会议之结果,虽未必能遽跻国家于若何太平之域,然在段之意,固未始不欲求治。浸假民党列席,于谋国之方略,稍稍有所献替,段氏采纳其说,于国民或未尝无补……然民党苟不与段合作,则又将何术以自效于国家者。扰乱之事,既绝对为时势所不许,而况民党之实力,又未遽能弥补,则何如姑降心相从之为益乎。"(《再说善后会议》,《中华新报》1925 年 2 月 7 日)

《益世报》刊载吴佩孚之谈话,亦望段孙能诚意提携。吴氏谓:"中国目下形势,确有转机之望,是在当局诸人能否彻底觉悟耳。段祺瑞个人,余始终认为收拾时局之适当人物,唯须尊重民意,方能巩固地位。孙中山为革命元勋,余信其诚意为国,已非一日,但其所抱主义,偏重理论,然亦不无可采之处,比较无主义之论政者,自属高明。今孙段两氏,如能不受外界挑拨,诚意提携,则未来政局,或可苟安,否则半年以内,必至无可收拾之时期矣。"(《吴佩孚最近之谈吐》,《益世报》1925 年 2 月 7 日)

△ 张作霖接受日本记者采访,对时局发表意见。当记者问及孙中山倘若去世时局将如何时,张作霖答曰:"此间曾接中山逝世报告,旋又接死而复苏报告,究竟如何,予亦无由确悉。使中山而一旦逝世,是乃和平统一上弱一个暗礁的障碍物,盖国民党必因之分裂而消灭,时局所受影响,殆良好欤?"(《张上将军时局谈话》,《盛京时报》1925 年 2 月 9 日)

△ 孙中山继任者的问题引来时论的极大关注,是日《晨报》报

道谓："（国民党）连日召集中央执行委员会及政治委员会之联席会议，讨论一切准备及维持本党办法，闻多数意见主张于蔡元培、吴敬恒、唐绍仪三人中推选一人，作为候补总理，以继孙文之后。唐绍仪呼声最高，但众见并未一致，届时恐不免一番纷扰。"（《国民党之候补总理问题》，《晨报》1925 年 2 月 7 日）《北京日报》亦有报道称："连日国民党要人对于继任总理，积极讨论，外间传说不一，因此知其真相者少。顷据铁狮子胡同消息，该党对于继任总理人选，约分两派，共产派极端主张蔡孑民，如李守常、易培基等；非共产派则主张谭延闿、唐继尧。但唐氏主张联省自治，与中山独裁制意见绝不相容，故持反对态度者不少。但无可无不可之谭组庵平日与党人尚无恶感，因此多以谭氏为适当，故总理一席以谭氏为有希望。而胡汉民为中山所倚重，故亦有主张以胡氏为总理者。"（《民党继任总理解决难》，《北京日报》1925 年 2 月 7 日）

　　△　报称，中国青年协进会、苏浙皖三省旅京青年协会、北京妇女同志会等五十余团体发起组织国民会议后援会，以援助全国公团促成国民会议为宗旨，积极联络京中各公团协力进行。（《国民会议后援会出现》，《晨报》1925 年 2 月 7 日）

　　△　热河协会承德分会等致电孙中山、段祺瑞诸人，赞同国民会议，反对善后会议。（《热河三重要团体之通电》，上海《民国日报》1925 年 2 月 7 日）

　　△　南洋国民党党部致电孙中山慰问病况。（《孙中山病况稍有起色》，《顺天时报》1925 年 2 月 15 日）

2 月 8 日　谭延闿来电谓："督师戡乱，誓竭心力，请安心颐养。"（上海《民国日报》1925 年 2 月 12 日，"电讯"）

　　△　上海国民会议促成会、国民党上海第五区党部执委会来电慰问中山病况。（《中山先生病况》，《京报》1925 年 2 月 8 日；《国民党电慰中山》，《时报》1925 年 2 月 9 日）

　　△　联义社、广东广饶各界致电孙中山、段祺瑞诸人，拥护国民

会议。(《响应国民会议》,《顺天时报》1925 年 2 月 8 日)山东陵县国民会议促成会成立,并致电孙中山、段祺瑞诸人,赞成国民会议,反对善后会议。(《山东陵县国民会议促成会成立》,上海《民国日报》1925 年 2 月 15 日)

　　△　黎元洪复电段祺瑞,表示不出席善后会议。(《中华民国史事纪要(初稿)——一九二五年一至六月》,第 92 页)

　　2 月 9 日　张作霖致电郑鸣之,派郑前往慰问孙中山,谓:"霖远在沈阳,不克亲问起居,深以为歉。即烦兄代表诣院问候,病中如有所需,并请询明电告。"(《孙中山病况之昨日报告》,《顺天时报》1925 年 2 月 12 日)

　　中山卧病后,连日亲临慰问或以函电致慰者络绎不绝。(《赣代表慰问中山先生》,《京报》1925 年 2 月 11 日)是日报载江西自治同志会、华侨工会联合会、上海各团体联合会,上海工团联合会等团体来电,慰问病况。(《孙中山病况依然无甚变化》,《顺天时报》1925 年 2 月 9 日)

　　△　是日北京通信称:孙中山自 1 月 26 日入协和医院治疗,久未见效,左右向其解释必须改延中医治疗之理由,惟中山本人仍信西医。中山经几度解释后,已表示可试令中医开方之意。(《中山经过镭锭治疗后将改就中医》,《申报》1925 年 2 月 15 日)另有报道则称,孙中山对中医仍不信任,某中医因诊时,中山问以"我所患者究何病",诊者答以"肝痈",同时并高谈阴阳表里虚实之理,中山大怒曰:"不知病名安知治法,吾患肝癌,彼则囫囵称为肝痈,不亦糊涂已甚耶!"遂不受中药。(《中山北上后迄今之病情》,《申报》1925 年 3 月 2 日)

　　△　《京报》刊载广州联义社、重庆律师公会、山东国民会议促成会等各团体响应国民会议之函电。(《响应国民会议之函电》,《京报》1925 年 2 月 9 日)

　　△　江西女界国民会议促成会致电孙中山,赞成国民会议,反对善后会议。(《江西女界国民会议促成会开会纪》,上海《民国日报》1925 年 2 月 17 日)

　　△　云南宣布筹划实行联省自治,表示支持陈炯明的"建设方

略"。(段云章、沈晓敏编著:《孙文与陈炯明史事编年(增订本)》,第 877 页)

△　善后会议于 2 月 1 日开幕后,因邀请参加者出席不足半数,致不能继续举行会议,此数日中有陆续至北京者,已凑足规定人数,乃于本日举行预备会议,讨论议事细则草案等事宜。(《善后会议昨日开预备会》,《顺天时报》1925 年 2 月 10 日)善后会议皖法团推举代表尚有困难。据是日皖函云:"本省方面,此四法团均有若干之纠葛存乎其间,所谓议长会长者,均不能平平稳稳推举出席,是亦吾皖社会方面复杂之表现也。"(《善后会议皖法团推举代表尚有困难》,《中华新报》1925 年 2 月 13 日)

△　北京电讯称:国民党是日开会,以中央执行委员会期届满,讨论改选办法。会上拟举汪精卫为候补总理,非共产党反对,提出警告,谓如一意孤行,应负破坏党务责任。民党内讧益烈,不易调和。(《国民党在京开会》,《时报》1925 年 2 月 10 日;《国民党内讧》,《时报》1925 年 2 月 11 日)

△　广州电讯称:"孙中山部下杨希闵、许崇智所部击败东江陈军后,前锋已越过石龙镇,向博罗搜索前进,距博罗不过五十里左右。惟以九广陈军尚未完全撤退,不便直取博罗。昨日胡汉民在大本营召集军事会议。据探报,惠州陈军以现在失却吴子玉外援后,异常恐慌。现已决定分三路包围博罗,任杨希闵为司令,许崇智担任右路司令,刘震寰担任中路司令,范石生担任左翼司令,谭延闿部则向河源进攻,牵制陈军。此种计画,并电达中山决定。"(《粤战又趋剧烈》,《顺天时报》1925 年 2 月 9 日)

2 月 10 日　是日病体渐衰。协和医院代院长刘瑞恒告知国民党人:"先生精神目前虽好,但内部实剧损甚重(据云先生除肝病外亦有脑炎病状),日内当有变象,恐无再起之望。"(《哀思录》初编,"医生报告",第 3 页)邹鲁于昨日抵北京,即来医院侍疾。(罗刚编著:《中华民国国父实录》第 6 册,第 4984 页)

△　致电犬养毅、头山满,谓:"特派萱野氏问疾,至感。由于勇

气与自信力,希望战胜病魔,祈释念。"(头山满:《中国革命与我》,上海《新中国报》1941 年 5 月 22 日)

△　萱野长知从北京致函头山满、犬养毅,报告孙中山病况及中国政局。略谓:国民党不参加段祺瑞召开的善后会议,其理由在孙中山对时局的宣言中已经表明,主张召开国民会议以及在国民会议之前召集预备会议,商定国民会议的基础条件和选举方法等;预备会议应由能够代表真正民意的实业界、商界、学界、农会、工会等组成最高机关;开善后会议决定不了重要事项;段祺瑞一派蔑视孙中山的死,预见国民党将分裂无力,而肆所欲为;国民党内出现汪精卫、廖仲恺等的急进派和以张继为代表的温和派。([日]久保田文次编:《萱野長知·孙文関係史料集》,第 253—254 页)

△　中国国民党发出反对善后会议制定国民会议组织法宣言,号召各人民团体自行组织起来制定国民会议组织法,以产生真正的国民会议。宣言曰:"国民会议为解决时局之唯一方法,亦即国民意思之最高机关,自本党总理提倡以来,已得海内外之一致响应。顾欲求国民会议之完全实现,必备下列条件:(一)构成分子须如本党总理宣言所列,现代实业团体、商会、教育会、大学、各省学生联合会、农会、工会、各军、各政党,然后国民会议始得名称其实;(二)选举方法务求普遍,形式务求公开,予选举人以充分之选举自由,严禁一切包揽把持营私舞弊等事;(三)会议之际,务求国民意思得充分表现,无论何种势力均不得有干涉会议之嫌疑。以上诸条件,欲求其具备,则国民会议组织法如何制定,实为先决问题。盖组织法为国民会议所由产出,若组织法不得其宜,则国民会议不惟等诸告朔饩羊,且恐适足以供人傀儡。本党经郑重之考虑,为严正之决议,国民会议组织法不得由善后会议制定,因善后会议之构成分子非以人民团体为主要,决不能以善后会议产生国民会议,甚望人民团体自动的制定国民会议组织法。盖惟人民团体所制定之组织法,乃能产生真正之国民会议也。谨此宣言,惟共鉴之。"(《中国国民党反对善后会议制定国民会议组

织法宣言》,《国父全集》第1册,第927页)

△　报载,段祺瑞对民党某君解释善后会议之宗旨,谓:"善后会议,本认定善后两字,因大势所趋,目前一切军事政事各善后,不能不容纳在位者之共同意见。故不能不以善后会议为国民会议之先驱,其组织亦不能不兼收并蓄。至于一切建国大计,自当本诸主权在民之义,由国民会议决定。"(《合肥解释善后宗旨》,《盛京时报》1925年2月10日)

△　京讯云:在京之民党要人以中山病剧,京中党务纷繁,昨特电催在沪之唐绍仪及在粤之胡汉民来京。民党中央执行委员会,日来时在北京饭店开会,讨论各重要问题,并依照该党规则,中央执行委员会任期至1月20日截止,而全国代表会,应于2月10日召集,闻前日中央执行委员会已决定于五个月内召集代表会议,讨论党中各问题,并选举执行委员会。又讯,该党中央执行委员会日内发出聘书多份,请党内外各要人为执行委员会政治顾问,闻已聘定孙科、王用宾、焦易堂、蒋梦麟、顾孟余等四十余人为顾问。(《国民党将在京召集会议》,《时报》1925年2月10日)

△　《中华新报》是日移译转载《字林报》之北京通信,称:"国民党人物,因中山病重,现正谋本党内部之和协。中山今虽竭力与病魔相战,冀延长不讳结果之时期,然其脉搏状况,仍显此结果当不在远。现在此民党领袖病愈几无希望,故民党乃遇应团结内部以免解体之问题。然继任总理人选,尚未成为问题,据记者所闻,此将为该党大会之一议题。缘该党创始者欲保存该党者为纯粹德谟克拉西根本之组织,故留此以待大会。即其子孙科,亦拒绝其对于本党内部问题发言,言不欲其混入政治生活中。据传说继任人物则甚多,其中最堪注意者则为冯玉祥。冯本人虽与民党无关系,但冯之两同伙胡景翼与孙岳,皆为旧民党,且冯之其它附从人物,自中山入京以来,即与民党领袖联络甚密也。又传民党本部已移至北京,此说不尽确实。该党一无本部总定地点,总理何在,本部亦即何在。现在在京之国民党人

员多数关于该党中心之政治委员会,其次则为中央执行委员会。此委员会由大会推举,其委员并不常随于中山左右,但今以特别情形,已召来北京,或尚在途中。该党政治委员会,现决召集会员大会,若政治情形许可,即在北京。"(《民党极力团结内部》,《中华新报》1925 年 2 月10 日)

△　本日《东方杂志》刊载时评,藉论孙中山之病而论及国民党前途,略谓:"中山先生一生最大的功业,除推倒清廷外,便要算是创造中国国民党了……我国的政治势力,向来只限于所谓实力派,就是以炮弹和枪刺为后盾的。只有国民党却为一部分的民众的结合,其政治势力的发展,并不全然凭借武力……在崇拜实力,屈伏于军阀势力下的现世,人格与政治理想是不易多得的宝物。我们觉得中山之可贵,与国民党之足以号召一时,都在于这一点……但近年国民党的态度,常有接近实力派的嫌疑,却是不能为讳的。我们自然承认国民党在广州,有政治建设的成绩,但同时我们也不能不承认国民党在广州,有结接纳军阀、摧残地方的事实,国民党借用了宗旨绝对相背的客军,以施高压于广东人民,此在国民党自身,或视为一种政治策略,不以为非,但在我们,却总以为策略而至与政纲绝对背驰,究竟是说不过去的……国民党内部不少贤明的领袖,应该表示鲜明的态度,保持其向来独立的精神,为政治上的革新势力,留一地位。除了颂祝中山先生早日恢复健康外,这是我们对于今后国民党的唯一的希望。"(《中山的病》,《东方杂志》,第 22 卷第 3 号,1925 年 2 月 10日)

△　山西祁县国民会议促成会致电孙中山诸人,通告成立国民会议促成会,拥护国民会议。(《祁县公民通告成立国民会议促成会电》,《益世报》1925 年 2 月 10 日)

是月上旬　何香凝在廖仲恺催促下由粤抵京侍疾,兼照料孙夫人宋庆龄。(陈锡祺主编:《孙中山年谱长编》下册,第 2118 页)

△　与由粤抵京之老友陈少白晤谈数言。(《哀思录》初编,"病状经

过",第 5 页)

　　△　黄埔军校贺衷寒等发起组织"孙文主义学会",进行反共活动。(罗刚编著:《中华民国国父实录》第 6 册,第 4986—4987 页)

　　2 月 11 日　病有转机,浮肿减退。

　　本日医生报告称:"据午后看护妇之诊察结果,呼吸较前数日更为灵通,肝部变软缩小,又前日四肢业稍浮肿,至昨又复减退,气色亦良佳……曾顾旁侍之戴天仇云:闻汝前月来在沪求学甚力,但汝学为何?"态度甚为安适。(《哀思录》初编,"医生报告",第 3 页)

　　另据戴季陶忆述:"总理逝世前,我在北京侍疾,总理谈及了和日本有关的二三重要事项。总理说:我们对日本应该主张的问题,最少限度有三项:一是废除日本和中国所缔结的一切不平等条约;二是使台湾和高丽最低限度获得自治;三是日本不得阻止苏联和台湾、高丽接触。"①(罗刚编著:《中华民国国父实录》第 6 册,第 4987 页)

　　△　陈少白自粤来京视疾,命请之入室,慰问数言,少白即告退。(《哀思录》初编,"病状经过",第 5 页)

　　△　河南国民会议促成会来电,慰问病况。(《孙中山迁回行辕之病状》,《顺天时报》1925 年 2 月 20 日)

　　△　关于国民党是否出席善后会议的问题,报章众说纷纭。

　　《时报》报道称:"民党与西南代表不出席善后会议,经当局迭次疏通,现孙中山允承诺善后会议,为行政会议范围,议案限军、财二项,其它关于根本计划,悉待国民会议解决,政府实行此条件,准西南军民长官派代表列席,惟民党党员仍不列席。"(《善后会议与国民会议》,《时报》1925 年 2 月 12 日)

　　《申报》所载北京电讯称:"国民党执行委员会经冯自由斡旋,根

────────────

　　①　该谈话内容未必为本日所谈,戴季陶的忆述亦未说出准确日期,但因未见戴氏 1927 年在中山大学对台湾青年革命团演讲的原始资料,故依《中华民国国父实录》,将其系于本日。陈旭麓、郝盛潮主编的《孙中山集外集》也将该谈话系于本日,所据为黄纯青《国父与台湾》(转录 1927 年 4 月 1 日《台湾先锋》创刊号,题为"孙中山与日本"的戴季陶的演讲)。(陈旭麓、郝盛潮主编,王耿雄等编:《孙中山集外集》,第 324 页)

据孙段合作前约,决议加入善后会。并许石青阳及熊克武代表张铮、樊钟秀代表唐瑞铜、杨希闵代表卢启泰、范石生代表邓之诚、胡思舜代表李岳渊一致出席。"(《申报》1925年2月11日,"国内专电")

《北京日报》称:"据民党方面消息,中山对于善后会议初本极端反对,嗣经段派某要人再三疏通,现已承认为一种行政会议,其范围只涉及军事、财政两大案,而一切根本计划,仍须提交国民会议解决。至国民党加入善后会议一节,业已规定以现充各省区军事或民政代表者为限,其余本党党员凡受有聘书者均一律不准加入,暂持旁观态度云。又闻非常会议诸子对于国民会议组织法,政府未经该会核议,拟直交善后会议通过,大为愤慨。昨在太平湖开会讨论一切,拟于日内发出第三次反对宣言。"(《中山承认善后会议为行政会议》,《北京日报》1925年2月11日)

《顺天时报》则谓:"兹据某方面消息,国民党被邀全体会员,谓已决定与此次举行之正式会议开会,同时出席与会。惟此事之经过情形,据闻孙中山氏前日曾命孙科,对于党员,以尊重当初图谋孙、段、张三方面之大合作,以善倒直派之后之主旨,怂恿党员出席会议。其结果,经民党员之协议,已决定全体会员出席与会。"(《国民党决定出席善后会议》,《顺天时报》1925年2月11日)《盛京时报》亦曾报道:"中山前于七日曾面谕孙科勿拘拘于小节,亟与政府提携等语,结果民党决计参加善后会议。"(《民党决计参加善会》,《盛京时报》1925年2月12日)

《盛京时报》后曾报道称:"十日前国民党中央执行委员发表宣言,表示不能赞同善后会议之旨,然突又传有民党决定出席善后会议之风说。但据民党方面消息云,一如别项来函之所更正,所谓中央执行委员会决定参加出席之说,纯属无稽之谈,不过一派之宣传而已。盖民党中现有一部份子对于干部不抱好感,近来辄欲弃乱民党之步调,然中央执行委员会之态度,决非此等运动可得而紊乱者。唯善后会议既已用招聘专门委员名义,参酌民党方面之意向,故民党于此势须讲求对付之策。至应如何对付,刻尚在协议中,未见决定。"(《国民

党参加善会说不确》,《盛京时报》1925 年 2 月 16 日)

　　《中华新报》后曾刊载评论,论及国民党对于善后会议之态度,并质疑其所拟加入善后会议之法团是否能代表民意,略谓:"法团中亦不乏腐败分子,吾人虽以全民政治为理想,然今日之世界,殆无能行全民政治之国,在我国犹属不可能之事。今以国民党所主张而与全民政治较,殆与段执政之设施同,一样为少数者之政治,亦犹五十步笑百步耳。决□革命后之国民会议,亦不过一政治团体会议耳。观诸世界历史,革命政府乃一时代表民意者也,现在我国临时政府,形式虽然有别,顾实质确可谓代表民意,苟仅以法团之代表未证实参加之故,议者遂谓善后会议不顾民意之少数者专制机关,其理由殊嫌薄弱,且直可谓之为杞人之忧。"(《善后会员之时局谈》,《中华新报》1925 年 2 月 24 日)

　　善后会议与国民会议的争端,体现了国民党与执政府之间的竞争与妥协。2 月 16 日北京通讯即称:"民党方面,急进之国民会议,酝酿成绩颇佳。据该党某要人云,各省军民团体,对于日前派出之宣传员表示赞成国民会议,已达数百团体,将来各省能派代表来京者,预计有十六省。在京民党汪、李各要人,连日与执政当局竭力接洽,合肥因预防善会与民会意见冲突,特表示对该会非具体反对,只要确有和解政局能力,与中央和衷共济,当然亦赞助进行。日来民党竭力向段示意,会议决取真正民意,解除与中央隔阂,凡善后会议所决各要案,均可再由国民会议提出讨论,分别实行。并闻段已向民党之汪、李、彭、孙各重要份子示意,国民会议果能合法时,中央即认该会为解决政局之第二个会议,当以全力促成,惟对开会时,尚有两种条件,昨已提出:(甲)善会表决之事件,国民会议不得故意挑剔反对,不合法者,不在此限;(乙)国民会议经费,由组织者分任筹划,中央担任三分之一。以上两项,民党确已赞成,法制院规定之国民会议组织法案,提出善会通过后,依照办理。惟国民会议组织法,趋重各公民团体之主张,善会提出表决时,须有一度接洽,方能分别提议,否则民党不能任善会处置,与之组合也。"(《可望成立之国民会议》,《益世报》1925年2月17日)又有消息谓:关于国民会议之举行,"闻政府方面已决定一俟国民会议组织法提出善后会议决定公布之后,即行组织筹备处。其筹备处地址已决定在西堂子胡同,即现在善后会议筹备处所在地。善后筹备处准定月底结束,即行移交于国民会议筹备处,至筹备主任一席,现在当然未定,惟有谓许世英可有希望"。(《北京政闻杂纪》,《中华新报》1925年2月16日)

《申报》刊载报道,就"民党对段宣战之经过"与"段祺瑞应付之方法"作了回顾,并分析称,若国民党拒绝出席善后会议,将会对国内政局带来三种危机。谓:

"初段祺瑞主张召集善后会议及国民会议以解决时局,民党则主张召集国民会议预备会及国民会议以解决时局。故段祺瑞决计颁布善后会议条例之际,民党即表示反对之意,谓历来时局之纠纷,既皆由于国民无参预国事机会而起,则目下自应以解决国事之全权付诸国民,而欲将解决国事之全权还诸国民,则即不应由并无若何根据之执政府召集所谓善后会议,以善武人官僚之所谓后。既而段不顾民党之反对,竟以善后会议条例征孙中山同意,民党愤甚,本拟发表正式宣言,表明民党不赞成之意,嗣因恐招误会,乃以'沉默'两字为反对之暗示,对于善后会议条例惟以一笑置之,冀段能自动的再提办法与民党协商,然后再由民党将真意告段,请改善后会议之名称,并变更其组织之方法。然不幸段氏对于民党之沉默竟指为'默认',旋将所拟之善后会议条例以命令公布,于是民党遂决计以正式之手续为反对之表示。然当是时,段因国民、镇威两军争保定驻军问题正烈殊,不欲民党有明白表示反对之举,曾先后令许世英、叶恭绰、梁鸿志等向中山左右沟通,民党中人因受包围甚急,乃允不为反对之表示,但为顾全中山宣言之精神起见,亦不能为无条件之赞成,遂于上月十七日发表篠电,为附条件之赞成主张,将善后会议条例加以修改,容纳人民团体代表于会议之中。此民党对于善后会议由极端之反对渐转而为附条件赞成之经过情形也。已而中山篠电虽发表，段氏仍不允澈底容纳，虽聘各省省议会议长，商、农、教各会会长加入会议，并不赋予以表决权。民党因本党主张已完全为段一笔抹杀，乃又于上月三十一日发表宣言，表明反对之态度。除声明民党不参加会议外，并主张善后会议只能议军制及财政之办法，而其最后之决定权，则当归诸国民会议，至是而民党之态度遂复由附条件之赞成而转为消极之反对矣。民党表示消极反对之意以后，段方因实力派赞成者众，决计置诸不闻不问之列，同时并密电各方面，令其发电对民党示威。已而张作霖既来一电，表示赞成段氏聘请法团代表加入，而不将表决权赋予该代表之意。而与谭延闿相持于江西之方本仁，亦直接致电中山，为段张目。民党睹此，知委曲不可以求全，于是乃于本月十日发表蒸电，为公然对段宣战之表示矣。

"民党蒸电发表后，段即于昨日（十一日）召集与善后会议有密切关系之人物，讨论应付之方法，结果有某氏（外传系汤漪、林长民两人）进言于段，主张根据下列之四理由，仍置民党之主张于不闻不问之列。其理由如下：（一）中山为国民党之总理，则民党发表宣言须以中山名义行之，今蒸电未经中山署名，自不能认为民党正式之通电；（二）中山篠日之电，主张容纳民间团体代表，业容纳之矣；（三）善后会议如不能决定改革军制及整理财政诸问题，并不得产生国民会议组织法，则根本上已无开会之必要，故即今中山果有前项通电不予采纳，亦当为国人所共谅；（四）人民团体制定国民会议组织法之运动，在今日情形之下无实现之可能。质言之，盖即主张不妨以实力与民党之主张相抗衡也，现闻段已决以此策略与民党相周旋矣。

"民党蒸电发表，北京方面促进国民会议之团体即起而为'由民间团体自制国民会议组织法'之运动，已发通电及宣言矣。虽此种团体之运动力究竟如何，诚不无可疑，然有此运动则必有为之应声者，应声者倘不少，则纵自制组织法一事未必成事实，而将来执政府根据善后会议所议决之组织法以召集国民会议之际，定必发生无限之纠

纷,此未来危机之一也;段不容纳民党主张,逼令民党退出善后会议
及与善后会议有联带关系之国民会议,结果民党必因此而继续革命,
其将联失意之直系及素与民党接近之人物而酝酿政变,尤在恒人意
中,此未来危机之二也;国中武人,派别滋多,利害不一,段与民党幸
能协力,则尚足镇抚之,一旦双方失此协力之机,反而争相勾结,则拥
兵武人将益肆无忌惮,为所欲为,废督裁兵之理想,固将永无实现之
期,统一之希望恐亦终归于泡影,此未来危机之三也,语云'牵一发而
动全身',庶几近之矣。现虽尚有多人拟调停于两间,欲一面请段勿
为'威信'之说所误,毅然容纳中山篠电之主张,将表决权赋予此次被
补聘之法实团体代表,以免民党之决裂;一面劝民党中人于段容许各
团体代表正式加入会议之后,不再要求以明令修改条例并自行加入
会议,以挽回目下之危局。然双方骑虎之势已成,此种调停固绝对不
能生效也。"(《一波三折之善后会议》,《申报》1925 年 2 月 18 日)

　　《益世报》曾移译转载日本报纸《满洲日日新闻》对善后会议之观
察,谓:"善后会议之能否顺利进行,不唯影响段祺瑞所抱之和平统一
政策,且关系于段派势力之消长,亦即为拥护段氏之奉派颜面问题。
段祺瑞亦改其当年面目,拟以和平二字,谋会议之进行,是可庆焉。
吴佩孚之武力统一破绽后,各派多倾向于和平一途,故对段氏之方
针,颇能得一般之谅解,遂使二月一日之会议,勉强开幕,实亦段派奔
走之功也。今各省既允一致派遣代表参与会议,故段派中有认此为
各省实力拥戴段氏之表示,遂劝其稍改出山时之和平的消极的态度,
以积极的强硬的手段,谋中国之统一。幸其左右有如圆滑之许世英
等,极力劝其不可急进,结果仍定以会议形式解决纠纷。奈国民党依
然反对,又不能不以妥协互让之方针,与之周旋,否则并今日之结果,
亦恐不易达到。(中略)试观会议中之列席人物,可谓应有尽有,除
段、奉两派外,国民军系、政学会及研究系等亦颇活动。详察段派之
用意,似拟利用此零星势力,与孙中山领率之国民党相周旋,故此后
之中国政局,将为混合派与国民党互争消长之场所矣。但民党内讧

颇烈,能否一致对外,不无疑问,况孙氏正在卧病,不啻与段派以扶植
势力之绝好机会。许世英对于联络民党,甚为急进,因许氏前曾声
明,欲求中国智识阶级协助运用政治,非与民党合作不可。许氏既抱
此旨,故与民党中之和平派交颇接近,彼等或将加入善后会议,亦未
可知。至该会之结果如何,则非事前所能预断者,惟就目下形势观
察,被邀之会员,尚未全部列席。闻段派此次为示好感于民党起见,
遂为汤漪、黄郛等运动副会长之当选,因汤氏虽隶政学会,然与民党
素称接近,黄氏则有谓其为纯民党者。各派推诚相让之态度,于此可
见一斑,实亦势所应尔。段派虽期善后会议之完成,然未来之难关,
尚有国民会议,主持该会者能否对今之当局不持异议,尤为不便推测
之一事。总之,各派如能以诚恳之态度,力谋妥协,则国民会议亦不
无顺利进行之可能,该会若可圆满结束,则国法既立,政府之基础,益
形巩固,然后兴利除弊,既有法守,对内对外亦无问题之可言矣。"
(《东报对善后会议之观测》,《益世报》1925年2月24日)

　　△ 《香港华字日报》刊载报道,对孙中山对共产党之态度,以及
此次北上之意图做了分析,谓:"孙中山为国民党之领袖,国民党中人
久已视孙如帝天,近则党中优秀份子,多与民党脱离关系,而尤以前
岁加入共产派时为甚⋯⋯以现在国民党,已人才缺乏,苟不改弦更
张,国民党决不能经久,自己垂暮之年,实不能鼎持几时,若一旦逝
世,则国民党必归于消灭,由是而决然加入共产派。希冀维持上述两
种理想,不料共产派加入后,反操纵国民党,致孙中山从前之理想,适
得其反。孙在粤时,但求得大元帅安稳做去,他事更何所恤,而粤局
弄至如此地步,天怒人怨,于斯已极,孙自知难容于粤人,遂不得不离
粤北上,而孙之北上用意亦有二:(一)思借此以宣传其党务,搜罗智
识阶级及联络工团;(二)思吸收一般军阀武人,以为己用。故自抵京
后,即派员往各省宣传党纲,乃各省多起而抵制,事又失败。继又大
唱劳工神圣,以开国民会议而谋解决国是,而国民会议之单位,即以
社团、工团及商、教各界为本位,思借此以唤起工人之团结,谋共产之

进行,联络张作霖、冯玉祥、胡景翼等,思厚植势力。奈张、冯对孙均为表面结合,于是孙之希望,亦未能达到。"(《孙文处置国民党事及近状》,《香港华字日报》1925 年 2 月 11 日)

《香港华字日报》后又刊文报道孙中山与张作霖在共产党问题上之不和,以及与冯玉祥之间的貌合神离,称:"犹忆当时本报特约通讯,述奉张与孙会面之谈话,谓张口口声声以'共产党不适于我国'规劝孙文,当时张氏更有一语,令孙中山极难为情者,则面对孙说'我们东三省地方断不容许有共产党站足其间,倘有探报共产党一人到咱东三省,誓必以军法从事'等语,张言时声色俱厉云。口出大言谓六个月改造北京的孙大元帅,乍闻此言,定如冷水浇背,其因气愤而旧病剧作,亦似可信。而孙氏亲奉,乃大失所望,于是冒病入京,转而亲冯(玉祥)。但冯氏是甚么人,底子是北洋系且只知保自己势力禄位,懂不得甚么三民五权,而且他们是有实力的,故向来瞧孙党不起,只以口头敷衍中山。孙虽有欲以国民党总理饵冯,但基督将军亦志不在孙党总理一席。且北人以孙之素来自尊,向有可远而不可近之欹,且以地势而论,南北终不免畛域。北洋系素以武力见重,近日冯又有与张作霖提携之动作,对孙焉得有诚意表示。且孙自入京后,虽一面以国民会议为号召,而善后会议进行,反因之益速。虽然善后会议非固得国人所同情,真正民意之国民会议,亦当然为国民所应力争。冯、段、张均是北方军阀,自当无代表全中国民意之可言,但段、张相联,与冯、张相联,亦同床异梦,但同是北洋一派,自然以消灭孙党势力为先着。故昔日之孙、段、张三角同盟与最近之孙、冯合作,均是孙党自己宣传的工夫,骨子里仍是敷衍而已。"(《北方军阀排除孙党势力之现势》,《香港华字日报》1925 年 2 月 25 日)

2 月 12 日　本日病况无变化,体温如常。上午,命召爱孙治平至榻前,抚慰者移时。(《哀思录》初编,"医生报告",第 3 页;"病状经过",第 5 页)

　　△　报称,自中山缠绵病榻,各处政情久已不闻不问,应付各方

皆由其左右要人作主。闻中山之子孙科,近因中山病危,前晚特向中山请示此后国民党对段合肥应采如何态度,中山在病榻上答复极为简单,谓:余此次北来,即为与合肥合作之表示。此语说毕,别无他言。(《孙中山昨日病况说之两说》,《北京日报》1925年2月12日)

△　致电涩泽荣一,感其慰问厚谊。

日本友人涩泽荣一上月28日接中山病重消息后,即电委北京中日实业株式会社副总裁高木陆郎代表前往医院慰问。中山为此致电涩泽荣一,谓:"得接诚恳之慰问,谨致厚谊。定奋勇气与信心,期胜病魔,幸望释怀。"京都商业会议所会长滨冈光哲亦曾致电慰问孙中山,孙复电致谢,辞意同前。(段云章编著:《孙文与日本史事编年(增订本)》,第731页)

△　以东江自陈炯明盘踞以来民生凋敝,代大元帅胡汉民令饬东征各军,严申纪律:"对于作战区城,不得稍有滋扰。所有被灾人民,应随时督同地方官妥为抚恤,务期军民安堵,迅奏肤功。"(《饬东征讨逆各军严申纪律令》,《国父全集》第4册下,第1371页)

△　致电建国粤军第三军军长李福林,命即电令驻顺德军队先行停止围攻理教乡军事行动,再切实查明肇事缘由,着对焚劫乡村、伤毙农会会员之人员"勿稍姑纵为要"。(《李福林部下偕匪劫乡》,上海《民国日报》1925年2月19日)

△　任命林支宇为建国联军湘军第一军总司令,余际唐、汤子模分为建国川军第一、二军军长;训令建国粤、滇、桂三军总司令许崇智、杨希闵、刘震寰,严束所部守纪,勿扰百姓。(《大本营公报》第5号,"命令"、"训令")

△　报称,陈炯明已在汕召集所部各高级军官开军事会议,讨论进行,即席议决三事,内有两事与东江战局进行有关:(一)反攻前之预定计划,东江中、左、右三路,同时进兵,俟东江发动后,南路继起相应。现右翼之林虎部队,经已发动,前锋深入赣境,各军应即一体出发,各依原定计划,向指定之地点出发。即右翼方面已次第开拔外,

其余中左两路,统限于自议决之日起,三日内拔队前进;(二)军费一项,现已筹有的款,应先支拨二十万元,各军开拔费,即日分发各军领用,各军领到开拔费后,即须出发,不得藉口延缓。并举定林(虎)、洪(兆麟)、叶(举)三人,均亲赴前线指挥作战。(《孙文病重中之粤局(续)》,《晨报》1925年2月12日)

　　△　东征军右翼连日进展甚速,昨日午,校军之学生第三队进至深圳。本日,粤军许济旅到达龙冈圩,广九铁路一线敌军,至此全告肃清。(毛思诚编纂:《民国十五年以前之蒋介石先生》第9册,第28—30页)

　　△　是日京讯称,闻中山家属及国民党近日业已为种种善后之准备。国民党已开会多次,关于继任人选,有推冯玉祥、唐继尧等实力派者,有推吴稚晖、胡汉民或唐绍仪等文治派者,均未能通过,结果将用委员制。(《孙中山病势无变化》,《中华新报》1925年2月17日)

　　各报皆颇关注民党继任总理之消息,说法亦有歧异。《盛京时报》有报道称:"民党中人,对于继任该党总理之人选,前十日晚在东城某处开会,以前所拟之唐(绍仪)、蔡(元培)均有人反对,闻已决定推唐继尧。"(《中山病危与民党总理》,《盛京时报》1925年2月14日)《北京日报》则谓:"日前此间一部分人虽宣传民党因中山病笃,曾开会决定选举唐继尧为继任总理,但实际上民党对于中山病状虽甚悬虑,并未开会讨论继任总理问题。虽接近唐继尧者现甚欲乘时为唐继尧运动总理一席,然多数民党则认为不容讨论之问题。盖民党今尚信中山吉人尚可天相,同时对于唐继尧,亦大认为接近民党之一新军人,绝不承认其有代中山总理党务之资望及才力也。"(《民党尚未选继任总理》,《北京日报》1925年2月14日)又有《香港华字日报》报道,称孙中山欲以冯玉祥为继任总理,谓:"孙文于剖腹后,曾于某日召集所亲谈及后事,对众发表意见:将来若有不测,即以总理授冯玉祥。盖以冯崇奉耶教,心术可信,而且京中实力,以冯最优。冯为国民军首领,手中握数万大兵,孙(岳)、胡(景翼)等流,皆其心腹,足以颉抗奉系直系而有余,况其人对民党计划,多所赞同,孙党之能活动于京都,全恃冯系为屏障。据此云云,可知孙氏年来无往而不崇拜实力,已搁起主义不谈矣。"(《关于孙文近状之要讯》,《香港华字日报》1925 年 2 月 17 日)

《香港华字日报》亦刊载分析文章,略谓:"孙氏果逝之后,国民党问题,必连带发生。京中党人有一部分拟推汪精卫继任总理,以维持旧状,然为反共产派所反对,又有推唐绍仪者,又有推唐继尧者,然闻日来京中民党大会,对两唐均不赞成,决定采用委员制,惟委员制一定,将必政出多门,分裂立见,如张继、谢持、孙科等之反共产党,岂能与胡、廖、谭之共产党合作,国民党招牌,只恐从此大生变化耳。故现在国中非孙系之各大势力派,有怜惜国民党将偕孙文寿终正寝者,亦有欲藉此以图谋政党大运动者,均有恢复旧日国民党之动议。现计倡之者可分两派:一派为唐继尧,一派为唐绍仪。唐继尧则藉云、贵为地盘,以恢复共和元勋为号召;唐绍仪则以国中大老之资格,极力拉拢海外致公堂各华侨为台柱,现两派在沪上各有运动。惟据一般人推测,'国民党'三字,国人对之已不如民国初年之同情,况组党与运用政治为一事,在中国组党又为一事,中国好人不出,只有坏人浮沉于社会中,以民德败坏之社会分子,即收聚得数十万党徒,亦复何益,不特无益,且恐徒以资乱,从前进步、统一、民主诸党,纷纭俶扰,可为明鉴。现在群众心理,只有组织一良好政府,与民休养生息,即奉之如帝天,以党治国,必非所乐闻,故此后国民党或不免有孙存与存、孙亡与亡之慨也。"(《孙文病讯之日恶与国民党之前途》,《香港华字日报》1925 年 2 月 14 日)

△　上海国民会议促成会、国民党八打威支部来电慰问病况。(《各界慰问孙先生》,上海《民国日报》1925 年 2 月 12 日;《各方悬念之孙中山病状》,《顺天时报》1925 年 2 月 14 日)

2 月 13 日　是日《晨报》刊载汪精卫致许世英函,有中山病已绝望,请执政府预为筹备等语。汪精卫随后发表声明否认,云:"二月十三日,《晨报》记载中山先生病状栏内,有云'据确讯,汪兆铭于前(十一)夜致函许世英,称孙文病,确已无望,嘱执政府预为筹备'等语。

《晨报》自称此为'确讯'，而兆铭则敢坚决声明其不确，兆铭对于悠悠之口，久已不严置办，但此事有关廉节，不能默尔。特此声明。"(《各方悬念之孙中山病状》,《顺天时报》1925 年 2 月 14 日)

　　△　本日,善后会议第一次大会中,全体通过议事细则案,选举赵尔巽为议长,汤漪为副议长。其揭幕时仅八十六人,不足总额三分之二;预备会议时出席者为一百一十九人;第一次大会到会者一百三十二人。孙中山、黎元洪及大部分中国国民党籍者均未出席。(《善后会议正副议长产生》,《顺天时报》1925 年 2 月 14 日)

　　△　杨希闵、范石生、胡思舜致电孙中山、段祺瑞,"望中山、合肥以国民之心为心,以天下之志为志,亲贤远佞,整饬纪纲"。(《广东杨希闵等通电》,《申报》1925 年 2 月 24 日)

　　△　中华人声社旅暹干事部致电孙中山,拥护国民会议。(《旅暹中华人声社之快邮代电》,上海《民国日报》1925 年 2 月 22 日)

　　2 月 14 日　病体愈衰弱,但不觉痛苦。自是月初伤口愈合后,即施行镭锭放射治疗,至是日共治疗达四十四五点钟,未见效果。是日及次日,西医几次宣布中山之病无希望,生命至多不出七日。中山闻是言大怒,急欲立刻移出协和医院。夫人宋庆龄等劝慰。(《大元帅北上患病逝世以来之详情(四)》,《广州民国日报》1925 年 5 月 15 日;《哀思录》初编,"医生报告",第 3 页;《张人杰关于孙中山病情的记述》,《历史档案》1985 年第 1 期)

　　△　电通社消息称:日本朝野名士自接孙中山病笃之讯,莫不极表同情,其中一部分国民,竟有特为孙病亲赴寺院祷求其速愈者,此足见孙之平昔颇蒙日人敬爱。至各界之有名人物,如犬养外相、宇垣陆相、河合大将、头山满、古岛一雄、涩泽荣一、箕浦胜人、后藤新平及望月嗫川代议士等,咸已致电慰问孙氏,孙亦一一复电志谢。(《孙先生病前昨无甚变动》,《京报》1925 年 2 月 14 日)

　　△　是日香港电称:胡汉民电辞代行大元帅职权,中山复电不准。(《粤桂之军事》,《时报》1925 年 2 月 15 日)

△　孙行辕是日又接到上海第五城市党部执行委员会、宿县国民会议促成会、内蒙古全体人民、江苏六十四公团、智利国民党、新加坡中国国民党、旧金山侨商谭元等来电,慰问孙先生病况。宿县国民会议促成会、浙江国民会议促成会、山东国民会议促成会、飞枝华侨全体来电,一致赞成孙中山之主张,反对善后会议。(《中山先生昨日精神甚好》,《京报》1925 年 2 月 15 日)

△　浙江国民会议促成会致函孙中山,拥护国民会议预备会议,并慰问病况。(《浙江国民会议运动消息》,上海《民国日报》1925 年 2 月 15 日)

△　报称:民党中人对于孙中山之病,甚为焦急,连日已着手预备身后之事。又闻棺材已买定袁世凯遗下之一具,价一万元,材木坚美。孙中山果有不祥,民党内部恐生破裂,而执政府方赖孙中山提掣西南,于前途所关甚巨,故执政府闻讯之下,亦为忧虑。(《中山病状与党务》,《北京日报》1925 年 2 月 14 日)

△　东征联军右路兵分三路围攻淡水。次日晨,黄埔教导团等攻克该城。(《中华民国史资料丛稿·大事记》第 11 辑,第 26 页)

△　鲍罗廷认为有希望打败陈炯明,在北京所写书面报告中称:"值得庆幸的是,最积极的一派将继续完成孙逸仙在最后一年想作的工作……第二个派别可以称作联邦派。这一派认为,国民党在孙逸仙领导下,力求把国民革命运动集中起来,并根据集中原则统一中国,同时主张地方自治。而联邦派主张像前林肯时期的美国那样建立中华合众国。实际上联邦派搞的不是省的联邦……孙逸仙就要死去,不能用自己的权威去压制他们,他们就开始公开地跳出来,以自己的联邦制来对抗孙逸仙的集中制,几乎要求解散党组织,即把党溶化在民主分子之中,并攻击共产党员。""上面谈到的辩论是非常激烈的,它表明国民党很可能会分裂。假如只讲向联邦派作让步的话,那倒不一定会促进分裂。我们的意见是在当前的中国国民运动时期,各省自治会给这一运动带来很大的好处,各省的人民群众赞成自

治……'省自治'的口号无疑在中国是受欢迎的口号之一,坚持这一口号未必对右派有利……但是,剥夺联邦派所使用的省自治这个受欢迎的口号是一回事,而在组织问题向它作出让步,则是另一回事。在这个问题作出让步,就意味着取消国民党在国民革命运动中的有组织的领导,这正是右派期望的。""目前国民党的实际工作是:在广东,我们正在向陈炯明发动进攻……这次有希望打败陈炯明。"(《共产国际、联共(布)中国革命文献资料选辑(1917—1925)》第 1 卷,第 574—576 页)

2 月 15 日 是日赴协和医院慰问病况之来宾,有执政代表蔡廷干、交通总长叶恭绰、国民党党员杨庶堪、李燮阳、于右任等。(《孙中山昨日之病况》,《顺天时报》1925 年 2 月 16 日)

△ 东征军右翼攻克淡水城后,叶举与洪兆麟等部已失战斗力,惟林虎部尚有兵力约一万三四千人,正与滇军相持于河源、惠州间;杨坤如等之三四千人,仍负隅惠州。(罗刚编著:《中华民国国父实录》第 6 册,第 4992—4993 页)胡汉民是日来电称:"午前八时克复淡水城,敌向平山狼狈溃退。我军正在追击。此次俘获甚多,详情续报。"(《陈军将由北江攻广州》,《晨报》1925 年 2 月 17 日)

是日香港电讯,则对上述战情表示怀疑,称:"据确讯,驻粤滇军总司令长杨希闵及范石生等,表面上虽称拥护孙文,但因军饷支配及地盘争执问题,早与许崇智、谭延闿积不相能。自孙文离粤以来,胡汉明偏袒粤桂军阀,杨、范益为愤懑。只以共事日久,未便遽尔反颜。陈炯明侦知内蕴,叠经派员联络,尤俟粤局底定后,助杨、范率军回滇。而李烈钧一派将领暗中阻止,此项条件,未经成立。唯杨、范逆知孙军嫡系终难见容,其拥孙之态度,渐以变更,近特派遣邓泽如为驻京代表,与执政府切实联络,并通电声讨滇唐,均系倾向中央之表证。此次东江开火,陈军不战而退,闻于杨、范已有默契,故特集兵北江,与许、谭两军一决雌雄,滇军攻取惠州,不过虚张声势,掩人耳目。而粤中党人,为绥定人心起见,亦故夸大其词,并非真确事实。胡汉民亦甚怀疑虑,日来对于滇军饷款提前拨付,并另派专员犒劳前敌军队,阳藉奖慰之名,阴怀监视之意。省城业经密令戒严,军警布置益常周密,电报电话机关,均被特别监视。即滇系各军拍发电稿,亦须同受检查。粤局纠纷未已,商民仍甚恐慌。"(《驻粤滇军背叛孙文》,《晨报》1925 年 2 月 18 日)

△ 国民党上海市第八区第二分部致函孙中山,慰问病况。(《慰问孙先生病况》,上海《民国日报》1925 年 2 月 15 日)

2 月 16 日 蒋介石于克复淡水后,即于本日正午驰电告捷。时经两日,北京与广州两处复电,均谓中山病中闻捷,不胜欣慰。汪精卫自北京回电云:"接铣(十六日)午淡水捷电,逐句禀告,总理不胜欣慰,并谕代电奖勉各将士,努力杀贼,以期三民主义之实行。"胡汉民自广州回电,亦谓:"总理连日得捷报,甚悦,精神为之一振,特嘱奖勉。"(毛思诚编:《民国十五年以前之蒋介石先生》第 9 册,第 35—36 页)

是日胡汉民致电汪精卫,称:"东江战事顺利,连日均有报告,不知何以未达。已向港局追究,兹再将各路捷报摘录如下。我军中路至布仔墟左翼已过苏村,现正追击。博罗右翼文(十二日)占龙冈,元(十三日)克新墟,敌反攻,激战三小时,俘敌旅、团长各一名,及官兵五百余,毙敌官长十余名,兵四五百,获枪八百余,机关枪六架。我军伤亡约四十余,删午刻克淡水,敌向平山溃退。删午洪兆麟部二千余人反攻,被我击退,以上请转呈总理。"(《中山军队大胜》,《京报》1925 年 2 月 19 日)

△ 中国国民党对金佛郎案发表第二次宣言,正告段祺瑞政府不得擅与法国解决金佛郎案,以损国家之权益,指出:"吾人对于此等重大之问题,认为必须由国民会议产生之正式政府,始有权以讨论决定之。而现在惟一之要务,即在从速召集国民会议,以产生一正式之政府,以解决吾国经济上种种困难之问题,而不至于妨害人民之利益及国家之主权。"(《中国国民党对金佛郎案二次宣言》,《国父全集》第 1 册,第 928—929 页)

中国国民党宣言中举出之理由大略为:(一)庚子条约对法国之赔款交付,并无纸法郎与金法郎之区别,纸法郎价值跌落,乃世界大战结果,非中国所能负责,万无强令中国偿给金法郎之理;(二)若由他国任意施为,中国现在及未来之财政命脉,必将悉被其把握而涸竭;(三)只有国民会议及将来之正式政府始有权办理,执政政府既系临时性质,无权办理;(四)若法国以不阻挠中国修改关税税则会议,为承认金法郎案之交换条件,此说为一幻想,即使能行亦得不偿失。

所谓金法郎案,即指法国退还庚子赔款而言。最先自动的退还庚款者为美国,次为俄国,英国与日本虽有此提议,但因条件未妥,迟迟未实行。法国则愿有条件的退回,惟第一次世界大战后,法国当时现用的纸币法郎价值大跌,故法国一变辛丑条约以来二十余年之汇兑惯例,要求中国按该国金币价格折算,而由中国提出若干成数。中国庚子赔款,对法为四亿法郎,对比利时五千万法郎,对意大利为一亿五千万法郎,共六亿法郎,以每法郎六分六厘换算,共银四千万两。今如按金法郎换算,每金法郎为二钱六分八厘,遂共为银一亿七千二百八十万两,两者相较,多出一亿三千二百八十万两。因之法国曾用各种利诱或威胁手段,以遂其意图。(《金佛郎案解决期近》,《东方杂志》第22卷第8号,1925年4月25日)

△ 《申报》报道称,驻节张垣之、冯玉祥曾召各师旅长发表新年训话,其中言及希望段孙协作。(《冯张对时局谈话》,《申报》1925年2月16日)

△ 指令广东高等检察厅检察长林云陔:查释放人犯以充当夫役,有碍司法独立,所请各节着毋庸议。(《大本营公报》第5号,"指令")

△ 《顺天时报》刊载文章,言国民党内部龃龉之事,称:"中国国民党年来时有内讧之事,幸赖孙中山极力维持,得免分裂。迄因中山病势严重,该党又呈现分裂之状态。昨有该党员江伟藩发出快邮代电,极力排斥廖仲恺、汪兆铭等,主张将其逐出党外,并解散中央执行委员会。原文甚长,略谓:自前岁改组以来,贼民之共产分子羼入,紊

乱党章,败坏党德,甚至勾结败类,巧以中央执行委员会为施毒计之武器,假托合议,实行专制,举凡公者必私之,益者必损之,武断蛮横,少数作祟、自居要津如廖仲恺、汪兆铭者,不惟不加纠正,乃益动以私欲,引贼自残,上蛊总统,下欺同志。两年来,本党同志对于该共产及败类分子,所把持之中央执行委员会之颠倒谬行,大动公愤,指责弹劾,要求改组,早已不承认其有效,此按事实上之现象,为海内外同志之所共知也。尚希本党同志,各本救党救国救总理之诚,急起直追,共济维艰,应先解散非公意不合法之中央执行委员会,及消除该共产分子等于党外,并与该会系统有关之各项会议,一律停职,以期肃清,而免祸党祸国。"(《国民党内部之龃龉》,《顺天时报》1925年2月16日)

《京报》亦刊载新闻编译社记者与汪精卫就相关问题之问答,概略如下:

问:关于善后会议,国民党中央党部之意见,果与总理一致否?

答:总理意见具详篠电,其时总理卧病北京饭店,一切庶务皆不过问,惟关于善后会议之态度,则几经审慎,然后决定。篠电大意,由总理口授,稿成后复经总理删改数字,然后盖印发表。中央党部秉承总理意旨,发表最近宣言,凡见此宣言者,必能明了中央党部之态度,盖一则与总理意见一致,一则中央党部自进而负责任。盖其时总理已入协和医院受手术,故不复以总理名义发表意见也。依我党历来惯习,凡以总理名义发表之函件,事前必经总理之决定,稿成必经总理之核阅。总理在协和医院时,已不能从事此等任务,故径由中央党部负责发表也。

问:闻中央党部之宣言,不能拘束一般之行动,确否?

答:本党党员若皆能守纪律,对于中央党部之决议不致参差,则中国革命,必早已成功,何致有今日之纷扰?此无可讳,亦无庸讳者也。惟中央党部之决议,即为本党之意思,决不因有少数党员之参差,而至于摇动。且余敢深信及断言,以中央党部及多数同志努力之结果,必能使本党纪律日益严明,而少数党员自由行动之事实,终归于绝迹也。

问:闻足下曾反对冯自由、马君武为顾问,并提议将冯自由、马君武除名,惹起会众之纷扰,确否?

答:数日前余曾见一二家报纸有此登载,余不暇说辩,今余明以相告,余当日并未在会场,余何从有此反对及有此提议,且余何故专以纪律绳此二人而不及其它乎?(《关于国民党内部真相》,《京报》1925 年2 月16 日)

△ 上海蜀评社社长吴山等致电孙中山、段祺瑞诸人,主张国民会议应加入律师、新闻两界。(《蜀评社主张律师新闻两界参加》,上海《民国日报》1925 年2 月28 日)

△ 哈尔滨上号男女平民学校、男女社会服务团致电孙中山、段祺瑞,拥护国民会议,反对善后会议。(《哈尔滨各团体反对善后会议》,上海《民国日报》1925 年2 月23 日)

△ 国民党上海市一区九分部致电孙中山,慰问病况。(《慰问孙先生病况》,上海《民国日报》1925 年2 月17 日)

2 月17 日 协和医院代理院长刘瑞恒以一英文函致孔祥熙,译文如次:"孔庸之先生转孙先生家族暨国民党党员诸君鉴,孙先生之入本院,即发觉所患为肝癌最末时期,为不治之症。经于剖割及将癌之外皮用显微镜考察,证明诊断为确,病状自'不好'而至'极不好',余等以孙先生之生存,为无希望矣。"(《孙中山迁出协和医院》,《时报》1925 年2 月23 日)孙中山自上月26 日住入协和医院后,病势沉重,病室中除家属及汪精卫夫妇、张人杰等同志进出外,谢绝访客,问候者率由孙科等代为接见。(罗刚编著:《中华民国国父实录》第 6 册,第4997 页)

△ 是日到协和医院慰问者有朝鲜天道教代表崔东畔、姜九禹,大阪每日新闻记者、北京韩侨同志会代表裴达武,北京国民会议促成会代表杨理恒、胡鄂公,山西国民会议促成会代表张叔平、阎毓珍、马鸣鹗,中央陆军讲武堂同学代表黄云,国会议员周恭受、阎秉真,教育

次长马叙伦等二十余人。(《孙中山气体益形衰弱》,《顺天时报》1925年2月18日)

旅京广东同乡会会员叶恭绰、蔡廷干、郑鸿年、关颖人等五百余人,公举陈兆彬、黄建勋、赖达三等人,代表政、学、商、工各界,持银爵、琅鼎各一,至铁狮子胡同,呈上孙中山与夫人莅京纪念。因孙与夫人病居协和医院,未能亲自接见,当由孙科代见五代表,并承受二纪念品。孙科承受二纪念品后,遂满具茶点,款谢各代表。(《赠中山纪念品》,《顺天时报》1925年2月18日)

△　赵恒惕来电探问病况。(《赵省长探问孙中山病况》,长沙《大公报》1925年2月20日)

△　沈鸿英致电孙中山、胡汉民诸人,称李宗仁、黄绍竑、李济深等藐视功令,图占地盘,节节进逼,因不忍桂局再受糜烂,遂亲率所部退驻贺县属之大宁、桂岭一带,以期暂事休息。请大元帅解除其广西总司令一职,并迅颁明令主持公道。(《中华民国史档案资料汇编》第4辑下册,第895页)

△　粤桂联军前敌指挥官白崇禧致电孙中山、胡汉民诸人,报告击败邓右文及围攻桂林等情,并谓桂林城指日可下。(《中华民国史档案资料汇编》第4辑下册,第896页)

△　东征联军中路滇军杨蓁、朱淮等部克博罗。左路桂军出鸭仔埗向惠州飞鹅岭前进。(《联军攻克博罗飞鹅岭》,上海《民国日报》1925年2月20日)

胡汉民致电汪精卫,报告东江战事告捷,谓"左翼范石生部于本日午占领博罗,右翼许崇智部连日剧战,现已进至白芒花"。《京报》评论称:"此电可证明近日各报滇军有异动之不确矣。"(《中山军队大胜》,《京报》1925年2月19日)

△　《香港华字日报》刊载评论,言及国民党诸棘手事,称:"中山年来在粤,以东江战事,未能得手,商团抵抗,复起风潮,更以诸将意见之难融,饷项罗掘之无术。政务方面,则元老派与太子派并时争

权;党务方面,则共产党与不共产党互相水火。办理诸多棘手,调停
煞费苦心,以至心血亏耗,肝火升腾,此皆致病之由来也。"(《铣治后之
孙文》,《香港华字日报》1925 年 2 月 17 日)

2 月 18 日　自协和医院移居铁狮子胡同行辕,并谕秘书处发出
专心养病启事。

在协和医院经镭锭放射治疗无效,家属及随侍党人见病象日重,
咸思改用中医治疗,以尽人事并盼出现奇迹,决定是日移出医院。中
午 12 时,在宋庆龄、孙科、汪精卫、孔祥熙及克礼医生和医护人员护
送下,乘协和医院特备汽车,移居铁狮子胡同行辕养病。即谕行辕秘
书处发表专心养病,不谈军国事启事。略谓:"此次迁入行馆,专为疗
病,一并宾客概未接见。凡到访者派人招待,惟以询问病情为限,关
于军国之事,暂时停止谈话。"(《中山先生出协和医院详情》,上海《民国日
报》1925 年 2 月 23 日)

东方社消息称,协和医院曾发表通告,谓:孙氏之家族,因希望孙
氏退院,故约定于 18 日实行之。然孙氏之病态,非常危笃,在病院方
面,已向其家族并国民党员,□告迁移之危险。故因迁移而有何危
险,病院已有不负何责任之言,然其家族与国民党员,已承认愿负此
全责任。(《孙中山移居后尚安》,《中华新报》1925 年 2 月 20 日)

汪精卫致电广州胡汉民云:"总理受镭锭母治疗,已历四十余小
时,协和医生谓此病用镭锭母亦未必有效,且用四十八小时即当停
止。而连日总理体气日弱,医生屡告绝望,故总理决议出院迁入行馆
疗养,家族及同志皆同意,即于今午迁入,沿途平安。"(《孙中山迁出协
和医院》,《时报》1925 年 2 月 23 日)

△　是日精神尚佳,濒行时医者劝先进食少许,尚能笑答曰:
"吾将往行辕大嚼,不须此矣。"及既至顾宅,因新迁居精神益奋,竟
能在室中散步约三分钟,其翌日食量更有增加。左右皆大喜,以为
或有转机之希望,唯中医陆仲安则谓其脉已无根,而德医克利亦谓
其癌病仍在不断进行之中。(《中山北上后迄今之病情》,《申报》1925 年 3

月2日)

△　延请著名中医陆仲安等诊病,改服中药,结合西医治疗。

家属及侍疾诸党人为挽救、延续中山性命,曾延请京、沪、粤三处名中医为其治病(粤医未到京)。移居铁狮子胡同之第一日,京、沪名中医陆仲安、唐尧钦为中山诊病后,所断脉象及所开药方不同。经家属及党人议定,并征得中山同意,决定先由陆大夫诊治。盖因陆仲安大夫前给胡适之治疗蛋白尿症及心脏病均有奇效,又为张静江治疗脚疾,使张能自立移步,故信誉甚高。加上日前在医院时,胡适应汪精卫之请,亦向中山推荐过陆大夫,以是中山及夫人也赞同。陆仲安诊治之始,即声明并无把握,故尽心力以为之。中山服用第一、第二剂中药后,安睡良好,脚肿尽消,气色转佳,家属及党人均高兴。待第三剂中药服后,22 日起即腹泻。陆大夫见状即告束手。中山在服中药时,仍由克礼兼施西医治疗,并每日报告病情。(《中西医报告孙先生病状》,上海《民国日报》1925 年 3 月 3 日;《中山先生停服中药》,上海《民国日报》1925 年 3 月 4 日;《哀思录》初编,"医生报告",第 4 页)

△　报称:"顾忠琛氏昨接孙中山电邀赴北京。闻顾氏定二十日晋京,有伍援道、顾名世等同行。"(《顾忠琛将赴京》,《申报》1925 年 2 月 18 日)

△　谢持前来探视。"初入园,遇日本友人山田纯一郎、萱野、菊池、井上四人,山田携摄影器,众合摄一影。山田、萱野、菊池皆来视中山先生疾者。"(谢持:《谢持日记未刊稿》第 4 册,第 383 页)

△　段祺瑞派蔡廷干、吴光新、郑洪年等到铁狮子胡同行辕慰问中山,中山令喻毓西、黄昌谷、朱和中等代为接待。(《中山先生出协和医院详情》,上海《民国日报》1925 年 2 月 23 日)

△　训令国民党中央农民部长廖仲恺、中央建国滇军总司令杨希闵,仰该部长令饬顺德理教乡农民协会将劫匪霍九、霍容等解案究办。着该总司令饬滇军旅长保荣光查明张裕、罗布等匪是否准予投

效,迅将该匪等部缴械遣散。(《大本营公报》第5号,"训令")

　　△　河南女界国民会议促成会来电拥护国民会议。(《河南女界促成国民会议之电报》,上海《民国日报》1925年2月18日)

　　△　《香港华字日报》刊载汕头特约通讯,称日前唐绍仪代表苏某(苏理平)抵汕,与陈炯明晤商广东息兵办法,"惟陈炯明对于唐之息兵意见,未尝不可容纳,但以为事实上必办不到,而粤人救粤,系属正谊,客军踞粤,必非口舌所能劝其自去,故现在唯有秣马厉兵,激发士气,急于进取,以慰粤人之望"。(《战云东起中之汕头闻见》,《香港华字日报》1925年2月18日)

　　《申报》随后刊载唐绍仪之代表苏理平对时局的谈话,称"苏氏既衔唐氏之命而来。故其谈话属于唐氏意思者居多。是堪注意者也"。苏氏分析了粤中孙中山与陈炯明之关系,认为就目前所观察到的状况而言,孙、陈实力为对等的,故双方当终以和平协商较为合适,谓:"盖粤中孙、陈各具相当之实力,相持于东江者两年余,从过去的事实看去,孙实无法征服陈,故惠州虽围而不下;陈亦无法征服孙,故兵临广州东郊而不能得广州。又更从历史看去,孙胜陈败,陈之部众必不肯垂首受驯;陈胜孙败,孙之部众亦必图卷土重来,此等循环报复行为,徒使粤民惨受荼苦。职此之故,在目前之粤局恐无解决之方,吾人尝反复思虑,以为粤局必要解决,尤必非武力可能解决。因孙、陈既具有实力,而又有数年来对敌之恶感,从逻辑上说是不能两全亦不能两亡。但不能两全与两亡,将听其自毙乎?殆亦不可。所以吾人之思虑即于此致意。大抵终以和平协商较为意美法良。和平协商方法,即吾人先予双方军人以觉悟,划地分防,立行停战,于是从而开和平会议协商。种种善后办法,如军人方面则开军人和平会议,人民方面开人民和平会议,吾人既期望和平之实现,复积极而赞助之,或由省港两地有力绅商分子出而提掣进行,则结果当得完满。至会议主要目的。则以裁兵及军队移防边界为第一。"苏氏又言:"唐先生对于北京政府已明白表示不与合作,故北京善后会议及北京国务总理席皆已拒绝参预。至于国民党推举唐先生继任总理问题,以私意推测唐先生必不承受,盖现在之国民党统率甚难,中山先生以数十年之革命首领,最近应付尚且颇感困苦,他人可知。果中山先生而不幸者,国民党之老同志认为应有联合之必要,本其纯洁观念有所新组织,则唐先生或出而赞助进行,亦未可知。"(《唐少川代表在汕之谈话》,《申报》1925年2月19日)

2月19日　美驻华公使舒尔曼偕参赞斐克特到铁狮子胡同行辕慰问中山。孙科代为接待、致谢。并告舒尔曼等:"此病为不治,而先生始终抱乐观奋斗之态度,未尝为绝望之表示。"美使叹服,并云:"坚毅之志尝足战胜病魔。吾友人中亦有经医生宣告不治而继续生存颇久者,甚望先生终转危为安。"(《哀思录》初编,"病状经过",第5页)①

△　报称,连日各省慰问之函电,日必数十起。(《孙中山迁回行辕之病状》,《顺天时报》1925年2月20日)

△　善后会议第二次大会,讨论段祺瑞提出的整理军事大纲草案及国民会议条例草案。唐继尧通电主张贯彻联省自治主义,谓此举"进则共谋共和联邦之统一,退则保留联邦之省治,为国家为西南,无有切于此者"。(《中华民国史资料丛稿·大事记》第11辑,第28页)

△　准财政委员会主席胡汉民、古应芬呈请,派员清查大本营各机关收支账目。并派大本营秘书黄子聪协同审计处长林翔,先行清查财政部收支数目,并将办理情形分别具报查核。(《大本营公报》第5号,"训令")

△　训令大本营会计司司长余和鸿,指令大本营军需总局局长罗翼群,现韶关大本营已告结束,所有暂留前方参军、参谋两处人员每月薪津暨大本营军需总局经费,统由会计司发给。目前军事未终,军需重要,军需总局应赓续办理,该局长所请收束裁并各节,着毋庸

---

①　上海《民国日报》则谓舒尔曼探望孙中山的时间是2月20日。(《各界慰问孙先生》,上海《民国日报》1925年2月25日)

议。(《大本营公报》第5号,"训令")

　　△　《顺天时报》刊载评论文章,否定孙中山之民生主义,称:"中山所标主义不过人云亦云,并非别抒机轴,按诸我国现状,亦非对症发药。俄人心折其说与否,吾不敢知,其不为国人所心折也灼然无疑矣。"(《评民生主义》,《顺天时报》1925年2月19日)

　　2月20日　自迁入行馆后,各方慰问者络绎不绝,均由喻毓西、杨杏佛、谢无量、邓孟硕、陈剑如诸人分任招待。是日上午来馆慰问之各界代表中,有护法国会议员代表尹承福、傅用平。又熊秉三于午间特来行馆问候病况,由汪精卫接见。(《中山先生昨日病况》,《京报》1925年2月21日)

　　△　胡汉民致电孙中山称:"号(廿日)晨进占飞鹅岭,陈炯明向北败退。"(《益世报》1925年2月23日,"国内专电")

　　△　东征联军右路各军合击平山,击败叶举、洪兆麟等部,追击至白芒花,次日进占平山。(《中华民国史资料丛稿·大事记》第11辑,第29页)

　　本日晨,蒋介石下令总攻平山,10时亲率部队出淡水城,即闻左翼枪声,侦知系洪兆麟来袭,乃下令急进。教导第一团首先与敌接触,团长何应钦指挥第一、第二营迅攻,摧敌之右翼;教导第二团与粤军张师许旅作战,迎击其中、左两部,激战两小时,敌亦败退。乘胜追击,进至平山、白芒花。此为东征军"平山大捷"。(毛思诚编纂:《民国十五年以前之蒋介石先生》第9册,第45页)

　　△　香港消息称,沈鸿英声言出兵攻粤。《盛京时报》分析认为,沈氏此举"是否专为援助陈炯明,尚无正式表示。唯与孙军反抗之态度,已甚明了……孙军方与粤陈开仗,乃沈复卷入漩涡,此后不知广州政府如何对付"。(《沈鸿英声言出兵攻粤》,《盛京时报》1925年2月20日)

　　△　报载孙中山与章太炎事,略谓:"辛亥之役,革命军起义武昌,清社以屋,论功则章太炎与孙中山为独伟。章氏注力于贯输思

想,孙氏则躬于军事,两人甚相得。惟自广州总裁制失败后,意见遂时有出入,而不改诤友之态。两粤自陈炯明分离,久困战役,去岁复以商团事件,酿成巷战之惨。章氏迭致函于孙,长累数千言,申述利害。此次孙氏北上晤段,道出海上,寓莫利爱路私宅,章曾挈友往访,力阻其行。孙不允,辩论颇久,不欢而散。"(《名人小纪》,《申报》1925 年 2 月 19 日)

△　北京《民国日报》创刊。去年 12 月 31 日孙中山自天津抵北京,即决定创办北京《民国日报》,至本年 1 月 2 日,在北京饭店复指示迅速进行,由邵元冲主持筹备。至本日,北京《民国日报》发刊。邵元冲任总编辑,吴敬恒、刘成禺、戴传贤等均分任社论。其言论皆以和平建国为目标,对北方政治,图有所纠正,以是不为执政所喜。至中山逝世以后,以编辑通信者刊登贿选议员攻击段祺瑞之言论,乃被封闭。总计出报仅二十八天。(罗刚编著:《中华民国国父实录》第 6 册,第 5001 页)

△　《益世报》刊载报道,略谓:孙中山病情传到广州后,政界、军界中各要人皆极为纷扰,人心亦因此甚为震动,均信孙中山之病不能愈,广州市中已有一种无形戒严景象,各军队已纷纷调动。省署召集的临时紧急会议,在大元帅职权及组织委员会问题上颇有争执。在胡汉民仍欲照旧代理,而各要人则拟仿北京国民党政治委员会之办法,另行组织委员会。但组织方法,亦未能一致,有主张军长以上亦得加入者。若仅由总司令组织,则只许崇智、杨希闵、谭延闿、刘震寰四人,倘军长得以加入,则增多范石生、胡思舜、梁鸿楷、黄明堂、李福林、卢师谛、朱培德、宋鹤庚、谢国光诸人。大约尚须俟一二次之会议,方能完全解决。(《中山病亟中之广州内讧》,《益世报》1925 年 2 月 20 日)

△　《京报》刊载上海学生联合会、四川民党联欢社、安徽宿县国民会议促成会等团体慰问孙中山函电。(《中山先生昨日病况》,《京报》1925 年 2 月 21 日) 河南青年学社、九江非基督教运动大同盟等团体致

电孙中山,慰问病况。(《孙中山迁回行辕后之病状》,《顺天时报》1925年2月20日)

　　△　哈尔滨皮靴行工业联合会致电孙中山、段祺瑞,请召集国民会议。(《哈尔滨各团体反对善后会议》,《益世报》1925年2月20日)中华留日国民会议促成会致电孙中山,反对善后会议,拥护国民会议。(《中华留日国民会议促成会成立》,上海《民国日报》1925年3月5日)

　　2月21日　德医克礼检查中山病体后报告:肝癌之扩散并未因服中药而停止,中药只可裨益眠食,减轻痛苦而已,亲族及同志勿存奢望。(《孙先生参用中西医》,上海《民国日报》1925年2月22日)

　　△　至铁狮子胡同行辕慰问者仍络绎不绝,午前来宾中,各界代表则有吉林国民会议促成会代表陈作艇、江苏三十六公团代表李铠、第一军军长张宗昌代表顾人宜、黔军督办王天培代表甘嘉仪等,政界中则有教育次长马叙伦、交通次长郑洪年等。(《克利报告孙中山昨日病状》,《顺天时报》1925年2月22日)

　　△　训令外交部长伍朝枢,指令滇军总司令杨希闵,准通缉行凶伤毙滇军官兵之"维瑞"号商船船主。仰外交部即派员与广州沙面领事团交涉,诚洋商不得包庇我国此等奸商,以滋事端。(《大本营公报》第6号,"训令")

　　2月22日　上午赴铁狮子胡同行馆慰问者,有国民党中国大学党代表梁济康、唐德斯,山西阎省长代表李庆芳,及李协和、陈少白等。至下午,则段执政特遣蔡廷干为代表,至行馆慰问病况,由孙科接见。又黎元洪亦由天津派遣其侄黎澍来京问候,由孔祥熙招待,并为详述中山迁入行馆后病状之经过情形。其余尚有教育部次长马叙伦、北大校长蒋梦麟与杨永泰等亦前往慰问。此外又有中华学生废约同盟会,亦派代表黄汝翼等来慰问。(《中山先生昨日病况》,《京报》1925年2月23日)

　　△　报称,民党拟趁中山精神健康时,即在中山病榻前开一会议,决定今后民党进行办法,万一不讳,亦可请孙签字于遗嘱上,以为

今后民党之信条。但闻孙科颇反对是议,因恐中山伤心也。(《孙中山之病状》,《时报》1925年2月26日)

另有消息称:"国民党要人汪精卫、李大钊、鲍罗廷(俄人)、吴稚晖等,日前自行组织该党政治委员会,以代摄孙中山职权一事。兹据该党某委员所谈,汪等自组织该会后,大受多数党员攻击,故遂招揽反对派多人为政治顾问,以期分担责任,并欲藉此消弭反对之风潮。讵该顾问等多数老同盟分子,对于汪等行动,颇多非议。十日前在帅府园之委员及顾问联席会议,有新聘顾问但懋辛、马素、王秉谦诸人,声言党务须根据全党公意办理,万不能由少数人包办。且谓党中共产与非共产问题,一日不消灭,即一日不能进步,且有分裂之虞,于党于国,均有大害。李协和发言,尤为沉痛。汪精卫、李大钊乃谓以前各事不必讨论,此后惟望大家合力奋斗云云,众遂不欢而散。经该次会议之后,汪、李等遂认延揽顾问之策为失败,以后开会,对于各顾问,均不请其参加,以避烦扰。闻凌毅、彭养光、马君武诸人,日前且将顾问聘书却还,以表示不与共产派合作。"(《国民党筹及孙中山遗嘱》,《顺天时报》1925年2月22日)①

△　汪精卫接到胡汉民广州捷报,谓已占领飞鹅岭,并正包围惠州城。沪港要人正电商停战。(《粤省军事昨讯》,《北京日报》1925年2月23日)

△　《顺天时报》刊载中华海员工业联合会总会、改造社、浙江硖石国民党区分部等团体慰问孙中山之函电。(《孙中山病体稍弱又患腹泻》,《顺天时报》1925年2月22日)上海女子参政协进会致函孙中山,慰问病况。(《女子参政会慰问孙中山》,《申报》1925年2月22日)玉田县国民会议促成会致电孙中山,拥护国民会议。(《玉田民会致孙段两电》,《益世报》1925年2月22日)

△　前清逊帝溥仪潜离北京抵达天津。

---

①　《盛京时报》亦刊载此则消息,言国民党内部的共产与非共产问题。(《国民党政治委员会近讯》,《盛京时报》1925年2月25日)

去年 11 月 5 日,前清逊帝溥仪迁出紫禁城后,初住旧醇王府,29日入避住北京日本公使馆藏匿。至是,日人使之潜离北京,抵天津日租界居住,仍在日人掌握中,日人处心积虑加以利用。不数年,日方即扶植溥仪为"满洲国"皇帝。(《中华民国史事纪要(初稿)——一九二五年一至六月》,第 138 页)是月 25 日,"北京反对清室优待大同盟"发表宣言,声明:倘以后溥仪有勾结遗老、扰乱民国之事,日本须负相当责任;并对段祺瑞不能预防溥仪行动咸表不满。(《民国大事日志》,第 1册,第 283 页)

2 月 23 日　许世英卧病德国医院已久,闻孙中山由协和医院迁入铁狮子胡同行馆,特于是午 1 时半,抱病至行馆慰问,由孙科、汪精卫接见。上午到行馆慰问者,尚有唐继尧代表周钟岳、徐之琛、马骢,安徽省工会代表张东野,贵州刘省长代表刘燧昌,西南出席善后会议代表褚辅成、严直方等。下午来行馆慰问者,有杭州女界国民议会促成会代表黄文霞、周自强,浙江国民会议促成会代表孙斌、安体诚,湖北萧耀南代表熊继贞,常德熊克武代表阎崇阶,国民党保定市党部代表张庭瑞,吉林国民会议促成会代表初兆声等。

唐继尧代表并面递唐氏亲笔手书一件,函谓:"上月奉公庚电,垂询各节,业经复陈匪略。嗣闻尊体违和,移入医院养疴,极深系念,曾专电敬叩兴居,想均得达座右。我公国家柱石,身系安危,务请加意珍摄,勿药早占,是所祝祷。年来国事蝈蟆,民生凋敝,言之实堪扼腕,兹幸人心厌乱,僭窃消除,段合肥出而执政,公亦命驾北征,薄海群情,喁喁望治。继尧远居边徼,情势隔阂,惟希望和平,同此心理。爰派云南盐运使周钟岳、外交司长徐之琛、军政司长马骢代表入京,参与会议,并饬到京时先叩崇墀,敬问尊恙,并聆训示,俾有率循,不胜翘企。"(《中山腹泻已止体又较弱》,《顺天时报》1925 年 2 月 24日)

△　是日香港电称:"联军许崇智部之张民达、莫雄、蒋介石等,于前日(二十一)各率所部由淡水方面取道永湖、三栋,进攻惠州之

南,二十二日拂晓,各部集中三栋,与陈军洪兆麟部实行接触,现尚在剧战中;前日(二十一)陈军熊略、练演雄部,由黄皮径败退,联军进至平山。一说联军已占博罗,昨日(二十二)更进攻惠州。"(《东粤之军讯》,《北京日报》1925年2月25日)胡汉民、许崇智皆致电汪精卫,捷报东江战事。(《中山军队又占平山》,《京报》1925年2月25日)

东方社是日广东电称:"孙派军中加兰将军以下俄人,于此次东江战事,出以积极的援助。被逼之陈炯明,乃令汕头省议会向加拉罕提出抗议,指为助长内乱,且令中国赤化,应请根据中俄协定,从速取缔俄国人参与军事行动云。按俄人参与广州政府攻陈军事之说,前已经中山方面否认之矣。"(《中山军队又占平山》,《京报》1925年2月25日)

2月26日,美国驻北京公使致电美国国务院称:"本地报纸报告陈炯明向苏俄驻华大使抗议,在广州孙中山的军队中有俄人出现。相信这些俄人是指赤俄。"(段云章、沈晓敏编著:《孙文与陈炯明史事编年(增订本)》,第857—858页)

△ 报称:"闻民党中人张我华者,昨向汪精卫氏举荐一中医汪蓬春氏,称汪氏对于孙病曾经研究,谓有治法,其法系以水獭肝为主,配合他药,可能疗此奇难之疾。又据汪医发表云,拟劝孙氏,宜吸少许鸦片,不但可以防变化,抑于治疗上,亦能收莫大助力等语。闻汪精卫氏对张我华氏举荐之汪医,允向孙夫人详细商酌,以便决定聘请否。并闻张我华氏举荐之汪医,在民二三年间曾任京师审判庭推事,于医学系属世传,故此极有研究。"(《孙中山出院后》,《中华新报》1925年2月23日)

△ 上海工团联合会接北京电讯,谓上海此次工潮,孙中山颇为关怀,已派定某君为代表,即日来沪,以期早日共谋解决。(《孙中山将派代表来沪》,《中华新报》1925年2月23日)

△ 全国各宗教信徒国民会议协成会致函孙中山,要求加入国民会议,谓:"各信徒有确切之信仰、通达性命原理者往往而是,

实为国民中优秀分子。本会全体公决,请先生迅速转达善后会议及国民会议筹备处,从速加入各教团体,万勿摈全国数千万信徒于国民之外。"(《宗教徒要求加入国民会议》,上海《民国日报》1925 年 2 月 23 日)

△　有宿迁县女子胡慕桢代父陈情,致函国民党总部,谓其父胡文爵"因公遭陷,判处无期,久困囹圄,已逾十年",请求总部转请孙中山拯救,代为昭雪其父冤狱。(《胡慕桢上总理函》,环龙路档案第10780 号)

2 月 24 日　是日颇感痛苦,病状进入危险阶段。国事、家事遗嘱定稿。

据汪精卫于 1926 年 1 月 4 日下午在国民党"二大"会议上的报告所言,是日医生告知家属、党人,谓孙中山已处于临危状态,若有要事需向其请示,现在已是时候。诸同志随即公推汪精卫、孙科、宋子文、孔祥熙四人请中山立下遗嘱。汪等先取得孙夫人宋庆龄同意,让她暂出病房。中山见四人进入病房,亦能察觉来意,遂令其进前直陈。汪精卫婉言:"当一月二十六日那天,先生进入病院,许多同志都责备我们,要请先生留些说话给我们。先生的病好了便无所谓,设使不好,我们还可以听先生的教训。我们知道先生是能够和病魔抵抗的,我们是愿意帮助先生抵抗这些病魔的。不过也想在你精神好些的时候,请你留这说话给我们,在十年、二十年之后也可以受用。"中山听后回答:"我生是有说话的。我死便由你们去做,也不必我说了。"汪等复恳请谓:"还是愿意听先生的话。"中山说:"我如果留下说话给你们,是于你们有许多危险的。现在许多敌人正在围困着你们,我死之后他们更向你们进攻。如果你们强硬对他们,是危险很大的。我看还是不说的好,好教你们能够对付环境容易一点。我要说出,你们便很难对付险恶的环境了。"汪精卫向中山表示:"我们晓得大部分同志都能够听先生的话。什么危险、什么生死问题,我们都不管。先生教训我们很久,也可以相信我们是不怕危险,不怕敌人的。"中山听

后,闭目点头,表示赞同,又说:"我已经著有许多书了。"汪精卫说:
"是的。你著的《建国方略》、《建国大纲》、《三民主义》及《第一次全国
代表大会宣言》,我们都要写上去的,但还想先生有些总括的话。"中
山即对汪等说明革命的方法:"要特别注重两点:第一点是唤起民众;
第二点是联合世界上以平等待我之民族,共同奋斗。"汪精卫随即记
下,并读给中山听过,中山表示认可。继又预备一张家事的遗嘱,由
汪精卫一字字念给中山听,中山也表示同意。众人原想即时请中山
签字,但中山这时听到夫人宋庆龄在房外哭得很哀,遂对汪等谓:"你
且暂时收起来罢,我总还有几天的生命的。"汪等不敢再请签字,便将
遗嘱折好带出,随即到政治委员会汇报遗嘱定稿的经过情况。(《中国
国民党第一、二次全国代表大会会议史料》上,第 183—185 页)①

　　△　上午赴行馆问候者,有国民会议江西促成会代表邓鹤鸣及
于右任、卢锡卿、吴永珊、赵铖桥等,卢锡卿并偕周、唐两中医同往,与
孙科、汪精卫讨论孙中山之病状及治法。孙行辕又接王揖唐 22 日来
电,慰问中山病况。(《孙中山昨日病又稍重》,《顺天时报》1925 年 2 月
25 日)

　　服陆仲安中药无大效,是日转请沪上名中医唐尧钦、周树芬合诊
开药。服唐、周合剂之后,不特未能止泻,反致小便短赤,排泄困难,
殊觉苦闷,饮食懒进。故自 26 日起停服中药,仍由克礼医生用西药
止泻利尿,各地名医所寄赠验方均不用。(《中西医报告孙先生病状》,上

---

　　①　关于政治遗嘱的成稿定稿情况,各家的记述与汪精卫的叙述有同有异。当事人
孙科及孙中山秘书黄昌谷的忆述,其谈话的内容与汪所忆大致相同,不过都谓政治遗嘱稿
是汪事先拟好的,在中山床前读给中山听后定稿的,未提及中山当时口述内容及汪于中山床
前拟就遗嘱之事。(参见孙科:《八十述略》,《革命人物志》第 13 集,第 50—51 页;《大元帅
北上患病逝世以来之详情》,《广州民国日报》,1925 年 5 月 16 日)遗嘱的见证人何香凝后
来的忆述,以及《向导》周报于中山病逝后的北京通讯,则都说该遗嘱是中山在床上口授,
由汪精卫当场笔录成稿的。何还称:"本来孙先生口述遗嘱中是'联合世界上被压迫民族
共同奋斗',汪精卫因知道许世英来过,不要得罪列强,就改写为'联合世界上以平等待
我之民族,共同奋斗'。"(何香凝:《回忆孙中山和廖仲恺》,第 42 页;罗敬:《中山去世之前
后》,《向导》第 108 期,1925 年 3 月 28 日)

海《民国日报》1925年3月3日;《中山先生停服中药》,上海《民国日报》1925年3月4日)

　　△　梅屋庄吉再次致函萱野长知,询问孙中山病情。3月11日,萱野就孙病情写了最后一封长信,详细叙述孙病情和治疗情况,内称"孙文生命垂危"。(《孙中山、宋庆龄与梅屋庄吉夫妇》,第105页)

　　△　《京报》刊载安徽省工会、唐继尧、林支宇等致孙中山电,慰问病况。(《孙中山先生昨日病况》,《京报》1925年2月24日)

　　△　训令大本营军政部长程潜,将黄文高殉难事绩追赠给恤,分别转行湖南政府备案,并崇祀湖南烈士祠,以彰义烈而示来兹。(《大本营公报》第6号,"训令")

　　△　京、津、粤、汉、皖、湘等处十工团诸代表,于下午3时齐赴铁狮子胡同招待处,慰问孙中山病况,经汪精卫接见。京汉路代表杨德甫等人向汪报告情况,并代表全体递交申请书一份,要求将共产党剔除国民党外。汪以此事须经委员会会议,方能答复。双方谈论约两句钟之久,代表乃与辞。(《服中药后之孙中山》,《中华新报》1925年2月26日)各省区工团代表上孙中山书,内容略谓:"操切行事,以本党为护符,而以共产党作宣传,以致本党有左右□派之分,渐逞破裂之象,不可一日容。"并列陈其等诸项罪名。(《全国工团请剔除共产党》,《中华新报》1925年2月28日)

　　△　北京日侨夜学会开演讲会于大和俱乐部,曾请戴季陶演讲。戴氏应其请,遂于午后五时前往该俱乐部讲演,题为"孙中山之革命与中国文化之复兴",以流畅之日语,约讲有二小时之长。其讲演大意谓:孙氏革命思想之根本目的,实在于排斥支配二千年来中国之政治、道德、法律以及社会民心之老子教,使真正之孔教复活。当时满堂听者莫不受其感动。讲演后,日侨有志者遂共宴戴氏于该俱乐部,尽欢而去。(《戴天仇之演说》,《顺天时报》1925年2月25日)

　　△　善后会议举行第三次大会。本日会议之议案共五件:第一案、续议《国民代表会议条例草案》(另交专门委员会审查);第二案、

移民计划消纳裁兵案(撤回);第三案、安插军队案(撤回);第四案、编制警备队案(撤回);第五案、禁烟案(保留)。(《善后会议昨开第三次大会》,《顺天时报》1925年2月25日)

2月25日　体气益趋衰弱,眠食俱减,神志仍清。(《哀思录》,"医生报告",第4—5页)

张静江等国民党要员及中医陆仲安,以《顺天时报》及《东方时报》所载中山病况有极失实之处,特发表辨明书。张静江等之辨正函谓:"本日《顺天时报》及《东方时报》登载中山先生病况栏内,有极失实之处,辩明如左:(一)谓党员见各报所载汪精卫电达广州大本营报告病状绝望之一电,皆为骇愕,《顺天时报》更引申为政治作用,须知病状绝望之报告,乃由协和医院代理院长正式致函中山先生家族及国民党党员者,汪君自有报告于广州大本营之义务,同志闻此报告,惊骇悲痛,固所当然,但与政治作用有何关系?(二)西医宣告绝望之后,改延中医,系当然之事。陆医生初剂见效,脚肿尽消,三剂之后,微患腹泻,陆医谓轻剂不能治重病,而重剂又不能消化,颇为棘手,故又加延唐、周两医。此皆侍病诸人共同意思,何能以之归咎于一人。以上两点余等皆认为有辩明之必要。务希登载为荷。此候,台安。张静江、李煜瀛、邹鲁、孙科、孔祥熙、宋子文同启。"

中医陆仲安之辨正函谓:"报载孙中山病状涉及鄙人一事。查中山先生在协和开割之后,召诊一次,已不能起床,胸部高肿,按之坚硬,色紫而黑,叩之如木声。气喘自汗,周身浮肿,两足尤甚。脉搏一百四十至一百六十,体温三十八度有零。西医已宣告绝望,中外报纸皆有记载。十八日中山先生问于西医:我何日能愈?西医摇首不答,先生遂由此决心出院。二月二十日又召余往诊,脉洪数,按之无根,舌光无苔,神倦气逆,胸部渐高,余症如前。余曰,脉症危殆,法在不治。嗣由李石曾先生言之至再。余以先生乃世界伟人,始应以勉尽智能,以期挽回于万一,遂约以三日为期,服药效否,再商办法。及至三日期满,腿肿已消,睡眠至八小时,精神渐佳,惟胸部高肿如前。余见本病已深,无法医治,当将实情报告大众,因是另请他人医治,由二十四日起,即未服余方药。惟先生本人及左右,均日日电召诊脉,以资参考,此实在情形也。按余于三日中,所拟药方,确有黄芪、党参二位(考《本草经》,黄芪气味甘,微温,无毒,主痈疽,久败疮,排脓止痛,大风癞疾,五痔鼠瘘,补灵小儿百病;人参气味甘,微寒,无毒,主补五脏,安精神,定魂魄,止惊悸,除邪气,明目开心益智),于先生病情,实为良药。在余治病三日期中,除本病外,凡有客病如眠睡、腿肿、精神,均见安好,并无若何变化(有克利医生报告为凭)。可见先生之病,并非黄芪、党参之误也。又载余劝周医生试开一方速即离京一节,实深诧异。按中山先生之病,余认为不治之症,与各西医意见相同。余既不能治,又何至阻挠他人不为之治耶? 此系传闻之误,合并声明。"(《可虑之中山先生病况》,《京报》1925 年 2 月 26 日)

是日汪精卫对新闻编译社记者谈中山之病,并言及民党内情,谓:"京、沪、粤三处中医均有延请,粤医未至,京医有诊视后不肯下药者,亦有谓尚须审慎实敢下药者,其已下药并已服数次者,惟陆医一人。陆医前曾治愈胡适之难治之症,适之亲为中山先生言之,最近治张静江病亦有奇效,故中山先生决服其药……至于改延中医之理由,甚为简单明了。中医学理不如西医,人所公认,特希冀其经验与方剂有万一得者。今西医已告不治,若不延中医服中药,其非束手待毙耶? 至于组设医师委员会之举,虽有人提议,然群觉其难行,盖西医对于此病诊断一致,巴黎、东京来电亦复相同,不独京、沪西医为然。周君常博士自上海来视,牛惠霖博士自上海来电,所论者无异致也。至于中医诊断,则言人人殊,欲求其得一决议实为至不易之事,如近日陆、周唐诸医之和衷商榷,或可收委员会之效果耳。"记者又问及政治委员会之组织及权限,汪精卫答曰:"去年八月,中山先生命在中央执行委员会内设政治委员会,复在政治委员会内设军事委员会。于此当注意者,所谓'中央执行委员会内',明其非在中央执行委员会之上或下也,其权限为辅助总理计划政治之进行。有中央执行委员会交议之件,亦有单独建议之件,有决议后请求中央执行委员会通过之件,亦有因事情紧急决议后径执行而请求中央执行委员会追认之件。政治委员为胡汉民、廖仲恺、伍梯云、戴季陶、邵元冲、瞿秋白及余七人。中山先生北来,随行者仅为季陶、元冲及余三人,已嫌过少,而中山先生二月六日入协和医院时,季陶、元冲皆在沪未归,故极以吴稚晖等数人加入。外间不明经过事实,以政治委员会为突然发生,误矣。"(《汪精卫谈中山之病与民党内情》,《京报》1925年2月26日)

△ 谢持偕德安前来视疾。其是日日记记载:中山先生"已于昨日下午改服唐尧钦、周子芳两医药云。中山先生病自廿三日变动,已濒危矣"。(谢持:《谢持日记未刊稿》第4册,第387页)

△ 电通社东京电讯称:"孙氏日友头山满及古岛一雄等,因闻孙病不治,特荐女按摩岛本女史于孙,以冀万一。该女史向善糜治百病,均奏奇效。然现在孙氏虽已来电招请,而该女则意颇踌躇。"(《孙中山昨日病又稍重》,《顺天时报》1925年2月25日)

△ 《京报》刊载国民会议江西促成会、广东众界国民会议促成会、广东女界联合会、王揖唐、黄明堂等慰问孙中山函电。(《中山先生昨日病势》,《京报》1925年2月25日)

△ 船务栈房工界联合会、上海学生联合会、宿县国民会议促成会等团体致函孙中山,慰问病况。(《各界慰问孙先生》,上海《民国日报》1925年2月25日)

△ 训令建国湘军总司令谭延闿,即饬湘军讲武堂克日让还所占广州番禺学宫西边乡贤祠、日新斋、节孝祠等处,给国立广东大学修葺整理为学生宿舍,以维教育;训令大本营军政部长、建国各军总司令、司令、军长等,以后如无大本营或各军总司令正式印文或印电,无论何人均不得强迫开用专车,违者究办。仰转饬所属一体遵照。(《大本营公报》第6号,"训令")

2月26日 胡汉民因孙中山病象转危,拟即入京省视。孙中山电告:"粤事重要,东江正有捷报,可勿来京。"(《孙先生心脏力颇强》,上

海《民国日报》1925年3月1日）

　　△　报称,孙氏改服中药及选择中医诸事,均由侍疾诸人如宋庆龄、孙科、李石曾、汪精卫、孔祥熙、宋子文、邹鲁等及孙氏老友张静江共同商定,然后再请求孙氏之许可,方见诸实行。孙氏主张坚决,遇事皆须自断,惟对张静江之意见,则极尊重,谓张久病知医,所见非常人所能及云。昨报记事,谓延医生由汪精卫一人主持,与事实殊不符也。（《孙行辕公布之中山病况》,《顺天时报》1925年2月26日）

　　△　萱野长知致函古岛一雄,报告孙中山病情。称:"孙公已知天命,镇定自若,继续与病魔斗争。若有同志来访,孙公即热心言及日支联盟、天下问题,众人恐加深其病势,不敢接近病床,仅近亲者及护士对其照顾侍候。孙公诚乃有精神之大丈夫矣。然而此种精神将持续到何时,着实令人担忧。小生现与戴天仇、山田、菊池等一同移居名为'大陆饭店'的支那人经营的西洋式旅馆。"（[日]久保田文次编:《萱野长知·孙文关系史料集》,第255页）

　　△　指令管理粤汉铁路事务林直勉,准予继续加收二成车利,以该款储为购料修路费用;准大本营财政部长古应芬呈请,免秘书岑念慈之职,另有任用,并任命陆幼刚为秘书。（《大本营公报》第6号,"指令"）

　　△　《香港华字日报》刊载报道,质疑联军东江捷报,称:"联军自淡水战事不利后,近虽有攻克平山之报,而孙政府尚不欲省报发表战事新闻,昨廿四晚国华报被检去新闻一连七段,某自称党报之现象报,亦因登战事新闻,几致被封停版,凡民间谈及战事者,指为逆党造谣,而各战事新闻,如非政府公报,则不得发表,观此可知省报所载出之战报,全系官报矣。"（《孙政府检查省报近志》,《香港华字日报》1925年2月26日）

　　2月27日　接受留学德国、专修精神医学的医生葛辛慈施以精神疗法。（包世杰:《孙中山逝世私记》,《档案与历史》1986年第1期）

　　△　报称:"中山北来后,卧病日久,医药费消耗浩大。段合肥以

孙氏首造民国,厥功伟大,故日前特令财部拨款二万元馈中山。财部迄今无款可拨,前日段乃令许世英向交通部商拨二万元,交部当即如数交许世英将款送往中山行辕,已蒙收下,并取得收条,回呈执政。段现已将该收条交财部转账。"(《孙中山病象渐见沉重》,《顺天时报》1925年2月27日)

此前有消息称,孙中山在天津养病时,先后四十日所耗之款共四万六千余元,按日平均计算,每日约需费一千六百余元。(《孙中山昨日病况》,《北京日报》1925年2月25日)

△ 冯玉祥来函慰问病况,并谓:"兹嘱内子赴京代候起居,务乞为国珍重,善自调摄,以期早占勿药,是所至祷。"(《冯玉祥夫人来京慰问中山》,《顺天时报》1925年3月2日)

△ 是日到行馆慰问者,有湖南国民会议促成会代表蒋兆骧,南洋国民党同志代表陈楚楠,安徽王揖唐代表曹经沅,及杨庶堪、石青阳、于右任、徐绍桢、林森、马君武、钮永建等。(《孙中山病势有略有转机》,《顺天时报》1925年2月28日)

△ 训令建国滇、粤、桂军总司令杨希闵、许崇智、刘震寰,黄埔军校校长蒋介石,即将各军自行所占用的电话线路交回广州电报局。嗣后通电须依该局电政监督指定的线路办理,免碍电政;训令广州卫戍总司令杨希闵,即将所设广州省河砖瓦炉泥运输保护处撤销,停止抽费以恤商艰;训令广东省长胡汉民、大本营军政部长程潜、滇粤桂联军前敌总指挥杨希闵,将军政部陆军医院、联军医院及野战医院限于3月10日前一律裁撤,各该院所有伤兵等人员分送各军后方医院或市立医院、公医院收养疗治。所需医药费等,由省财政厅负担。(《大本营公报》第6号,"训令")

△ 东征联军右军进占海丰。(毛思诚编纂:《民国十五年以前之蒋介石先生》第9册,第53—54页)

胡汉民是日致汪精卫二电,捷报"我军栋日占领三多祝,汪兆麟几被擒,俘获甚多";"三多祝一役,谢逆文炳伤腿,死二百余人,我军伤亡甚微,获枪千余,敌向海丰溃退,沿途奸淫杀掠。我军至,壶浆以迎。海丰指日可下"。(《粤联军占三多祝》,《北京日报》1925 年 3 月 2 日)

　　△ 《香港华字日报》刊载特约通讯,谈及陈炯明对国民党的态度,略谓:"陈竞存本人固视国民党为祸水,观于客岁底孙科南返,曾托杨西岩通款于黄强,提出调和条件,愿以广东军民两政还诸竞存,粤中当局请人北上办党,只要求竞存容许广东为国民党之策源地,亦为竞存所拒,则其对于国民党之态度,已可想见矣。"(《国民党之将来及政界最近之组党热》,《香港华字日报》1925 年 2 月 27 日)

　　△ 善后会议举行第四次会议。本日之会议中,张树元要求临时执政府说明胡景翼与憨玉琨两军在豫省战事的真相,并讨论整理财政案,惟无结果。(《昨日善后会议第四次大会》,《顺天时报》1925 年 2 月 28 日)

　　△ 《申报》刊载北京通信称,段祺瑞所切盼其来京之西南代表已来京,有唐继尧之代表周钟岳(惺甫)、徐之琛(葆权)、马骢(伯安),唐继虞之代表李华英(小川)、刘显世之代表刘燧昌(刚吾)、沈鸿英之代表岑德广(心叔)、李德麟之代表严端(直方)。有评论称:"唯其人数虽仅七人,而段祺瑞视之则不啻数千人,所以欢迎之者,较欢迎孙中山殆有过无不及。除饬沪宁、津浦、京奉三路特备专车迎迓外,并饬沿途军警加以保护,且令所过地方之长官如卢永祥、王揖唐、郑士琦等于其经过之际为之照料一切,同时并着齐岳英、沈成栻、任傅榜与之同载,护送来京,以云优异,诚可谓既优且异矣。不谓此间之善后会议,秘书处之张皇其事则更甚焉,甫得该代表团来京之报,即将中央长安、西安等饭店最优等客房预行包定作为该代表行馆,及该代表团登车首途,则将齐岳英、沈成栻、任傅榜报告行程之电随时油印散布。自该代表二十日上午七时由港出发,下午三时到宁,六时由浦口操乘津浦车,十二时到蚌埠,二十一日上午二时半到济南,以迄于今日上午十时抵京,皆无不公布者,因之此两日以内之京华遂几完全为滇、黔、桂代表来京之消息所占据,而政府居滇、黔、桂代表为奇货

之神情亦显然可见矣。"（《善后会议与西南代表》,《申报》1925 年 2 月 27 日）

2 月 28 日　是日报道称:苏人葛君自上海来,善电气按摩之术,为中山施治,经过良好,睡眠甚酣,胃力稍健;又有一王君,亦系上海民党推荐前来,为中山治疗者。现有葛、王、唐、周四医士,决定每日开一讨论会,讨论治疗之方法。（《孙中山病势有略有转机》,《顺天时报》1925 年 2 月 28 日）另据谢持本日日记记载,"为中山先生不服药之故,众赴铁狮子胡同与精卫谈话。午后访唐尧钦、周子芳"。（谢持:《谢持日记未刊稿》第 4 册,第 388 页）

△　训令大本营各部长、处长、监督、院长、所长、运使、司长等,各机关军政人员因公乘车不购车票,既为铁路章程所不许,自未便再任积习相沿,损及军政要需,仰即通令禁止,并饬所属遵照。（《大本营公报》第 6 号,"训令"）

△　中国国民党主张"取消一切不平等条约",外人疑忌,曲解为"排外"。广州大本营外交部长伍朝枢本日特宴请驻粤各国领事,解释取消不平等条约的真意,略谓:"中国要取消一切不平等条约,是排除帝国主义,并不是排除外国人;要自拔于半殖民地之中,并不是要驱逐外国人。"并称:"中国人今天只求脱奴隶而为朋友,不取消不平等条约,是无法做朋友的。"（《六十年来中国与日本》第 8 卷,第 88 页）

△　《北京日报》刊载广东快信称:"北京善后会议开幕后,段执政电致粤省孙陈双方,劝告停战。该电到达以后,一般人对于双方当局态度极为注意。联军方面,胡汉民、许崇智等前日接准段氏通电,曾在军事会议席上提出与联军各军长妥筹应付,结果以段氏通电,系根据善后会议所请求,惟善后会议未经国民党承认,且曾宣告否认该会决议之一切方案,为国人所共见。故对于段氏来电,认为与民党政策抵触,无答复之必要。其所谓请求停战一节更不成问题,故决定置不答复。而陈军方面,据汕头通讯报告,陈军对于段氏通电,曾以陈、林名义联衔电复,其内容异常含混,纯以敷衍为手段。其电文大致略

谓:敝军为促进和平解决纠纷起见,对于善后会议决议案极端尊重,当将段执政豪日电全录示前方各军将领一体周知,如对方停止攻击动作,不侵敝军防地,则敝军自当静守原防,听候解决,以符尊旨。"(《孙陈两军对段停战电之态度》,《北京日报》1925年2月28日)

△　湖南学生联合会电慰病况。(《学联会电候孙中山病状》,长沙《大公报》1925年3月1日)

3月

3月1日　移居铁狮子胡同行辕后,肝肿日渐增大。"照大体情形观察,孙中山病状,似较前益形衰弱。"(天津《大公报》1925年3月3日,"国内专电")医生"开始用卡而门药注射"。(《申报》1925年3月2日,"国内专电")

时有留学日本的山东籍医生王纶来书称:日本新近发明有一种驱癌注剂"卡尔门",建议不妨试用。行辕乃邀请王纶来京。经过查实确为新药,且经医药学家保证有效,家属及侍疾同志遂让王纶为中山治病,每日注射一次。是日,王为中山注射第一支"卡尔门"①。据云该新药须连续注射五次,方可知是否对症与有效。(《国父年谱(增订本)》下册,第1193页;《哀思录》初编,"病状经过",第6页)

另讯:中午汪精卫致电上海国民党党部云:"总理今晨精神稍佳,腹部体软,不如前日之胀闷,已稍进饮食。脉搏一一六,呼吸二十八,温度如常。"(《中山病状之电讯》,《申报》1925年3月2日)

△　是时,东征军右翼粤军张民达部攻克汕头,许济旅占领潮安,洪兆麟等残部向大埔、黄冈等地败退。(段云章、沈晓敏编著:《孙文与陈炯明史事编年(增订本)》,第859页)孙中山每醒即询东征战事情

---

①　包世杰《孙中山逝世私记》中称此事时间为3月5日,见《档案与历史》1986年第1期。

形,当左右告以粤军及军校教导团势如破竹,已进向潮、汕时,即谕应电令嘉奖。(《国父年谱(增订本)》下册,第 1193—1194 页)次日,胡汉民以中华民国陆海军大元帅名义发表命令,嘉奖东征作战将士。令谓:"前以曹吴祸国,出师北伐,尽撤东江之防,原示网开三面,冀其悔悟来归。乃陈逆炯明、叶举、洪兆麟等依附曹吴,怙恶作乱……本大元帅为国戡乱,爰命将兴师,深赖将帅戮力,士卒用命,不旬月间迭克名城要隘,潮汕指日可下。着前敌各军长官传谕嘉奖,激励有众,务于最短期间肃清残寇,奠定粤疆。"(《大本营公报》第 7 号,"命令")

△　许崇智、蒋介石致电汪精卫、孙中山告捷,联军已占领海丰。(《联军电告占领海丰》,北京《益世报》1925 年 3 月 9 日)

△　国民党察哈尔临时省执委会、中华民国学生联合会总会致函孙中山慰问病况。(《孙中山病况昨日无大变化》,《顺天时报》1925 年 3 月 1 日)

△　国民会议促成会全国代表大会定于是日举行开幕礼,并拟敦请孙中山、段祺瑞、汪精卫、李大钊、吴稚晖、褚辅成等数十名人及执政府各机关、各法团代表演说。(《国民会议促成会全国代表大会开幕通告》,《晨报》1925 年 3 月 1 日)

△　《申报》刊载本日北京特约通信称:"中山向不作颓丧语,哭之一字更谈不到,惟近年则多反常之行动。客春开国民党全国代表大会于广州,开幕日之晚,中山宴全体代表于西濠酒店,席上屡称:'现无他望,惟冀死得其所。'夏间某君因陈竞存有复归中山之耗,深恐己不利,亟思取得某长之位,以便从中梗阻。斯举既为粤人所极端反对,中山亦雅不愿有此纷更。经某某亲信一再坚持,中山愤然作色曰:'我让了他,与某某一同赴沪罢。'旋某某欲减少中山之痛苦,自动迭辞,某君之目的终达,此事随告一段落。数月后,中山在韶关营次与某总司令谈及此事,几哭失声。日前张静江氏入谒中山,尤痛不可仰〔抑〕。此或为不起之先兆。"(《中山之病及其他》,《申报》1925 年 3 月

5 日）

3月2日　病状无变化,惟体稍弱。徇左右劝,仍服中药。(《哀思录》,"医生报告",第 5 页;罗家伦主编、黄季陆增订:《国父年谱(增订本)》下册,第 1194 页)

△　指令兼督办广东治河事宜林森,即派员勘明东江河道,赶紧设法开浚以利军事进行。(《大本营公报》第 7 号,"指令")

△　冯玉祥派夫人李德全携亲笔函至铁狮子胡同行辕,慰问孙中山。(《孙先生病状无变化》,上海《民国日报》1925 年 3 月 3 日)次日,冯复以其家人手绣之匾,由其参谋长刘骥代表赍赠中山,匾上绣书一卷,书之右页,现"你们是世上的光"七字。(《孙行辕公布中山病况》,《顺天时报》1925 年 3 月 4 日)

△　广东商界国民会议促成会致电孙中山诸人,拥护国民会议。(《商界选出赴京代表之通电》,《香港华字日报》1925 年 3 月 2 日)

3月3日　上午来行馆慰问者,有绍兴国民会议促成会代表董秋芳、孙世优、张绍曾代表张绍程,及谢远涵、黄大伟、但懋辛、杨永泰等。(《孙行辕公布中山病况》,《顺天时报》1925 年 3 月 4 日)

△　广州革命政府东征攻势展开后,以粤军与黄埔教导团合组成之右翼军长驱东进,兵锋直指潮汕;而中路桂军及左路滇军却在博罗、增城等地徘徊观望。中山得知此消息后,即电东征联军总指挥杨希闵,令促中左两路军前进杀贼。电谓:"卧病兼旬,得闻捷音,胜于良药。右翼深入,击破洪、叶;须使中、左并进,乘胜击林、潮、梅可定,鄙怀固慰,亦兄等两年来之志也。望兄图之。"(《联军直趋潮汕大捷报》,上海《民国日报》1925 年 3 月 10 日)

△　报载,据民党某要人称:"陈炯明根据地在海丰,而海丰之汕尾兵工厂尤为陈军命脉,今既被我军(指孙军)占领,则东江肃清确已不成问题。陈炯明苟不就戮,亦必窜逃云云。此次孙军所以屡战屡胜,势如破竹者:(一)因大元帅正在病危中,而陈乘人之危突然进攻,军心愤激,故能一致讨贼,勇气百倍;(二)陈军健将林虎因与陈失和,

此次坚守赣边,不出一兵为陈后援,陈势愈孤,无法抵御;(三)平日我军出兵,所有后方运输往往为土匪所乘,此次出兵,所有后方警备均由黄埔之学生军担任,一切运输安然无阻,前敌接济毫无断绝之虞。有此三大原因,我军遂得以屡战屡胜,而获今日之结果。"(《粤省孙陈战事昨讯》,《北京日报》1925年3月3日)

△　善后会议举行第五次大会。此次会议中,广西代表动议,要求执政实行上月27日卢永祥呈请废除"军务善后事宜"一职。有两议案讨论无果:(一)整理财政案,因会员提出修正案,决定由政府修正后与各省代表接洽再议;(二)收束军事大纲案。(《东方杂志》第22卷第7号,1925年4月10日,"时事日志")

3月4日　是日来行馆慰问中山病况者,有段祺瑞代表蔡廷干、明德大学校长胡元倓及光云锦、熊继贞等。(《中山病状》,《顺天时报》1925年3月5日)行馆接到各方面慰问之函电,有中国国民党火奴鲁鲁总支部、广东省立女子师范学校第一区党部六区分部、中国国民党香山县执行部委员会、建国豫军总司令樊钟秀、山东菏泽县党部、湖南临时省党部等之来函。(《中山病况有起色》,《京报》1925年3月5日)

△　北京电称:"黄大伟抵京,往见孙中山,孙不见。"(《时报》1925年3月5日,"电报")

△　陈炯明军右翼因周潜率军在潮阳响应东征军,陈部决弃潮汕,向闽边退却。(《民国大事日志》第1册,第284页)粤军第七旅入普宁城。洪兆麟部李云复大股退畲坑,一股退丰顺;林虎部约三千人,以救海丰不及,而向横队渡回转。(毛思诚编纂:《民国十五年以前之蒋介石先生》第9册,第57页)

△　《日俄协议》中有苏俄承认朴次茅斯条约声明,北京临时执政政府外交部曾于2月11日向日俄两国驻华公使分别提出抗议。苏俄大使加拉罕于2月25日照复中国外交部,谓苏俄承认该条约,并不抵触中国之权利。本日,日本公使答复,谓日本依朴茨茅斯条约在满洲所得之权利,经中国于1905年中日条约承认,不因中俄或日俄交涉而

受影响。(《东方杂志》第 22 卷第 7 号,1925 年 4 月 10 日,"时事日志")

3 月 5 日 腹水渐胀,四肢日呈浮肿。(包世杰:《孙中山逝世私记》,《档案与历史》1986 年第 1 期)本日医生报告称:"病者腹部今日因水分微增略胀,但并未感受若何不适。"(《哀思录》初编,"医生报告",第 5 页)"据医者〔称〕,今仍须设法健胃,使血液之循环状态较有进步,然后此由于消化不良及血液循环状态不佳所致之水肿,方能逐渐消退。"(《中山病状之昨讯》,天津《大公报》1925 年 3 月 6 日)

△ 是日赴行馆慰问者,有山东省务改进社代表李泳,山东国民会议促成会代表延瑞祺,民治主义同志会张绍琦、何海、罗纯武,中华民国各团体联合会议代表虞植卿,安徽督理兼省长王揖唐等。(《中山先生昨日病状》,《京报》1925 年 3 月 6 日)

△ 发令特派廖仲恺驰赴东江慰劳前敌将士。谓:东征将士"旬月之间,迭克名城,潮汕底定,本大元帅嘉慰之余,弥念劳苦。兹特派大本营参议廖仲恺驰往东江,慰劳前敌各军。现在敌军屡败,精锐尽失,乘胜穷追,易就殄灭。务各努力前进,扫清余孽,用竟全功"。(《大本营公报》第 7 号,"命令")

△ 委任苏世杰为财政委员会委员。(《大本营公报》第 7 号,"命令")

△ 指令粤海关监督范其务,准将该署流交玉器移送慰劳会竞卖,款拨为慰劳军人之用。(《大本营公报》第 7 号,"指令")

△ 沈鸿英来电,请准予解除桂军总司令职。(《沈鸿英下野》,《晨报》1925 年 3 月 9 日)

△ 旅德商会、工余学会等十一团体致电孙中山、段祺瑞诸人,赞成国民会议。(《旅德学界代电》,上海《民国日报》1925 年 3 月 5 日)

3 月 6 日 国民党上海党员洪鼎等致电孙中山、段祺瑞诸人,称溥仪妄思复辟,背叛国家,请予以严重警戒,使之觉悟。(《洪鼎等请警戒溥仪电》,上海《民国日报》1925 年 3 月 7 日)

△ 报称,南洋群岛英荷两属之华侨,因闻中山病剧,特举前南洋同盟会正会长陈楚楠慰问,陈氏业于前日过沪晋京。(《华侨慰问中

山代表晋京》,《申报》1925 年 3 月 6 日)

△　《京报》刊登各方慰问孙中山函电,有湖南省党部、广州新学生总社、中华民国各团体联合会、上海水果地货商业友谊联合会、广饶旅外同志会、山东省务改进社、南京学生联合会等之致函。(《中山先生昨日病状》,《京报》1925 年 3 月 6 日)是日亦有湖南常德青年艺术研究社、国立北京美专学校国民党团致函孙中山慰问病况。(《中山先生病体略弱》,《京报》1925 年 3 月 7 日)

3 月 7 日　是日赴行馆慰问者,有段祺瑞代表蔡廷干,上海天潼、福德两路商界联合会代表虞高基,及梁士诒、阮忠桓、姚雨平、徐苏中、李烈钧、于右任、徐谦。并收到胡思舜发自广东之慰问函。(《中山先生昨日病势略轻》,《京报》1925 年 3 月 8 日)

△　令大理院长兼司法行政事务吕志伊、广东省长胡汉民,即行取消陈炯明在澄海擅设之高等审检分厅,所有积案移归广东高等审检两厅分别办理。(《大本营公报》第 7 号,"训令")

△　广州大本营医官李其芳是日奉召离粤北上,惟至沪而闻噩耗。据李其芳挽联所记,谓:"至本月七日奉电急召,行抵沪滨而哀电至矣。抚棺恸泪与恨俱。"(罗刚编著:《中华民国国父实录》第 6 册,第 5015 页)

3 月 8 日　病情仍无大变化,惟自 5 日起腹部渐积水,排泄渐感困难,四肢时呈浮肿现象,动作困难,睡眠不安,中西医皆束手无策。(《中山腹部水肿益甚》,天津《大公报》1925 年 3 月 9 日;包世杰:《孙中山逝世私记》,《档案与历史》1986 年第 1 期)

△　是日赴行馆慰问者,有桂林国民会议促成会代表冯冠伦、叶光华,梧州国民会议促成会苏烈、何予淑、苏民蒙、卓凡,广西联合总工会代表李天和,国民党梧州市党部代表李血泪,国民党北京市党部代表姜绍谟,广西李宗仁、黄绍雄代表严直方,及沈兼士、谢持、吴永珊等①。又闻梁士诒到京后,对于中山病状甚为注念,前日谒段

---

①　据《京报》报道,尚有马叙伦、蒋梦麟、卢师谛、刘成禺、石青阳、杨庶堪,及方声涛代表马玉仁等。(《中山先生病体仍衰弱》,《京报》1925 年 3 月 10 日)

之后,即到铁狮子胡同慰问中山病状。(《中山病况昨日略重》,《顺天时报》1925年3月10日)

　　△　冯自由、张继、彭养光等人发起成立"中华民国国民党同志俱乐部"。

　　《申报》报道称:由冯自由、张继、乔义生、于右任、张知竞、卢师谛、邓家彦、徐谦、褚辅成、刘成禺、梅光培、黄大伟、朱卓文、彭养光、于洪起、李书城、吕复、贺之才、郭泰祺等所组织之"中华民国国民党同志俱乐部",于是日开成立大会,并通过简章七章二十九条,以为右派民党之总机关。同时且以中央执行委员会中人除外。而中央执行委员会之左派民党如汪精卫、邵元冲、李石曾等,则亦用中央执行委员会名义登报,否认国民党同志俱乐部系民党分子之集合体,且谓其中并无一民党,其他有力者,将搏老同盟会之半数为一团,而自树一帜。(《孙中山之身后问题》,《申报》1925年3月16日)

　　1924年1月,中国国民党第一次全国代表大会举行之后,冯自由极力反对容共政策,迫于左派分子的压力,举家离粤至上海。冯在沪仍以个人身份从事反共运动,曾与章炳麟等发表护党救国公函。孙中山北上后,冯亦转至北京联络同志,仍拟请求中山取消容共。1925年1月,冯自由等在北京成立"拥护国民党同盟会",并上书孙中山,请求驱共。本日,在北京大学第三院召集"中国国民党同志俱乐部"成立会,并发表宣言,号召反共。惟其组成分子复杂,以是未能获致党人普遍谅解。后冯自由因反共而被开除党籍,至1935年方恢复。(罗刚编著:《中华民国国父实录》第6册,第5016页)

　　△　广西国民会议促成会来函慰问病况。(《中山病状与驱癌药液》,《京报》1925年3月9日)

　　△　在粤滇军将领杨希闵、范石生、胡思舜等致电孙中山、段祺瑞诸人,称唐继尧"公然称兵越境,勾结匪徒,压迫邕、宁,阴图两粤,

以成其联省自治之迷梦",请一致讨唐。(《在粤滇军将领通电讨唐》,《盛京时报》1925 年 3 月 21 日)此前亦有报称:唐继尧军队陆续入桂,"确系赞助陈炯明联治的主张"。(《杨范对滇唐入桂之迎拒态度》,《香港华字日报》1925 年 3 月 3 日)

3 月 9 日　是日医生报告称:"病者因腹部所积水分增加,益见衰弱。"(《哀思录》初编,"医生报告",第 6 页)夜里睡眠欠安,"梦中谵语,此为患病后之第一次","呼吸转急"。(《孙先生病状危急》,上海《民国日报》1925 年 3 月 11 日)日食稀粥、牛肉汁、牛奶、鸡蛋等滋养品。由孙科、汪精卫轮流侍疾。(《淹缠不起之中山病势》,天津《大公报》1925 年 3 月 10 日)

△　两广盐务稽核所经理宋子文上孙中山呈文,略谓:"前因潮汕地面为逆军盘据,以致潮桥稽核支所未能接收。现在潮汕底定,盐款为收入大宗,自应早日收回,以重国税。"(《大本营公报》第 8 号,"指令")

△　准大本营内政部呈科长梁桂山呈请辞职。(《大本营公报》第 7 号,"命令")

△　广州大本营发表对于农民运动第二次宣言,强调为实现三民主义,"谋最大多数人民之最大幸福起见,对于农民利益自当竭力拥护";苟有再事仇视、摧残农民及农会利益者,政府将严惩不贷。(《中华民国史资料丛稿·大事记》第 11 辑,第 40 页;《政府第二次对农民运动宣言》,上海《民国日报》1925 年 3 月 22 日)

△　国民党上海第五区第十九分部来电,慰问病况。(《慰问孙先生病状电》,上海《民国日报》1925 年 3 月 9 日)

△　是午 3 时半,电报通讯社记者赴吉兆胡同访段祺瑞,问及"阁下对于孙文之国民党,以期何程度相提携"。段祺瑞答曰:"予与孙先生所统率之国民党,自努力相为连络,国民党果以笃正之直道而行,予无不愿提携从事。但如□向共产之邪道而趋,则余不能不反对矣。"(《段祺瑞之谈话》,《晨报》1925 年 3 月 10 日)

3 月 10 日　是日医生报告称："病者病情日益危险,体力渐次消失,水肿亦增剧。"(《哀思录》初编,"医生报告",第 6 页)神志昏迷,饮食大减,情况颇为危险。(《孙先生病状危急》,上海《民国日报》1925 年 3 月 11 日;《中山病笃矣》,天津《大公报》1925 年 3 月 11 日)

△　停注"卡尔门"药液。克礼医生宣告中山之病已入危境。(包世杰:《孙中山逝世私记》,《档案与历史》1986 年第 1 期)中山除不思饮食外,体温犹如常,惟脉搏加快,有时每分钟达一百五十至一百六十次,呼吸极形减缓,有时只十八次。至晚,神色颇现疲惫,显见已无法支持。(罗家伦主编、黄季陆增订:《国父年谱(增订本)》下册,第 1195 页)

是晚,王纶医生致函汪精卫、孙科,略言此次注射"卡尔门"药液事,谓:"此次奉命来京诊治总理之病,阅时已有两周。注射驱癌药水,亦有七次。前数次之注射,虽呈佳象,后二次注射,毫无效果之可言。就此点观察驱癌药液,对于总理之病,决无全治之效,可想而知。自此以后,实无再注射之必要,徒滋劳顿,无裨于病。对总理实抱隐忧,对前辈殊深惭愧。恨无回天之术,以药不治之疾。笔注及此,不禁悲从中来。总之总理之病,豫后不良,无可讳言,纵纶多留数日,无裨于事。"并告以拟于明日束装回济南。汪精卫、孙科于次日复函王纶医生,对其远道来为孙中山视疾深表谢意,并谓:"弟等于此时间,坚留先生勿遽离开,先生虽对于病者已告失望,然倚藉于先生者仍甚殷也。"(《中山先生病势沉重》,《京报》1925 年 3 月 12 日)

△　汪精卫致电国民党本部云:"总理昨夜梦中谵语,此为第一次神思不清,体气甚弱,医云,腹水增涨,情势危急。"(《孙中山病势危急》,《时报》1925 年 3 月 11 日)

△　胡汉民致电汪精卫,报告东江战事谓:"我大军以歌日占揭阳,六日占潮阳,七日占潮安,八日入汕头,陈逆十四日已投兵船,厦来有三舰,故不遽遁。及潮安为我占领,逆始悉逃,大抵分窜黄冈之河霸等处。"据报道,潮汕两地均于本月 7 日为中山军队所恢复。恢

复潮汕后,陈炯明军败兵即分两路溃逃,一由陆路逃往梅山,一由水路逃往闽南。汕头方面秩序今已将次恢复。又据外人方面消息,现广州东江之战事,虽已告一段落,而粤桂交界之处,则恐又将发生剧战,范石生因唐继尧之军队已入广西将至广东,业率所部滇军前往梧州为迎击之计,豫料不久当即发生冲突。(《粤省近日之军讯》,《北京日报》1925 年 3 月 12 日)

△ 训令建国北伐军总司令、滇、粤、湘、桂军总司令,即将各军所存旧废枪,择其较好者各检集百枝或数十枝,径行拨交国立广东大学作教授体操之用;训令广州市军警督察处督办杨希闵,查军队巧立名目抽收杂费,迭经严令禁止在案。仰该督办立将暂收水上区巡查费取消,免滋扰商,勿稍延违,仍将遵办情形报查。(《大本营公报》第 7号,"训令")

△ 本日之善后会议第六次会议,以到会者不足规定人数,改开预备会,决定河南战事尚未平息,应自休会一星期,以促各方反省。(《东方杂志》第 22 卷第 7 号,1925 年 4 月 10 日,"时事日志")

△ 上海国民会议促成会、海员工会等四十三公团发表电文,反对执政府所拟之国民代表会议条例。(《各团体反对国民会议条例》,《中华新报》1925 年 3 月 10 日)

△ 维经斯基在《真理报》发表《国民党军队战胜陈炯明的意义》,称:"此次胜利确实意义重大,它必将直接影响华南乃至华中与华北的革命运动。在孙中山革命政府成立后的整个时期,即在两年多的时间里,陈炯明阵线一直威胁着这个政府的首都广州,因此,消灭了陈炯明,不仅是对中国大商人(买办)大地主与富农的反革命运动的致命打击,而且也是对组织和资助这个运动的英帝国主义者的致命打击。陈炯明阵线是经常悬在中国南方这块革命运动基地之上的达摩克里斯利剑。广州以外的一切反动力量都麇集在陈炯明周围,广州市内及其近郊的一切反革命力量也都与他有联系。广州政府的军事问题就是反陈炯明的斗争……通常是,每当反动军阀吴佩

孚在华北或华中的势力得到加强时,陈炯明就向南方革命政府的辖区发动进攻……去年夏天,商团军('纸老虎')在广州酝酿叛乱反对孙中山政府时……商团军司令部既同香港的英国人有联系,也同陈炯明有联系。"(中国社会科学院现代史研究室编译:《维经斯基在中国的有关史料》,第 105—106 页)

3 月 11 日　签署国事、家事遗嘱及致苏联政府遗书。

是日晨,神志清醒。8 时许,廖仲恺夫人何香凝入病室探望,发现中山眼睛已开始散光,急出告汪精卫:"现在不可不请先生签字了。但顶困难的是:有什么方法使孙大人能忍耐些时呢? 因为先生生平是最仁爱的,他若见了夫人在旁边哭,他一定是不肯签字,致令夫人伤心的。"汪以为然。何香凝又出告宋子文谓:"遗言中尚有致孙夫人者,今日不签,迟恐不及。"汪精卫即召拢中山家属及在京侍疾党人宋子文、孙科、邹鲁、邵元冲、孔祥熙、吴稚晖、何香凝、戴季陶、戴恩赛等,与夫人宋庆龄一同来到中山病榻旁,时为中午,快要吃饭的时候①。汪精卫赶紧从衣袋拿出两份遗嘱,呈给中山。孙科则取下随身所佩带之钢笔递上。中山因为手力很弱,握笔颤抖不能自持,孙夫人宋庆龄含泪用手托着其手腕,在两份遗嘱上都签上"孙文,3 月 11 日补签"。中山签名毕,汪精卫在笔记者下面签名。在场其他人员宋子文、邵元冲、戴恩赛、孙科、吴敬恒、邹鲁、何香凝、孔祥熙、戴季陶等九人,则在证明者下面签名。(《中华民国史档案资料汇编》第 4 辑上册,第 269—270 页;何香凝:《自传初稿》,《双清文集》下卷,第 201 页;《千古一瞥时之孙先生》,上海《民国日报》,1925 年 3 月 16 日)

又此时英文秘书陈友仁临时提出一英文稿,为致苏俄遗书,系陈与鲍罗廷起草,由宋子文口诵一遍,即请中山签字。此文件为长篇英

---

①　关于签遗嘱之时间,依何香凝忆述。有些资料所记时间不一,如包世杰谓在 11 日晨 1 时。(包世杰:《孙中山逝世私记》,《档案与历史》,1986 年第 1 期)上海《民国日报》则称在是日晚上。(《千古一瞥时之孙先生》,上海《民国日报》,1925 年 3 月 16 日)

文稿，提出在匆促之间，故当时党内同志认为未当，异议甚多①。（罗刚编著：《中华民国国父实录》第 6 册，第 5019 页）

孙中山签署的国事遗嘱全文为：

"余致力国民革命凡四十年，其目的在求中国之自由平等。积四十年之经验，深知欲达此目的，必须唤起民众及联合世界上以平等待我之民族，共同奋斗。

"现在革命尚未成功。凡我同志，务须依照余所著《建国方略》《建国大纲》《三民主义》及《第一次全国代表大会宣言》，继续努力，以求贯彻。最近主张国民会议及废除不平等条约，尤须于最短期间促其实现。是所至嘱。"

---

① 《致苏联政府遗书》是否是在正确反映孙中山遗志的基础上形成、签名的，一直颇有争议。之所以如此，是由于此封文书带有极浓的左派色彩与亲苏色彩，故从其产生之始便被放在了"亲苏—容共""反苏—反共"的国民党内部政治路线对立的座标上。后世史家由于立场的不同，也对其保留着不同态度。大陆学界一般把《苏联遗书》看作是与《国事遗嘱》《家事遗嘱》价值同等的著作；台湾学者则强调《苏联遗书》没有经过与前两份文件相同的手续，缺少作为"遗嘱"的条件，"断难与前十六天即已定稿，且经高级负责同志详慎讨论后决定之中文遗嘱稿相提并论"。在台湾编辑、发行的《国父全集》，一直未把《苏联遗书》收录其中。

孙中山逝世后的次日（3 月 13 日），《晨报》等北京各报刊报道了孙中山逝世的新闻，并公布《国事遗嘱》与《家事遗嘱》，但《致苏联政府遗书》却未被同时报道。初次报道《苏联遗书》的，是苏联的《真理报》，3 月 14 日该报以"北京 12 日罗斯塔电"的形式公布了《苏联遗书》的俄文译文。两天以后，巴黎的路透社电提到这一报道，国内报刊因而获知了孙中山留有《苏联遗书》一事。3 月 16 日的《申报》及《民国日报》都移译转载此消息。3 月 17 日罗斯塔北京分社向中国国内发布《苏联遗书》，18 日北京的英文日刊《东方时报》（*Far Eastern Times*）登载了其英文版，同日《顺天时报》登载了其汉译版，《苏联遗书》的全文才在国内得以目睹。中文版的《苏联遗书》不久便由上海的《时事新报》（3 月 21 日）以及中共党报《向导》（3 月 28 日，第 108 期）转载，广泛流传开来。而国民党报刊对《苏联遗书》的公布并不积极，盖受右派的制约。一直到 3 月 31 日，《广州民国日报》才报道了《苏联遗书》的全文。《致苏联政府遗书》原件上确有孙中山的亲笔签名，且有宋子文、汪精卫、何香凝、孙科、戴恩赛、邹鲁和孔祥熙签名作证，说明了其最后得到了孙中山的同意，国民党的领导人们也认可这是孙中山的遗言。然而《苏联遗书》上只有 3 月 11 日的签名日期，并非与《国事遗嘱》和《家事遗嘱》同时形成于 2 月 24 日。石川祯浩在研究中分析道：这封文书的签署，应是在孙中山临终之时，身边人士于孙中山在《遗嘱》上签名之际当场提出的，是针对当时国民党内部反苏反共活动的一种谋略，欲以孙中山遗命的形式对之加以抑制。（〔日〕石川祯浩：《关于孙中山致苏联的遗书》，《纪念孙中山诞辰 140 周年国际学术研讨会论文集》上，社会科学文献出版社，2009 年）

家事遗嘱全文为：

"余因尽瘁国事，不治家产，其所遗之书籍、衣物、住宅等，一切均付吾妻宋庆龄，以为纪念。余之儿女已长成，能自立，望各自爱以继余志。此嘱。"(《哀思录》插页，原国事、家事两遗嘱签字后影印件)

致苏联政府遗书全文为：

"苏维埃社会主义共和国大联合中央执行委员会，亲爱的同志：

"我在此身患不治之症，我的心念，此时转向于你们，转向于我党及我国的将来。你们是自由的共和国大联合之首领。此自由的共和国大联合，是不朽的列宁遗与被压迫民族的世界之真遗产。帝国主义下的难民，将藉此以保卫其自由，从以古代奴役战争偏私为基础之国际制度中谋解放。我遗下的是国民党。我希望国民党在完成其由帝国主义制度解放中国及其它被侵略之历史的工作中，与你们合力共作。命运使我必须放下我未竟之业，移交于彼谨守国民党主义与教训而组织我真正同志之人。故我已嘱咐国民党进行民族革命运动之工作，俾中国可免帝国主义加诸中国的半殖民地状况之羁缚。为达到此项目的起见，我已命国民党长此继续与你们提携。我深信：你们政府亦必继续前此予我国之援助。

"亲爱的同志，当此与你们诀别之际，我愿表示我热烈的希望，希望不久即将破晓，斯时苏联以良友及盟国而欣迎强盛独立之中国；两国在争世界被压迫民族自由之大战中，携手并进以取得胜利！

"谨以兄弟之友谊祝你们平安！"(《孙中山致苏俄遗书》，《向导》第108期，1925年3月28日)①

△　与夫人宋庆龄及侍疾诸党人谈话，嘱继续奋斗，并告身后之事。

是日签署遗嘱前后，清醒时即环视左右，与守护身边的宋庆龄、

---

① 《盛京时报》1925年3月21日曾以《俄方所传之孙中山遗书》为题移译刊载该遗嘱，所据为华俄通信社消息。

汪精卫、何香凝等作断断续续之谈话。签字之前，曾询汪等广东战事状况如何。汪告以潮汕各处已克，陈逆炯明败走香港等语，中山听后欣慰，口谕汪等："可电告汉民，千万勿扰百姓。"并谓："余此次来京，以放弃地盘谋和平统一，以国民会议建设新国家，务使三民主义、五权宪法实现。乃为痼疾所累，行将不起。死生常事，本无足虑，但数十年为国奔走，所抱主义终未完全实现。希望诸同志努力奋斗，使国民会议早日成立，达到三民、五权之主张，则本人死亦瞑目。"左右亦皆掩泣不止。下午精神好些时，又与夫人宋庆龄谈话，略谓死后"愿照其友列宁之办法，以防腐药品保存其骸，纳诸棺内"，遗体"可葬于南京紫金山麓，因南京为临时政府成立之地，所以不可忘辛亥革命也"。又多次对着何香凝叫"廖仲恺夫人"，何香凝闻声与孙夫人一同到病床前，中山叮咛谓："仲恺不可离广东，请勿来京。"又以手指夫人宋庆龄曰："彼亦同志一份子，吾死后望善视之，不可因其为基督教中人而歧视之。"何伤心掩泪对中山说："我虽没有什么能力，但先生改组国民党的苦心，我是知道的，此后我誓必拥护孙先生改组国民党的精神。孙先生的一切主张，我也誓必遵守的。至于孙夫人，我亦当然尽我的力量来爱护。"中山听后，潸然握住何香凝的手谓："廖仲恺夫人，我感谢你。"中山之有此特嘱，似因廖仲恺为反基督教运动之人。当天，还对侍立床旁的诸党人谓："我他无所惧，惟恐同志受内外势力的压迫，屈服与投降耳……我死了，四面都是敌人，你们是危险的，希望你们不要为敌软化！"晚上 8 时以后，又讲了许多话，或中文，或英语，频频反复说的就是："和平，奋斗，救中国！"（《孙先生昨晨逝世》，上海《民国日报》1925 年 3 月 13 日；《千古一瞥时之孙先生》，上海《民国日报》1925 年 3 月 16 日；《共和国元勋孙中山死矣》，《顺天时报》1925 年 3 月 13 日；何香凝：《回忆孙中山和廖仲恺》，第 43 页；《中华民国史档案资料汇编》第 4 辑上册，第 270 页）

　　△　据随侍病榻地李荣忆述：11 日午，孙中山曾猝发谵语。至四时三刻，中山先呼阿荣（即李荣），继呼阿平（长孙治平，孙科之长子）。

治平至榻次,中山紧握其手抚之曰:"乃公病剧,小子毋扰我,待病瘥当偕汝出游。"治平甫外出,复呼李荣和马湘,嘱咐李荣紧抱其头部,马湘捧其双足,将全身提放地上,两人踟蹰未敢奉命。适孙夫人宋庆龄闻言,以英语问中山:"亲爱的汝要如何?"答云:"我要在地上一睡。"夫人云:"地下冰冷睡不得的。"中山说:"我不怕冷,最好有冰更妙。"夫人闻言侧面垂泪,悲怆不已。中山温慰说:"达龄(即'亲爱的'之西语——原注)汝不用悲哀,我之所有即汝所有。"夫人答:"我一切都不爱,爱者惟汝而已。"言时哽咽,微顿其足。中山答:"此即难言。"夫人益悲,泪如雨下。是时适廖仲恺夫人何香凝入内,中山以粤语问:"仲恺、铁城何在?"廖夫人答云:"均在广东。"中山谓:"你最要通知仲恺,办教育自教育,办党务自党务,不能混而为一,务须分别办理。"廖夫人答:"我会知会他。"中山又云:"你今后要照顾夫人(指孙夫人)。"同时宋子文入内用英语讲话,提及李荣与黄惠龙、马湘三人,中山云有革命政府一天,须维持其一天,勿令所失。互谈约四十分钟。继与孔祥熙略谈,复转粤语与孙科、李烈钧谈。至晚8时30分钟止,始终语不及私。(李荣:《总理病逝前后》,尚明轩等编:《孙中山生平事业追忆录》,第649—650页)

△　自证为基督徒,勉孙科等亦当与魔鬼奋斗,更当信上帝。

卢夫人于答复香山商会查询中山生平之信中,其末段有云:"科父返天国,得闻离世前一日,自证我本基督徒,与魔鬼奋斗四十余年,尔等亦要如是奋斗,更当信上帝。此乃科儿手书所言。"(黄季陆:《国父生辰的再考证》,《传记文学》[台北]第11卷第3期)

后来徐谦在唁词中称:"当民六护法之役,我任广东政府之秘书长,与孙闲谈时,孙亦云彼是基督教徒。当时我问为何不到礼拜堂去做礼拜。他说我是革命党,恐行动上与基督教以不便故,只中心崇拜。"(《孙中山殡仪纪详》,《申报》1925年3月23日)

△　是日各方因中山病危,来行馆慰问者益众,有叶恭绰、郑洪年、马叙伦、王正廷、许世英、徐绍桢、谢持、于右任、杨庶堪、石青阳、

黄大伟、马素、吴稚晖、陈少白、焦易堂、卢师谛、赵铁桥、刘成禺、陈友仁等百余人。(《孙中山病已危在旦夕》,《顺天时报》1925 年 3 月 12 日)

　　△　全国国民会议促成会代表大会,是日下午在中央公园举行茶会后,即推举代表刘蔚如、李天和等十八人,于下午 6 时至行馆慰问中山病况,邹鲁负责接见,并报告中山病况经过,及最近病危之情形。(《国民会议促成会代表慰问中山先生》,《京报》1925 年 3 月 12 日)

　　△　《盛京时报》刊载报道称:"中山病况,兹悉中山左右,深以不测为虑。前有人向中山询问继任总理。中山之意,以尤烈为宜(尤,粤人,受赞革命,富有资财,为至义堂首领)。而国民党中学界一派主张蔡子民,有一派则以为将来总理,非有实力不可,故有拟及冯玉祥者。而章太炎及亲唐派,则又拟举唐绍仪。观章、唐新近成立之辛亥同志俱乐部,即为将来取得总理之先声,然究不知鹿死谁手。闻以上诸人,中山均不以为然。"(《中山属意之继任总理人》,《盛京时报》1925 年 3 月 12 日)另有报称,国民党总理孙中山在世时,虽有尤烈继之之说,乃尤在南洋,虑难遥领。(《益世报》1925 年 3 月 14 日,"专电")

　　△　是日医生报告称:"病者状况较昨日更恶,腹中水分增加,不得不取出,以减少压迫与呕吐,昨夜颇安静,惟已渐不愿进食。"(《哀思录》初编,"医生报告",第 6 页)克礼医生于晚上施手术放去腹水,始略得安宁。夜 12 时,克礼医生对守护彻夜之孙夫人及诸党人谓:"先生的脉搏已散,快就要去世了。你们要注意了!"(包世杰:《孙中山逝世私记》,《档案与历史》1986 年第 1 期;《中华民国史档案资料汇编》第 4 辑上册,第 270 页)

　　3 月 12 日　上午 9 时 30 分病逝于北京铁狮子胡同行辕。

　　凌晨 1 时 30 分,转侧甚繁,喉中哼哼作响,状极呈不安。看护妇进麦秕汤少许,多流出牙床外。3 时 10 分复醒,喘愈甚,以手抚胸不止,入气甚微,手脚变凉。8 时 35 分再醒,看护妇为之进牛乳,不能启齿。行辕秘书处即电话通知在京各要员齐集行辕。9 时 10 分,段祺瑞所派代表许世英前来慰问,紧握中山手。中山两目向上直视,已不见瞳子,许急退回报段氏。中山于弥留之际,犹口呼"和平""奋斗"
"救中国""国民会议""同志奋斗"等数语,声至朦胧,几不可辨,时约
9 时 20 分。须臾,呼汪精卫上前,欲有所言,惟无声音;又微以手示
意孔祥熙,无语。汪请中山安睡。时中山面容益转灰白色,手脚渐
冷,不能动弹,延至 9 时 30 分,溘然长逝。

孙中山临终时,孙夫人宋庆龄、孙科夫妇、汪精卫、戴季陶、李烈
钧、林森、李石曾、石青阳、于右任、杨庶堪、邹鲁、邵元冲、叶恭绰、黄
昌谷等,以及日本友人山田纯三郎、菊池良一、萱野长知、井上谦吉侍
立床侧守护。(《孙中山逝世私记》,《档案与历史》1986 年第 1 期;《孙先生昨
晨逝世》,上海《民国日报》1925 年 3 月 13 日;《共和国元勋孙中山死矣》,《顺天
时报》1925 年 3 月 13 日)

孙中山既逝,侍从林耀光即为遗体整发修容,夫人频以手拭中山
双目使闭。孙科与协和医院商妥,先将遗体移往医院,以便施行防腐
手术,藉得永久保存。本日午 12 时 30 分,覆盖国旗、党旗于遗体,用
软床舁出正寝,吊者数百人分立两侧,行三鞠躬礼,行礼毕,即移上红
十字会救护车驶往医院,除孙科及克礼医生在车维护外,随行恭送者
数百人,状至肃穆。车抵医院南楼,医生等乃先用防腐药水敷抹遗
体。惟施行手术尚需时日,遂留侍从武官马超俊、邓彦华、李荣、李朗
如、李仙根、赵超、梅光培、刘季生等八人在侧守视。(罗刚编著:《中华
民国国父实录》第 6 册,第 5024 页)

△ 孙中山逝世后,即由李石曾、李烈钧、喻毓西、汪精卫等在大
客厅集议,决定成立"孙中山先生北京治丧处",并分别职务。治丧处
主任人员为于右任、吴稚晖、孔庸之、李石曾、汪精卫、邹海滨、宋子
文、林森等。治丧处暂分秘书股、招待股、事务股,由汪精卫、李协和、
孔庸之分任主任。(《孙中山先生逝世》,《北京日报》1925 年 3 月 13 日)又该
处以丧仪礼节等在有研究举行之必要,以免有辱中山之遗意,由治丧
主任会议函请徐固卿、张溥泉、周惺甫等为指导员。(《痛悼孙中山先
生》,《京报》1925 年 3 月 14 日)

△　孙中山灵柩决由国民党党员自行抬送,不用杠夫,以表尊敬之意。已派定二十四人,分三组更番替代,其人皆国民党中坚人物也。人名如下:(第一组)张继、汪兆铭、孔祥熙、林森、石青阳、宋子文、喻毓西、石蘅青;(第二组)于右任、陈友仁、李大钊、白云梯、邹鲁、戴天仇、邵元冲、钮永建;(第三组)李烈钧、姚雨平、郭复初、焦易堂、邓家彦、朱卓文、蒋作宾、林祖涵。又指定黄惠龙、马湘、邓彦华、赵超、李朗如、李仙根、马超俊、吴雅觉、李荣、林耀光帮同照料。(《孙文灵柩今日移中央公园》,《晨报》1925 年 3 月 19 日)

△　广东政府接到孙中山逝世公电后即协议善后策,常设葬仪筹备处,任命胡汉民、伍朝枢、廖仲恺、古应芬、谭延闿、许崇智、刘震寰、程潜、吴铁城、唐卓如十人为委员,本日起一个月间下半旗。一星期内,停止歌舞音曲,在职官吏,中止宴会,表示谨慎之意。(《海内外之悼孙与其舆论》,《顺天时报》1925 年 3 月 14 日)

△　此后数日,驻京苏联大使加拉罕,以及德、英、比、丹、法、荷、西、瑞典、葡等国公使,均亲临吊唁,不少国家的政府或友好人士发来唁电。3 月 13 日,苏联共产党、第三国际分别给中国国民党发来唁电,对中山病逝表示哀悼,愿中山开创之革命事业不朽。(陈锡祺主编:《孙中山年谱长编》下册,第 2134 页)孙科于中山逝世后,因日本方面问病电报积累甚多,特对日本国民党总理犬养毅以下,发出谢电二百余,悉用同文电报,文为:"先严中山先生于十二日上午九时三十分逝世,生前厚谊,谨此鸣谢。"(《孙中山在京逝世》,《时报》1925 年 3 月 16 日)

14 日,梅屋庄吉收到孙科来电后即分别向孙科、宋庆龄发出唁电,深表哀悼。(《哀思录》第 2 编,"唁电",第 32 页)为使孙中山的形象和遗训长留人间,梅屋庄吉于 1928 年春开始酿资为孙中山铸造铜像,以之为宣传孙中山伟业的最好方式。梅屋前后共铸造了四尊孙中山全身立像,铜像款式、大小相同,高二点五米,重约吨余。1929 年 3 月,首尊铜像运抵上海,再转南京,安放在南京中央军官学校校园内,后移至南京中山陵。随后,第二尊铜像于 1930 年 5 月运抵广州,置放于黄埔军校旧址内的中山公园。第三尊铜像于 1930 年 12 月运抵上海，旋转运至广州，暂置于中山大学石牌农场，现竖立于广州康乐园中山大学校园中。第四尊铜像赠中山县中山故居，抗战爆发后，随中山纪念中学迁至澳门，至今仍安放在澳门的"国父纪念馆"内。（余齐昭：《孙中山文史图片考释》，第 403－406 页；车田让治：《国父孙文与梅屋庄吉——献身于中国的一位日本人的生涯》，第 387 页）

　　△　段祺瑞接中山噩耗后，即谕令 13 日之执政例会停止举行，以志哀悼，并派代表梁鸿志及全体阁员前往铁狮子胡同慰唁，复发表明令，着内务部详拟饰终典礼，特派内务次长王耒会同柏文蔚筹备治丧事宜，由财政部先筹给治丧费六万元。（《孙中山昨日逝世》，《北京日报》1925 年 3 月 13 日）国会亦于 14 日开会决议，照国葬条例第一条第一项"有殊勋于国家者"之规定，请政府崇以国葬。内务部亦拟定治丧办法，决行国葬，并经段祺瑞执政于 19 日核准。惟北京之中国国民党中央执行委员会决议中山葬仪宜用国民礼制，以符中山崇尚平等之精神[1]。（《中华民国史事纪要（初稿）——一九二五年一至六月》，第178—179 页；罗家伦主编、黄季陆增订：《国父年谱（增订本）》下册，第 1300 页）

　　16 日《盛京时报》刊载报道称：执政府方面对于为孙中山举行国葬一事，业已决定其大体，并有拟援冯国璋先例之说。惟民党同人多表不满，以为中山功在国家，冯氏难与比伦，认为中山丧礼，当以开国元勋视之，不当以寻常总统视之。国民党对于国葬一事，因元帅府现尚存在，究以由何者下令举行国葬为宜，尚取怀疑之态度，大约须经正式决定以后，方能表示意见，必须多数同意，方能举行国葬。（《筹备中之孙文丧仪》，《盛京时报》1925 年 3 月 16 日）

　　早在 13 日上午，唐绍仪、章炳麟赴孙宅吊丧，并与李征五、杨天

---

　　[1]　执政府议决为孙中山举行国葬，但由于事关名分与政治立场，国民党内部对此意见不一，虽有赞成国葬者，但更多则是反对的声音。反对的理由，主要是以广东大元帅府尚未取消，孙段两政府本属对立，若受执政府之命令举行国葬，是等于自行取消广州政府，故回避"国葬"名义。（李恭忠：《"党葬"孙中山：现代中国的仪式与政治》，《清华大学学报（哲学社会科学版）》，2006 年第 3 期）

骥、叶楚伧、周侃箴等十余人于孙中山灵前会议哀悼及治丧办法,章氏谓:中山功在民国,为中外第一完人,关于治丧崇敬之礼,应本全国人民公意,以示普遍,将来国葬之礼,亦从人民主张。唐氏又谓:段执政拟以明令国葬孙氏,此举尚应斟酌,因孙氏受国葬典礼,固属受之无愧,惟国葬须经国会之通过,方为正常办法,况现今之执政府,尚未得各方面一致之承认,似不能颁此隆典,故鄙意拟俟正式政府成立后,举行国葬,如是方能对中山。众并议决四事如下:(一)孙中山先生国葬用人民名义主张,以示尊崇;(二)上海先下半旗,以后再另与全国同时举行;(三)上海孙中山先生治丧事务所暂设法租界环龙路44号党本部;(四)致北京执行委员会电及治丧公函,由唐少川、章太炎领衔,追悼日期俟北京定后同日举行。(《孙中山逝世后之哀悼声》,《时报》1925年3月14日)随后唐、章即联名致电孙科及国民党中央执行委员会,主张暂不国葬,谓:"得报知孙公逝世,论功本应国葬。惟现在未有正式政府,正式国会,此事无法可循,应由家属及人民以礼行葬,待正式政府成立,追予国葬,始受命令,毋使孙公身后贻非法之羞。"(《孙文国葬尚未决定》,《晨报》1925年3月15日)

△　孙中山逝后,在停枢地点、国葬、立传等问题上,国民党与段祺瑞政府亦频现分歧。《申报》报道分析称,此为国民党"直接间接表示与段离违之意也",而此后"民党或将另标异帜,与段处于绝对的反对地位"。(《中山逝后孙段合作之裂痕》,《申报》1925年3月19日)

民党方面,除忙丧事外,汪精卫、彭养光等即主张急进国民会议,俾民党各要人在京协助各方面筹备进行。有北京特约通信称:"据某政客云,中山最后对汪等之遗嘱,即在急办国民会议,以真正民意解决南北问题。是以民党近遵中山遗嘱,拟定进行方针。"(《中山逝世后之国民党》,《益世报》1925年3月15日)《盛京时报》曾刊载北京专电称:汪兆铭、胡汉民、伍朝枢等于22日发表宣言书,反对善后会议,且不信任段执政府,并主张急开真正国民会议。称此民党对政局之宣

言为"中山逝世后之第一声"。(《民党对政局之宣言》,《盛京时报》1925 年 3 月 25 日)

△　当时国内外报刊对孙中山逝世之影响多所关注。

孙中山噩耗传至日本后,日本各报均揭载孙中山之照像及生平事略,并深致惋惜哀悼之词,而对于中山之死影响及于中国时局者,尤特致意。

《东京朝日新闻》之报道略云:最足以引起吾人注意者,为今后国民党前途之问题,即国民党中派别纷歧,有胡汉民、许崇智、廖仲恺等之急进派,戴季陶、汪精卫、张继、孙科等之稳健派,陈独秀、李石曾之左倾学者派,以及李烈钧、谭延闿之军人派。因党中丧失中心人物,团体当不能如从前之坚,或与武力结托,或赞成段氏之政策,或反对段氏之政策,均所难料,故关于此点,对于段氏和平统一之前途,实为暗礁。

《东京时事新报》则称:孙氏殁后,受最大之影响者,厥为民党,逆料前途不外:(一)立后继党首;(二)分裂;(三)委员制。第一之后继者,虽有唐绍仪说,然恐不成问题。张继与孙氏有几分意见之扞格,故其一派亦似有与民党几分乖离之态。汪兆铭、胡汉民等,手腕力量或不减于孙氏,然与革命之元勋孙氏比较,其声望到底不可同日而语,故欲得统率分子庞杂之国民党之人物,殊不可能也。然则国民党终出于第二之分裂之途乎?是又不然。原来国民党之所以得维持其团结至于今日者,一方面固为孙氏个人之力,而其未曾获得中央政权之机会,故今后北方军阀之实力者,对于民党,欲更得较孙氏在世时代以上之机会而利用之,殊不可能。故今后国民党之仍为在野党,孙氏即死,恐亦不致一时发生变化。结局国民党今后,将出于第三之委员合议制之一途,以维持其团结。试观孙氏病革时党内领袖之动静,不难了解。然则孙氏殁后之影响及于中国中央政局者如何,段氏因孙氏之殁,其理论上之掣肘虽可得免,然欲求国民党之谅解,前途亦属颇难,惟段氏以前既与民党竭力联络,不至因孙氏之殁而遽引起决

裂也。(《东京通信》,《申报》1925年3月17日)

　　《益世报》称,对于孙中山之去世,据闻各方面之态度,可作三种派别:(甲)悲观派。纯系尊重三民五权,及老同盟会同志。咸谓孙氏之死,民党总理继任问题颇难解决,此事未解决以前,尚恐发生内讧,况民党份子中,志在争权夺利者,亦不乏人,有中山在世,多少须看几分面子,不肯明争权力。孙既逝世,一般野心党员,难免不乘机起哄,仅仗汪精卫、孙科等人,决难遏止野心党员。是以与中山感情稍厚者,对于党务前途,莫不咸报悲观;(乙)乐观派。多属官僚。执政府方面得悉中山噩耗后,表面上固作一种哀悼,其实一般利禄之徒,何尝不特别痛快,将来执政府诸事皆可为所欲为矣。段系人且谓,善后会议从此亦不致再有阻力,似此口吻,足见官僚派对此暗存得意之色;(丙)中立派。皆系与中山有利害关系者。谓中山死后,如段芝泉果有手段,能将民党重要份子联络妥协,再将两广之战事结束,真正南北统一,不难实现。否则置民党要人于不顾,暗中仍接济陈炯明、林虎等军火军费,与胡汉民、许崇智交绥,难免不激起民党之反感,恐将用革命手段推翻现政府。中山之死,亦不可谓与段芝泉前途无利害关系也。(《中山逝世后之各方面》,《益世报》1925年3月14日)

　　《益世报》并刊载时评,称中山之死,其间接影响于政局者约有以下两项:(一)民党之变化。民党于我国政治,在野具有极大之潜势力,迭次中山从事于政治活动,盖又莫不以民党为其基础领域,不过民党经过去年之一度改组,分子容纳,极为复杂,因于主张上及手段上,见地又每不一致。今忽失却重心所寄,处于多头之下,益乏左右之适从。故说者谓未来之酝酿,或竟实现分裂为共产党及非共产党之两种派别。次则中山生时,颇同情于中央集权,而民党中人,则非难中央集权而力昌联治者大有其人,此其关于思想上之冲突,亦恐引起其他之意外问题耳;(二)粤中之变化。东江战讯,陈军屡北,然则今后之粤中地盘,果能完全为联军占有软,实亦未敢预断。盖粤中之变化,得失无常,俄顷之得,正不难俄顷失之。据谓陈军尚在负隅力守,图挽颓势,苟中山噩耗一至,双方阵容,势必有绝大之震动。须知今日粤中之局势,完全系于滇军之行动,滇军之行动,实足以昭示广州政府之命运。然则滇军行动又何如乎,一则方在调兵与唐继尧应战,一则派代表参加善后会议至京,如此多方之联络,当不难知其野心之所在矣。(《中山之死之琐感》,《益世报》1925 年 3 月 15 日)

《盛京时报》报道称,孙中山逝世后,民党系要人,每日在铁狮子胡同孙氏行馆,聚会协议中山葬仪事件,以及民党之善后策。关于此事,据所探闻消息,其会合人物大别之分为稳和与激烈二派。又关于继续中山可以代表民党之人物选择问题,或谓宜冯玉祥,或谓宜唐继尧,或谓宜胡汉民,议论纷纷,莫衷一是。而更有一部,反对推荐军阀系统之人物,且主张以有名望之文治派人物充之。(《国民党总理之继任问题》,《盛京时报》1925 年 3 月 18 日)

又据"熟悉该党内幕者"云,国民党内部"颇为复杂,共产与非共产党,公子派与元老派,互相轧轹,几不相容。平日汪兆铭、廖仲恺等把持党务甚厉,早有相搏之意。兹者党魁去世,该党必起内讧。党魁一时决不能选出。至委员制,又恐难推心置腹,相见以诚。分裂之兆,已伏于萧墙之内,或以执行委员部名义维持一时"。复列举国民党内分裂之派别如下:

"(一)元老派。斯派平日品高望重,操守甚严。今感元勋谢世,触景生悲,一部分隐退林泉,一部分避往外国,优游友邦,亦未可定。

"(二)公子派。斯派平日挟中山之势力,得宠专权,势力潜伏,乘机擅取党权,排斥异己。而当务废弛,精神涣散,同党相残之事,必频见矣。

"(三)阿谀派。斯派平日凭借孙之势力,与第二者携手,图谋发展。文人如冯自由、彭养光、田桐、白逾桓、马君武等。武人如于右任、李烈钧、许崇智、石青阳并三原一系等。嗣后明目张胆,阿附段派,共分民间之脂膏,攘夺国民之权利,可断言也。

"(四)祸种派。斯派原系一般捣乱分子组成,本不识国与家有联带关系,平日攻乎异端,逆流乱行,如无政府主义、过激主义,巧立名目,为民生均产之试验……泛滥于中国之各处,盅或〔惑〕无识青年。言之并非过刻,皆有事实可以覆按也。果然,则中山先生实负天下人民望治之心矣。"(《今后民党将如何》,《盛京时报》1925 年 3 月 15 日)

孙中山逝后,外界关于国民党内部分裂之报道纷起,13 日《顺天时报》之报道,更直指汪精卫与孙科之意见极相背驰。对此,汪精卫与孙科特于同日发表联合宣言,称:"余二人对于总理之忠实,与余二人间之和辑一致,决非外间挑拨离间所能施其技。至余人所受总理之命令,与所发布者,其意义始终一贯,无稍参差。总理昨始病逝,而今日新闻界已开始此等论调,余二人实为痛心,且怜其心劳日拙。特此通告,诸唯鉴察。"(《汪精卫孙哲生之辟谣函》,《顺天时报》1925 年 3 月 14 日)

△　孙中山逝世后,各报多刊载各政界人士的相关言论。

12 日东方社电讯称,东方社记者访问唐绍仪、章炳麟两氏,叩其对于孙中山逝世之意见。唐氏曰:孙中山死后,于时局无多大影响。善后会议,不问孙中山之存亡,均属无何等效果。国民党后继者,无论孙科或其他人士,均不能袭孙中山之后。结局采委员制,宰制党内。万一国民党分裂,则张继、冯自由当另行组织新国民党。但多数党员,意见虽属纷歧,然趣旨自无大异。国民党根本,想不至因孙中山之死以致动摇。至胡景翼、冯玉祥所受影响,亦殆不成问题。又孙中山死后,民党一部,有与段政府接近可能性之说,此诚不值识者一笑。要之,孙中山之死,除视为民国功劳者表示哀悼外,当无何等影响云云。章氏曰:孙中山既已离开广东,则于其死,广东时局当无何等影响。广东将为林虎、许崇智、云南、广西四派之角逐场。国民党将来,当由汪兆铭、吴稚晖等连络共产党一派组织之。要之,党内趣旨已归一致,仅实行方法有种种差异而已。后继者当由数人出而采合议制。至中国之统一,绝对为不可能,何时分之为二,殊不可知云云。唐章两氏,俱言吴佩孚不久当复起。(《唐绍仪章炳麟之新局面谈》,

《京报》1925 年 3 月 14 日）

关于孙中山之逝世，唐绍仪语《字林西报》记者云："中山先生一生，从事于民主政府之运动，今遽逝世，全国当同表哀悼。余（唐氏自称）与中山先生同省且同县，余等相识，已四十年。及民国肇元，余等尝相共事，革命势力之所以臻于强健，与舆论之所以集中于民主运动，要以孙中山先生之力为多。不过十三年来所引起之错误与反对，亦不为少。以迄今日国中多数人士，虽略变易其旨趣，中国究以何种民主为宜，而民主运动之势力则未尝稍衰。余初与中山先生、伍秩庸先生结合一体，坚信民主主义以代表一般之舆论。在南北初议之际，秩庸先生代表革命党，余代表政府，满清于以告终。当余出京之前，人皆知余倾信于民主主义，余之被膺使命即因此，所以避免不必要之流血战争者，亦即因此。和议既成，中山先生被推为总统，余为国务总理，秩庸先生为外交总长。顾民主主义之自身，为极大之理想，其领袖亦必永为历史上最伟大之人物。民主主义之方式至众，吾人所试验者，并未能臻成功。其失败并附带若干之耻辱，但此种观察，似近急躁，并不关重要。盖此等试验之失败，于民众之赞助民主运动，初未有何损害，国人且群认。现今尚在试验时期，由此试验与错误之中，方能寻出适合中国历史国情之民主政府的方式。中山先生知其然，故常寻求可以实行之各种方法，而其未能成功，此盖由于自然，他人为之亦不能成功解决此问题也。但从试验之结果，与吾人理想所及，其较适合中国国情者，当属地方自治。此议在过去数年间，尚无甚势力，而今则其活动力已遍及全国，愈以为改造不仅限在省政府，并应及于县及村。吾人现将开始此最小单位之改造，至于中山先生所领袖之国民党，仍然存留。该党为中国唯一之政党，其党员颇多能为国家而牺牲一己之人物。中山先生未死之前，其党内容不免偶有龃龉，惟亦系大团体中所当有之事。今中山先生既死，其平常因中山先生私人关系而入党者或将引去，但此亦属小节。民主主义理想如长留在中国，国民党亦必永久存在。又现在全国流行省自治运动，此种政治倾向,为扫除军阀专横与秘密政治活动之惟一工具。举凡秘密政治、秘密财政、秘密鸦片及军火之行动,与秘密的国际条约,皆中国民主主义之大敌。中山先生对于是等秘密,深不之喜。曾力主公开,因此亦曾见恶于喜取秘密者。惟中山先生仍宁受怨憎,而不愿语人以伪。至于中山先生之死及于政治上之影响,吾人将其悼其失此一人,吾人于哀悼中山先生之际,尤应注意一事,即中山先生实为中国民主主义之成功之人。其他各种之对人问题,及意见之争论,均不必记忆。其毕生存留最大事实,为反对专制之奋斗,反对腐败之奋斗,及为政府正义之奋斗。此种思想,已深入全国人心。"(《唐少〔绍〕仪之重要谈话》,《盛京时报》1925年3月19日)

据《大陆报》称:孙中山逝世噩耗传抵上海后,唐绍仪曾发表意见曰:"孙之死,实为中国及中国人民之大损失,故可称为国家之损失也。吾不与孙共事,虽已有多年,但吾常钦佩其精神,吾人对于力争民治,政策及行动虽有所不同,但孙之精神、奋斗之精神及勇敢,故不能不令吾非常钦佩。吾对于孙之死,实觉非常悲悼,因吾二人固为同伴,吾人所居之地,相距只八里,昔日乘轿,少顷及达。吾二人之家属亦甚熟悉,孙此次赴京,吾信为实促孙之死,孙本素居于温暖之天气,如广东者,一旦移至北方,又适在冬令,当然颇受影响。孙之体质颇壮,抵抗力亦巨,然而竟不能支,殊可惋悼。"国民党要人,颇多主张举唐为首领,以继孙者。但唐以为与其选举一人,以为首领,不如实行委员制,以为执行机关。记者询以今后倘果实行委员制,君亦愿任委员否? 唐答称:"须视情况而定。"又曰:"无论如何,吾决不愿与急进党比肩共事也。"(《西报记中山逝世后消息》,《时报》1925年3月14日)

此时唐绍仪主张联治,认为孙中山所主张之五权宪法不及联省自治,对外曾发表其之主张云:"余(唐自称)以中国区域之大,省份又多,譬如一家人中,弟兄甚多,若不分居两处,弟兄间争执必多。余因此觉得中国的政局,除实行联治外,无好方法。此点可称为余个人最近之主张。惟此时所以不将办法提出者,诚有待于各方面之同意耳。

至于组织政党之举,本属从事改革政治,正大光明之事,不过目前外间传说,为事尚早。昨余曾接北京国民党中央执行委员会来函报告,待中山丧事完后,各人将相率返沪,开会讨论党务今后之进行。目下余对之尚无成见,因党务应如何进行,须视多数人之意见如何而定。不过我的私见,五权宪法或不及联省自治功用之大与适用。"(《五权宪法不及联治》,《晨报》1925 年 3 月 24 日)

13 日,《晨报》记者就孙中山逝世事访梁启超,征求梁的感想,梁启超谓:"孙君是一位历史上大人物,这是无论何人不能不公鉴的。实□我对于他最佩服的:第一,是意志力坚强,经历多少风波,始终未稍挫折;第二,是临事机警,长于应变,尤其对于群众心理,最善观察,最善应用;第三,是操守廉洁——最少他自己本身不肯胡乱弄钱,便弄钱也绝不为个人目的。孙君人物的价值就在这三件。我对于孙君所最不满的一件事,是'为目的不择手段'。孟子说:'行一不义,杀一不辜,而得天下,不为也。'这句话也许有人觉得迂阔不切实情,但我始终认为政治家道德所必要的,因为不择手段的理论一倡,人人都藉口于'一时过渡的手段',结果可以把目的扔向一边,所谓'本来目的'倒反变成装饰品了。孙君手段真运用得敏捷。我记得民国六年有一位朋友闲谈说:'孙文与段祺瑞乃至当时所谓督军团如张作霖……等等,有一天因利害共同上,会联合起来。'我当时觉得这话太滑稽了,谁知竟成事实! 这是最近人人共见的一个显例。此外□□□□的事,我不能多举了。在□□□种社会里头,不合〔会〕用手段的人,便悖于'适者生存'的原则,孙君不得已而出此,我们也有相当的原谅。但我以为孙君所以成功者在此,其所以失败者亦未必不在此。我们很可惜的是:孙君本来目的没有实现的机会,他便死去了。我们所看见的只是孙君的手段,无从判断他的真价值。但以□□一位强毅机警,在民国成立上有深厚历史的人,一旦失去,实为国家一大不幸,我们不能不失声哀悼。"(《孙文之价值》,《晨报》1925 年 3 月 13 日)

次日上午 11 时,梁启超往行辕吊唁,国民党员以梁昨在《晨报》

发表谈话,诋中山为目的不择手段,一部分少年党员自不免忿忿。梁向中山遗像行礼后,即由汪精卫等招待,梁问中山病逝情形,汪略述梗概,谓中山自11日夜半后,已不能为有统系的发言,仅断断续续以英语或粤语,呼"和平""奋斗""救中国"等名词而已。梁极慨叹,谓即此数语,可抵中山一部著作,并足予全国人民一极深之印象。梁语此毕,即有一少年党员向梁诘问:"某报所载足下谈话,谓先生(指中山)为目的不择手段,此是何解!"梁谓:"此不过余个人慨叹中山目的未达而已。"少年党员尚欲再问,经汪精卫阻止,谓:"如有质问,可到梁君住宅或在报纸上发表。今日梁君为吊丧而来,我辈应一致表示谢忱。"少年党员始无言而退。(《哀荣各极之孙中山》,《顺天时报》1925年3月15日)梁与孙订交,系在拳匪乱后(按应为戊戌年间),当时过从颇密,嗣因政见不合,遂少接晤机会。(《孙文国葬尚未决定》,《晨报》1925年3月15日)

《字林报》刊载王正廷、温宗尧关于孙逸仙之谈话,《时报》随后移译转载。

王正廷云:"孙之一生,决未遇有机会可以实行其计略,但中国必再产生如孙之人,以实行孙之计略。而此等人物,今日必已产生,将竭尽其力,俾中国可以实行民主政治,自由而统一也。至于国民党,实为中国唯一之政党,但将分裂为二,一为急进派,人数虽少,但颇活动;一为保守派,人数较多,较得人民之望。吾人均甚盼望此派将为今后之首领,至首领人选,当然以唐绍仪为合法。"

温宗尧云:"孙之思想,常有为其力所不能实行者。再则孙之一生,无甚多之机会,以研究华人之种种,故实行时愈难。孙在最后一次,若不返粤,则在历史中所居之地位尤高,此行实为孙之错误。孙之一生,绝少快乐之日,居常独处,并常深思计划一切。自昔时与李鸿章见面,以迄于死,均如此也。孙今死矣,其破坏之时期,亦即终止,因其党众中,无一人能继承之。唐绍仪倘为今后国民党之总理,中国必受神益,但唐颇不怿于党中之急进派也。"(《西报记中山逝世后

消息》,《时报》1925 年 3 月 14 日)

林长民对于孙中山逝世之谈话略云:"中山死去,与民国将来之影响如何,遽难逆料。惟由予观之,中山有丰功于国家,其死固当深为痛惜。中山既死,而后民党殆将不免自然分裂。惟该党固称济济多士,务各本其向者之所自信而有所贡献于国家。特是目前怏怏不乐之军阀,质言之如冯玉祥及胡景翼,既失其目标之孙中山,则欲长此继续活动,必不可得。善后会议方面,须由孙段提携,方可达成改造中国之大事业。至于孙氏始而推戴段氏,中途遽尔表示反对态度,殆系孙氏左右之罪耳。民国政权,鉴诸历史,不宜委诸一党一派之首领,此亦民党诸君所应考虑也。"(《非民党员之哀悼谈》,《盛京时报》1925 年 3 月 14 日)

时任法制院院长之姚震,因孙中山之逝世,语东方通信社记者曰:"孙氏之理想在现在中国之国际关系上姑弗论,即照中国自己之国情论,果有实现之可能性与否,亦为另一问题。要之,彼为中国当代之伟大人物,为万人之所公认,而于此时局重大之际遽尔逝世,尤堪痛惜焉。孙氏既死,彼国民党者,鉴于由来之经过,即终不免于分裂,然国民党中之稳健派,此时有与吾人握手提携之充分可能性矣。现在善后会议,国民党系中除汪兆铭等三人外皆有列席之状态。按国民党有为之士,当孙氏在世时,因从孙氏之意思命令,不得就现政府任命之官职,若欲就官职,则为背孙氏之命,因此之故,遂与现政府生疏隔。然自今以后,余知此种障碍已除,而可进于圆满之关系矣。惟国民党中之抱共产主义者一派,与现政府之至大方针究不相容。故将来欲望接近,实为一至难之事。孙科氏个人固非常可尊可敬之人物,然彼果有为孙氏之后继者,而率一党之手腕否,尚属疑问。"(《孙中山在北京逝世》,《申报》1925 年 3 月 13 日)姚氏并称,孙氏逝世与善后会议毫无影响,逆料该会议当于延长期中通过重要议案,如国民会议条例及收束军事、整理财政等五六案。(《政府与国民党》,《晨报》1925 年 3 月 13 日)

醒民通信社记者往津门造访孙洪伊。谈及中山逝世,孙洪伊慨然曰:"此非独吾民党之痛,全国人士皆应痛苦者也。先生(指中山)奋斗数十年,皆为国为民,其为吾国政治界先觉,固尽人能知。若其持身待人,至诚无私,反对党固不知之,即民党中亦有不能尽知者,实为国民及政党之好模范,吾人一刻不能忘者也。年来道德堕落,国人皆以权诈相矜,营私罔利,毒国殃民。对于异党及同党,均无能推诚相与者,而先生皆异乎是。大哉先生之言曰:'凡赞成吾救国救民主义者,皆为吾友。'此是何等气象,何等规模!朱子论三国人物,谓诸葛亮是'公正无私',千古圣贤豪杰,终不出这四个字。而先生有言:'吾辈救国,终赖群策群力,非有全国人民之团结,不为功。'凡维持同党感化异党,均非至诚无私不能作到。故吾人与其颂扬先生之掀天揭地之事,毋宁崇拜先生大公至正之精神以挽救每况愈下之人心,续成先生未竟之志愿,则先生虽死,犹不死也。先生持身待人既如此,而所以示范于吾民者,曰法而已矣。手创共和之精神,已全寄于民,民之保障则在法。此次入京,抱始终一贯之志愿,而事与愿违,忧煎日甚,肝病日剧,遂不得不死,而竟以身殉法与民矣。先生身份如此纯洁,国人崇德报功,宜以最纯洁而高尚者报之,方不负先生之心。今国会不能行使职权而北京执政府又属临时性质,国葬典礼,无合法机构为之举行,只好暂行民葬,留待将来追加国葬,方合先生之身份。饰终事大,决不可苟且牵就,诬及先生一生也。"(《小孙口中之大孙谈》,《盛京时报》1925 年 3 月 21 日)

《顺天时报》刊载民党某要人之谈话称:"孙中山先生竟于今日溘然长逝矣。我国自开辟以来,未曾有之伟人,已不能再见其风采矣。吾人久以同志而活动者,诚不胜其悲从中来,而不能自已者也。追忆先生四十年来行事,以最忠实之思想研究之,则知复兴中国以仁义为中心之道德的文化,实为先生思想行为之唯一基础。故其人格,诚高尚伟大,尤为仁慈之结晶;其平生所昭示于世人者,一曰博爱、一曰天下为公,为其建国之方策。复以'建国首要在民生'一语冠其综。观其生平行为,无私见、无私仇、无私怨、无私财、无私人,古今中外伟大人物中,如我先生者实绝无而仅有,亦即我中华民族数千年道德的文化之结晶,且亦为世界最高尚优美之文化陶镕而成之大同的完全人格也。吾人后进,无不深表哀悼之意。至先生殁后之民党将来,世人不知真相,或有妄逞臆测者。然我党首倡三民主义之孙先生,在我党党规有规定孙先生为我总理,而不许他人继任总理,由是之故,此后恐无论何人,不能推为继任首领。当以前年所成立之中央行政施行委员会为中心,由委员组织合议制,以办理党务。该委员之组织,则由党员公议所议决。凡我党有力者,皆在中央施行委员网罗之列。对于此后党务之施行,既无何等障碍,而于我党基,当更形结束巩固,信奉孙先生所遗教之三民主义,努力奋进,以期贯彻先生之遗志。俾慰先生之英灵。"(《中山逝世后之国民党》,《顺天时报》1925 年 3 月 13 日)

△ 3 月 14 日上午 10 时,国会非常会议在参议院召开,特议中山先生国葬典礼案,全体起立,议遂决。遂决定由本会议公布通电于全国。(谢持:《谢持日记未刊稿》第 4 册,第 396 页)

△ 3 月 21 日,中国国民党中央执行委员会为永久纪念孙中山,决定将"永丰"舰改名"中山"舰,将香山县改名中山县(4 月 16 日正式改名)。

3 月 19 日,孙中山灵柩从协和医院移往中央公园,奉安于公园内社稷坛之大殿中。"中山先生灵柩暂用美国式木棺,棺覆内层系玻璃片,故能见遗容;棺木薄而形小……舁棺不用夫役,由党员八人系黑布条于棺桂之而舁之,棺覆红地右角青天白日之国旗(此系广东政府选用而由本党中央执行委员会议决者),前导青天白日之党旗。"(谢持:《谢持日记未刊稿》第 4 册,第 401—402 页)国民党并在治丧活动后,将孙中山遗体暂厝北京香山碧云寺,并开始在南京为孙中山修筑陵墓。至1929 年 1 月 14 日,南京国民政府组织奉安委员会,主持孙中山的正式安葬事宜,由二十八名委员组成,蒋介石任主席委员。"奉安"过程包括奉移南下、浦口迎榇、在宁公祭、在宁奉安四个阶段,具体日程为：1929 年 5 月 20 日遗体在北平易棺，5 月 23 日至 5 月 25 日在北平公祭三天，5 月 26 日南下，5 月 28 日抵达南京，5 月 29 日至 31 日在南京公祭三天，6 月 1 日正式安葬。

1940 年 4 月 1 日，重庆国民政府表彰孙中山"倡导国民革命，手创中华民国，更新政体，永奠邦基，谋世界之大同，求国际之平等，光被四表，功高万世，凡我国民，报本追远，宜表尊崇"，通令全国，尊崇孙中山为中华民国国父。（陈锡祺主编：《孙中山年谱长编》下册，第 2135 页；罗刚编著：《中华民国国父实录》第 6 册，第 5024 页；李恭忠：《"党葬"孙中山：现代中国的仪式与政治》，《清华大学学报（哲学社会科学版）》，2006 年第 3 期）

征引文献

一、未刊档案

广东省档案馆藏，粤海关档案《各项时事传闻录》

广州大元帅府藏档

美国第二国家档案馆藏，美国国务院档案 USDS

日本兵库县立历史博物馆藏，"王敬祥关系文书"

日本外务省档案

台北党史馆藏，"环龙路档案"

台北党史馆藏，"中国国民党汉口档案"

云南省档案馆藏，"省政府秘书处档案"唐继尧档案

"中研院"近代史研究所档案馆藏，"外交档案"

中国第一历史档案馆藏未刊档案，"电报档""军机处录副档"

翠亨孙中山故居藏档

二、报刊

《澳门日报》

《北华捷报》（*North China Herald*）

《北京日报》

《大本营公报》

《大陆报》

《德臣西报》

《东方杂志》

《二十世纪之支那》

《妇女时报》

《复报》

《广东党务》

《广东群报》

《广东日报》

《广州民国日报》

《广州七十二行商报》

《国粹学报》

《国华报》

《国际新闻通讯》

《国民报》

《国民党周刊》

《国民公报》

《国民日报汇编》

《国民月刊》

《国民杂志》

《国民周刊》

《汉文台湾日日新报》

《湖北日报》

《集成报》

《建国月刊》

《江苏》

《京报》

《晶报》

《警钟日报》

《镜海丛报》

《军政府公报》

《叻报》

《临时政府公报》

《岭东日报》

《陆海军大元帅大本营公报》

《满洲报》

《民报》

《民呼日报》

《民立报》

《民权报》

《民生日报》

《民信日刊》

《民信月刊》

《民吁日报》

《民谊》

《南洋总汇新报》

《纽约时报》(*The New York Times*)

《商报》

《上海泰晤士报》(*Shanghai Times*)

《少年中国晨报》

《社会日报》

《申报》

《神州女报》

《神州日报》

《盛京时报》

《时报》

《时事新报》

《时务报》

《世界日报》

《顺天时报》

《苏报》

《苏联历史问题》

《孙大总统广州蒙难十一周年纪念专刊》

《台湾民报》

《台湾日日新报》

《台湾时报》

《太平洋杂志》

《太平杂志》

《泰东日报》

《泰晤士报》(*The Times*)

《天铎报》

《铁道》

《香港华字日报》

《向导》周报

《新国民日报》

《新民丛报》

《新世纪》

《新闻报》

《新小说》

《星洲晨报》

《羊城报》

《益世报》

《逸经》

《真相画报》

《政府公报》

《政艺通报》

《政治周报》

《知新报》

《中国白话报》

《中国国民党第二次全国代表大会刊》

《中国国民党周刊》

《中国旬报》

《中国邮报》

《中华新报》

《中兴日报》

《中央党务月刊》

《字林西报》(*North China Daily News*)

北京《晨报》

北京《晨钟报》

北京《国民公报》

长沙《大公报》

重庆《国民公报》

广州《粤报》

开封《河声日报》

上海《民国日报》

天津《大公报》

天津《益世报》

香港《大公报》

《大阪朝日新聞》

《大阪每日新聞》

《東京朝日新聞》

《東洋日の出新聞》

《改造》

The Osaka Mainichi

三、其他文献

爱新觉罗·载沣:《醇亲王载沣日记》,北京:群众出版社,2014 年

安徽大学苏联问题研究所、四川省中共党史研究会编:《苏联〈真理报〉有关中国革命的文献资料选编》第 1 辑,成都:四川省社会科学院,1985 年

安徽省政协文史资料委员会、东至县政协文史资料委员会编:《许世英》,北京:中国文史出版社,1989 年

敖光旭:《共产国际与商团事件》,《中国社会科学》2003 年第 4 期

敖光旭:《广东商团与商团事件》,中山大学博士论文,2003 年

白蕉:《袁世凯与中华民国》,荣孟源、章伯锋主编:《近代稗海》第 3 辑,成都:四川人民出版社,1985 年

柏文蔚:《五十年经历》,《近代史资料》总 40 号,1979 年 7 月

包世杰:《孙中山逝世私记》,《档案与历史》1986 年第 1 期

蔡德金编:《汪精卫生平纪》,北京:中国文史出版社,1993 年

蔡鸿源、孙必有、周光培编:《南方政府公报》,石家庄:河北人民出版社,1987 年

曹伯言整理:《胡适日记全编》,合肥:安徽教育出版社,2001 年

曹亚伯:《武昌革命真史》,上海:上海书店,1982 年

陈长河:《护法期间孙中山与唐继尧的矛盾斗争》,《近代史研究》1984 年第 2 期

陈楚楠:《晚晴园与中国革命史略》,丘权政、杜春和选编:《辛亥革命史料选辑》续编,长沙:湖南人民出版社,1983 年

陈春生:《访问李纪堂先生笔录》,丘权政、杜春和选编:《辛亥革命史料选辑》上,长沙:湖南人民出版社,1981 年

陈春生:《庚子惠州起义记》,《建国月刊》第 5 卷第 3 期

陈定炎编:《陈竞存(炯明)先生年谱》,台北:李敖出版社,1995 年

陈独秀:《陈独秀文章选编》,北京:生活・读书・新知三联书店,
　1984年

陈奋主编:《梁士诒史料集》,北京:中国文史出版社,1991年

陈福霖、余炎光:《廖仲恺年谱》,长沙:湖南出版社,1991年

陈功甫:《中国革命史》,上海:商务印书馆,1931年

陈固亭:《国父与日本友人》,台北:幼狮文化事业公司,1977年

陈固亭:《国父与亚洲》,台湾:黎明文化事业股份有限公司,1980年

陈嘉庚:《南侨回忆录》,新加坡:南洋印刷社,1946年

陈建明:《孙中山早期的一篇佚文——〈教友少年会纪事〉》,《近代史
　研究》1987年第3期

陈乐桥译:《国父伦敦蒙难真相的原始报告》,《传记文学》(台北)第7
　卷第5期

陈梅龙著:《陈其美传论》,天津:天津教育出版社,1996年

陈民:《民国华侨名人传略》,北京:中国华侨出版公司,1991年

陈明选译:《有关孙中山、黄兴反对袁世凯斗争的日本外交文书选
　译》,《民国档案》1988年第3期

陈鹏仁译:《孙中山先生与日本友人》,台北:大林书店,1974年

陈鹏仁译:《孙中山先生与日本友人》,台北:水牛图书出版事业有限
　公司,1990年

陈庆年:《戊戌己亥见闻录》,《近代史资料》总81号,1992年11月

陈三井:《论孙中山晚年与美国关系》,《广东社会科学》2005年第
　3期

陈三井:《孙中山先生与美国》,台北:台湾学生书局有限公司,
　2005年

陈三井、居蜜合编:《居正先生全集》,台北:"中研院"近代史研究所,
　1999年

陈少白:《兴中会革命史要》,中国史学会主编:《中国近代史资料丛
　刊・辛亥革命》第1册,上海:上海人民出版社,1957年

陈天锡编:《戴季陶先生文存》,台北:中国国民党中央委员会, 1959 年

陈锡祺:《同盟会成立前的孙中山》,广州:广东人民出版社,1957 年

陈锡祺主编:《孙中山年谱长编》,北京:中华书局,1991 年

陈锡璋:《护法沧桑史话》,台南,自刊本,1971 年

陈霞飞主编:《中国海关密档——赫德、金登干函电汇编(1874— 1907)》第 6 卷,北京:中华书局,1987 年

陈旭麓、顾廷龙、汪熙主编:《辛亥革命前后·盛宣怀档案资料选辑之 一》,上海:上海人民出版社,1979 年

陈旭麓、郝盛潮主编,王耿雄等编:《孙中山集外集》,上海:上海人民 出版社,1990 年

陈旭麓主编:《宋教仁集》,北京:中华书局,1981 年

陈震宇、张宏儒、黄方方编:《"孙中山北伐与梧州"学术研讨会论文 集》,南宁:广西人民出版社,2000 年

陈正茂等编:《曾琦先生文集》,台北:"中研院"近代史研究所, 1993 年

陈正卿、徐家阜编校:《徐绍桢集》,成都:四川师范大学出版社, 1991 年

陈忠民主编:《汉冶萍公司档案资料选编(1889—1915)》,北京:中国 社会科学出版社,1992 年

陈仲言译:《孙中山在福冈》,《近代史资料》总 55 号,1984 年 4 月

程存洁:《南洋筹饷——广州博物馆藏孙中山及其同志有关筹饷手札 集》,北京:文物出版社,2011 年

程文、陈岳军编著:《吴玉章往来书信集》,重庆:重庆大学出版社, 1993 年

存萃学社编:《一九二四年广州商团事件》,香港:崇文书店,1974 年

存萃学社编集:《胡汉民事迹资料汇辑》,香港:大东图书公司, 1980 年

存萃学社编集:《政学系与李根源》,香港:大东图书公司,1980 年

大本营秘书处发行:《陆海军大元帅大本营公报》,沈云龙主编:《近代中国史料丛刊三编》第 56 辑(552),台北:文海出版社,1990 年

戴季陶:《日本论》,上海:民智书局,1928 年

邓丽兰编著:《临时大总统和他的支持者——孙中山英文藏档透视》,北京:中国文史出版社,1996 年

邓慕韩:《孙中山先生轶闻》,《建国月刊》第 2 卷第 1 期

邓慕韩:《追随国父之回忆》,《三民主义半月刊》第 10 卷第 3 期

邓慕韩:《总理所至南洋各地及年月考》,《三民主义半月刊》第 2 卷第 1 期

邓文翚:《共进会的原起及其若干制度》,《近代史资料》总 10 号,1956 年

邓云鹏、李雪云、陆森年:《辛亥革命期间上海公共租界工部局警务报告(三)》,《历史档案》1981 年第 4 期

邓泽如:《中国国民党二十年史迹》,上海:正中书局,1948 年

邓泽如辑:《孙中山先生廿年来手札》,广州:述志公司,1927 年

丁守和主编:《辛亥革命时期期刊介绍》第 2 集,北京:人民出版社,1982 年

丁文江、赵丰田编:《梁启超年谱长编》,上海:上海人民出版社,1983 年、2009 年

丁旭光:《孙中山与近代广东社会》,广州:广东人民出版社,1999 年

杜春和编:《中华民国史资料丛稿·白朗起义》,北京:中国社会科学出版社,1980 年

杜奎昌辑注:《唐继尧护国讨袁文稿》,昆明:云南人民出版社,2005 年

杜迈之等辑:《自立会史料集》,长沙:岳麓书社,1983 年

杜永镇编:《陆海军大元帅大本营公报选编(一九二三年二月至一九二四年四月)》,北京:中国社会科学出版社,1981 年

杜元载主编:《革命文献》第 65 辑、第 66 辑,台北:中国国民党中央委员会党史委员会,1974 年

段云章、倪俊明编:《陈炯明集》,广州:中山大学出版社,1998 年

段云章、倪俊明编:《陈炯明集(增订本)》,广州:中山大学出版社,2007 年

段云章、沈晓敏、倪俊明:《历有争议的陈炯明》,广州:中山大学出版社,2006 年

段云章、沈晓敏编著:《孙文与陈炯明史事编年》,广州:广东人民出版社,2003 年

段云章、沈晓敏编著:《孙文与陈炯明史事编年(增订本)》,广州:广东人民出版社,2012 年

段云章编著:《孙文与日本史事编年》,广州:广东人民出版社,1996 年

段云章编著:《孙文与日本史事编年(增订本)》,广州:广东人民出版社,2011 年

方孝纯:《辛亥首义之片断回忆》,中国人民政治协商会议湖北省委员会编:《辛亥首义回忆录》第 3 辑,武汉:湖北人民出版社,1980 年

方裕谨:《清政府迫害孙中山黄兴史料选》,《历史档案》1996 年第 4 期

方裕谨:《清政府镇压孙中山革命活动史料选》,《历史档案》1985 年第 1 期

冯双编著:《邹鲁年谱》,广州:中山大学出版社,2010 年

冯庸:《真忠真诚张雨帅》,《传记文学》(台北)第 31 卷第 4 期

冯玉祥:《我的生活》,哈尔滨:黑龙江人民出版社,1980 年

冯自由:《冯自由回忆录》,北京:东方出版社,2011 年

冯自由:《革命逸史》,北京:中华书局,1981 年

冯自由:《华侨革命组织史话》,台北:正中书局,1974 年

冯自由:《中国革命运动二十六年组织史》,上海:商务印书馆,

1948 年

冯自由:《中华民国开国前革命史》,上海:革命史编辑社,1930 年

冯自由:《中华民国开国前革命史》,重庆:中国文化服务社,1944 年

冯自由:《中华民国开国前革命史》,桂林:广西师范大学出版社,
　2011 年

冯祖贻:《孙中山给贵州省议会的一封信》,《贵州社会科学》1981 年
　第 4 期

凤冈及门弟子编:《梁士诒年谱》,广州:广东人民出版社,2014 年

凤冈及门弟子编:《三水梁燕孙先生年谱》,1939 年

凤冈及门弟子编:《三水梁燕孙先生年谱》,《民国丛书》第二编 85,上
　海:上海书店出版社,1990 年

复旦大学历史系中国近代史教研组编:《中国近代对外关系史资料选
　辑(1840—1949)》,上海:上海人民出版社,1977 年

傅文郁:《孙中山先生民初演说二则纪要》,中国人民政治协商会议北
　京市委员会文史资料研究委员会:《文史资料选编》第 19 辑,北京:
　北京出版社,1984 年

高良佐:《总理业医生活与初期革命活动》,《建国月刊》第 14 卷第
　1 期

高平叔、王世儒编注:《蔡元培书信集》,杭州:浙江教育出版社,
　2000 年

高平叔编:《蔡元培年谱》,北京:中华书局,1980 年

高平叔编:《蔡元培全集》,北京:中华书局,1984 年

高平叔撰著:《蔡元培年谱长编》,北京:人民出版社,1998 年

戈止義:《对〈一八九四年孙中山谒见李鸿章一事的新资料〉之补正》,
　《学术月刊》1982 年第 8 期

公孙訇:《冯国璋年谱》,石家庄:河北人民出版社,1989 年

顾长声:《传教士与近代中国》,上海:上海人民出版社,1981 年

故宫博物院编印:《清光绪朝中日交涉史料》,1932 年

故宫博物院明清档案部编:《清代档案史料丛编》第 1 辑,北京:中华书局,1978 年

故宫博物院明清档案部编:《清末筹备立宪档案史料》,北京:中华书局,1979 年

顾廷龙等主编:《李鸿章全集》(三),上海:上海人民出版社,1987 年

古应芬:《孙大元帅东征日记》,上海:民智书局,1926 年

谷钟秀:《中华民国开国史》,上海:泰东图书局,1914 年

观渡庐(伍廷芳)编:《共和关键录》,上海:著易堂书局,1912 年

广东历史博物馆编:《黄埔军校史料(1924—1927)》,北京:人民出版社,1982 年

广东省档案馆编:《两广总督查缉孙中山革命活动密札》,《历史档案》1986 年第 3 期

广东省档案馆编译:《孙中山与广东——广东省档案馆库藏海关档案选译》,广州:广东人民出版社,1996 年

广东省立中山图书馆、广州市国家档案馆编:《笔底风云——辛亥革命在广东报章实录》,广州:广东科技出版社,2011 年

广东省立中山图书馆、广州市社会科学院、中山大学图书馆编:《黄埔军校史料汇编》第 3 辑第 55 册,广州:广东教育出版社,2014 年

广东省立中山图书馆编:《碧血丹心:辛亥革命在广东影像实录》,广州:广东科技出版社,2011 年

广东省立中山图书馆编纂:《民国广东大事记》,广州:羊城晚报出版社,2002 年

广东省南海市政协文史资料委员会编:《南海文史资料》第 22 辑,1993 年

广东省社会科学院历史研究室、中国社会科学院近代史研究所中华民国史研究室、中山大学历史系孙中山研究室合编:《孙中山全集》(全 11 卷),北京:中华书局,2011 年

广东省孙中山研究会编:《孙中山研究》第 1 辑,广州:广东人民出版

社,1986 年

广东省哲学社会科学研究所历史研究室编:《朱执信集》,北京:中华
　　书局,1979 年

广东省哲学社会科学研究所历史研究室编:《朱执信集(增订本)》,北
　　京:中华书局,2013 年

广西区政协文史资料委员会编:《孙中山先生在广西》,南宁:广西人
　　民出版社,1996 年

广西壮族自治区地方志编纂委员会编:《广西通志·大事记》,南宁:
　　广西人民出版社,1998 年

广州市政协文史资料委员会、广州市文史研究馆、广东革命历史博物
　　馆合编:《孙中山在广州》,广州:广东人民出版社,1996 年

郭汉民:《孙中山佚文辑录》,中南地区辛亥革命史研究会编:《辛亥革
　　命史研究会通讯》第 30 期,1987 年 12 月

郭汉章:《南京临时大总统三月见闻实录》,《江苏文史资料选辑》第 1
　　辑,南京:江苏人民出版社,1981 年

郭恒钰、[苏]M. L. 基塔连科等编,李玉贞译:《联共、共产国际与中
　　国(1920—1925)》第 1 卷,台北:东大图书公司,1997 年

郭华清:《1923—1925 年广州的治安形势及孙中山的整治措施》,《华
　　南理工大学学报(社会科学版)》2005 年第 3 期

郭廷以、王聿均访问,刘凤翰纪录:《马超俊先生访问纪录》,台北:"中
　　研院"近代史研究所,1992 年

郭廷以编著:《中华民国史事日志》第 1 册(1912—1925),台北:"中研
　　院"近代史研究所,1979 年

郭廷以等访问,谢文孙、刘凤翰等纪录:《邓家彦先生访问纪录》,台
　　北:"中研院"近代史研究所,1990 年

郭延礼:《秋瑾年谱》,济南:齐鲁书社,1983 年

郭子奇:《清末留东回忆》,《湖南文史资料选辑》第 10 辑,长沙:湖南
　　人民出版社,1978 年

"国史馆"、中国国民党中央委员会党史史料编纂委员会编:《林公子超遗集》,台北:前国民政府故主席林森先生百年诞辰纪念筹备委员会,1966 年

国家档案局明清档案馆编:《戊戌变法档案史料》,北京:中华书局,1958 年

国家图书馆藏历史档案文献丛刊:《民国初期稀见文电辑录》第 1 册,北京:全国图书馆文献缩微复制中心,2006 年

国民党陆军军官学校校务委员会编撰:《黄埔军校史稿》,北京:档案出版社,1989 年

海天出版社编辑:《现代史料》,香港:波文书局,1980 年

韩策、崔学森整理,王晓秋审订:《汪荣宝日记》,北京:中华书局,2013 年

韩信夫、姜克夫主编:《中华民国史·大事记》第 2 卷,北京:中华书局,2011 年

郝平:《孙中山革命与美国》,北京:北京大学出版社,2000 年

郝盛潮主编、王耿雄等编:《孙中山集外集补编》,上海:上海人民出版社,1994 年

何平、李露点注,何平修订:《岑春煊文集》,南宁:广西人民出版社,1998 年

何香凝:《回忆孙中山和廖仲恺》,北京:生活·读书·新知三联书店,1978 年

何香凝:《回忆孙中山和廖仲恺》,北京:中国青年出版社,1957 年

贺觉非、冯天瑜:《辛亥武昌首义史》,武汉:湖北人民出版社,1985 年

胡滨编译:《英国蓝皮书有关辛亥革命资料选译》,北京:中华书局,1984 年

胡伯洲、胡波、朱明海、董少葵译:《海外友人致孙中山信札选》(一)、(二)、(三)、(四),《民国档案》2003 年第 1、2、3、4 期

胡国枢:《光复会与浙江辛亥革命》,杭州:杭州出版社,2002 年

胡汉民:《不匮室诗钞》,沈云龙主编:《近代中国史料丛刊续编》第83
    辑(826),台北:文海出版社,1981年

胡汉民:《胡汉民自传》,《近代史资料》总45号,1981年8月

胡汉民编:《总理全集》,上海:民智书局,1930年

胡思敬:《国闻备乘》,北京:中华书局,2007年

胡晓编著:《段祺瑞年谱》,合肥:安徽大学出版社,2006年

胡毅生:《记布加卑与吾党之关系》,中央党史史料编纂委员会编印:
    《中国国民党五十周年纪念特刊》,1944年

胡祖舜:《武昌开国实录》,武昌:文华印书馆,1948年

湖北省图书馆辑:《辛亥革命武昌首义史料辑录》,北京:书目文献出
    版社,1981年

湖南省地方志编纂委员会编:《湖南省志》,长沙:湖南出版社,
    1992年

湖南省社会科学院编:《黄兴集》,北京:中华书局,1981年

湖南省社会科学院编注:《陶成章信札》,长沙:岳麓书社,1985年

湖南省哲学社会科学研究所编:《唐才常集》,北京:中华书局,
    1980年

华中师范学院辛亥革命史研究室、中南地区辛亥革命史研究会编:
    《国外辛亥革命史研究动态》第2辑,武汉:1983年

华字日报馆编:《扣械潮》,香港:华字日报社,1924年

黄昌谷编:《孙中山先生演说集》,上海:民智书局,1926年

黄昌谷编:《孙中山先生由上海过日本之言论》,上海:民智书局,
    1925年

黄大汉编:《兴中会各同志革命工作史略》,丘权政、杜春和选编:《辛
    亥革命史料选辑》上,长沙:湖南人民出版社,1981年

黄福庆:《清末留日学生》,台北:"中研院"近代史研究所,1975年

黄国盛、杨奋泽:《程璧光被刺案考析》,《内蒙古大学学报(哲学社会
    科学版)》1984年第2期

黄汉纲:《中山先生事迹七则》,中国人民政治协商会议广东省委员会:《纪念辛亥革命七十周年史料专辑》下,广州:广东人民出版社,1981年

黄季陆:《比例选举制案的争辩》,《传记文学》(台北)第4卷第2期

黄季陆:《蔡元培先生与国父的关系》,《传记文学》(台北)第5卷第3期

黄季陆:《初生之犊不怕虎》,《传记文学》(台北)第4卷第4期

黄季陆:《赴义恐后的英雄》,《传记文学》(台北)第6卷第6期

黄季陆:《国父生辰的再考证》,《传记文学》(台北)第11卷第3期

黄季陆:《国父逝世前后》,《传记文学》(台北)第6卷第3期

黄季陆:《国父援助菲律宾独立运动与惠州起义》,《传记文学》(台北)第11卷第4期

黄季陆:《中国革命之友荷马李将军》,《传记文学》(台北)第14卷第4期

黄季陆编:《总理全集》,成都:近芬书屋,1944年

黄季陆等著:《研究中山先生的史料与史学》,台北:"中华民国"史料研究中心,1975年、1982年

黄季陆主编:《革命文献》第45、46、48、49、50辑,台北:"中央文物供应社",1969年

黄季陆主编:《革命文献》第51、52辑,台北:"中央文物供应社",1970年

黄健敏:《孙中山的影像与形象初探》,《世界视野下的孙中山与民族复兴——纪念孙中山先生诞辰150周年国际学术研讨会论文集》(D组),2016年

黄健敏编著:《孙眉年谱》,北京:文物出版社,2006年

黄三德:《洪门革命史》,1935年

黄兴:《1912年9月12日在旅京善化同乡会欢迎会上的讲话》,中南地区辛亥革命史研究会编:《辛亥革命史研究会通讯》第26期,

1986 年 6 月

黄彦、李伯新:《孙中山的家庭出身和早期事迹》,《广东文史资料》第
　　25 辑,广州:广东人民出版社,1979 年 10 月

黄彦、李伯新选编:《孙中山藏档选编(辛亥革命前后)》,北京:中华书
　　局,1986 年版

黄彦编:《孙文选集》,广州:广东人民出版社,2006 年

黄宇和:《分析伦敦报界对孙中山被难之报导与评论》,广东省孙中山
　　研究会编:《孙中山研究》第 1 辑

黄宇和:《三十岁前的孙中山:翠亨、檀岛、香港 1866－1895》,北京:
　　生活·读书·新知三联书店,2012 年

黄宇和:《中山先生与英国》,台北:台湾学生书局,2005 年

黄远庸:《远生遗著》,北京:商务印书馆,1984 年

黄自进:《吉野作造对近代中国的认识与评价:1906—1932》,台北:
　　"中研院"近代史研究所,1995 年

黄宗汉、王灿炽编:《孙中山与北京》,北京:人民出版社,1996 年

惠州市政协学习和文史委员会、廖金龙编著:《廖仲恺与孙中山》,北
　　京:中共党史出版社,2006 年

霍启昌:《港澳档案中的辛亥革命》,香港:商务印书馆,2011 年

简又文:《国民革命文献丛录》,广东文物展览会编:《广东文物》中册,
　　香港:中国文化协进会,1941 年

江山:《友谊之歌》,北京:新华出版社,1983 年

江苏省纪念辛亥革命七十周年筹备委员会、中国人民政治协商会议
　　江苏省委员会编:《辛亥革命在南京》,南京:江苏人民出版社,
　　1981 年

江中孝、王杰主编:《跨世纪的解读与审视:孙中山研究论文选辑:
　　1996－2006》,天津:天津古籍出版社,2006 年

姜义华:《大道之行——孙中山思想发微》,广州:广东人民出版社,
　　1996 年

蒋介石:《孙大总统广州蒙难记》,上海:民智书局,1922 年

蒋梦麟:《西潮·新潮》,长沙:岳麓书社,2000 年

蒋铁生编著:《冯玉祥年谱》,济南:齐鲁书社,2003 年

蒋永敬:《鲍罗廷与武汉政权》,台北:传记文学出版社,1972 年

蒋永敬:《胡汉民先生年谱》,台北:中国国民党中央委员会党史委员会,1978 年

蒋永敬:《民国胡展堂先生汉民年谱》,台北:台湾商务印书馆,1981 年

蒋永敬:《欧事研究会的由来和活动》,《传记文学》(台北)第 34 卷第 5 期

蒋永敬编:《华侨开国革命史料》,台北:正中书局,1977 年

蒋中正:《蒋主席书信集》,文史社,1947 年

蒋中正:《苏俄在中国》,台北:"中央文物供应社",1957 年

金冲及、胡绳武:《辛亥革命史稿》,上海:上海辞书出版社,2011 年

金天翮:《天放楼文言遗集》,1947 年铅印本

居蜜编著:《居正与近代中国:居氏家藏手稿释读》,南京:南京大学出版社,2012 年

孔庆泰:《班乐卫请赞助巴黎建筑万国大学村庄致孙中山函》,《历史档案》1985 年第 1 期

孔庆泰:《张人杰关于孙中山病情的记述》,《历史档案》1985 年第 1 期

孔祥吉:《晚清佚闻丛考——以戊戌维新为中心》,成都:巴蜀书社,1998 年

赖绍祥、房学嘉编著:《客籍志士与辛亥革命》,广州:广东人民出版社,1992 年

劳祖德整理:《郑孝胥日记》,北京:中华书局,1993 年

冷欣:《三次恭迎总理记》,《传记文学》(台北)第 7 卷 5 期

黎元洪:《黎副总统政书》,上海:广益书局,1914 年

李葆璋:《孙大总统的近卫军始末记》,中国科学院近代史研究所史料
　编译组编辑:《辛亥革命资料》,北京:中华书局,1961 年

李长林、张小曼编:《张西曼集》,长沙:湖南人民出版社,2010 年

李大钊:《李大钊文集》,北京:人民出版社,1984 年

李殿元:《新发现孙中山文稿及其研究》,成都:四川人民出版社,
　1995 年

李凡编:《近代中日关系史事记(1840—1919)》,沈阳:东北地区中日
　关系史研究会发行,1982 年

李根源:《曲石文录》,沈云龙主编:《近代中国史料丛刊续编》第 3 辑
　(28),台北:文海出版社,1974 年

李根源:《雪生年录》,沈云龙主编:《近代中国史料丛刊》第 2 辑(15),
　台北:文海出版社,1966 年

李恭忠:《"党葬"孙中山:现代中国的仪式与政治》,《清华大学学报
　(哲学社会科学版)》2006 年第 3 期

李观森编:《中国之命运与孙总理》,中华福音电台全国总会,1946 年

李国祁:《德国档案中有关中国参加第一次世界大战的几项记载》,台
　北:"中华民国"史料研究中心:《中国现代史专题研究报告》第 4
　辑,1985 年

李吉奎:《梁士诒》,广州:广东人民出版社,2005 年

李吉奎:《龙田学思琐言——孙中山研究丛稿新编》,广州:中山大学
　出版社,2011 年

李吉奎:《孙中山的生平及其事业》,广州:中山大学出版社,2001 年

李吉奎:《孙中山与日本》,广州:广东人民出版社,1996 年

李家璘、郭鸿林、郑华编辑:《北洋军阀史料·吴景濂卷》,天津:天津
　古籍出版社,1996 年

李剑农:《戊戌以后三十年中国政治史》,北京:中华书局,1965 年

李廉芳:《辛亥武昌首义纪》,武昌:湖北通志馆,1927 年、1947 年

李良玉、陈雷主编:《倪嗣冲函电集》,北京:社会科学文献出版社,

2011 年

李烈钧:《李烈钧将军自传》,三户图书社,1944 年

李烈钧:《李烈钧将军自传》,北京:中华书局,2007 年

李烈钧:《李烈钧先生文集》,台北:中国国民党中央委员会党史委员会,1981 年

李烈钧总纂:《孙大元帅戡乱记》,广州:广东测量局,1924 年

李培生:《桂系据粤之由来及其经过》,北京:中华书局,2007 年

李时岳:《〈孙中山全集〉第 1、2 卷校勘后记》,广东省孙中山研究会:《孙中山研究》第 1 辑,广州:广东人民出版社,1986 年

李实忱:《李实忱回忆录》,《天津文史资料选辑》第 44 辑,天津:天津人民出版社,1988 年

李守孔:《国父护法与广州军政府之成立》,《中国近代现代史论集》第 27 册,台北:台湾商务印书馆,1986 年

李纾:《辛亥年间同盟会员在伦敦活动补录》,《史学月刊》2001 年第 6 期

李树藩:《甲辰拒俄义勇队与长沙之革命运动》,《建国月刊》第 14 卷第 1 期

李穗梅主编:《后辛亥时代的孙中山与广州》,广州:广东科技出版社,2011 年

李穗梅主编:《孙中山与帅府名人文物与未刊资料选编》,广州:广东科技出版社,2011 年

李穗梅主编、李兴国等整理:《古应芬家藏未刊函电文稿辑释》,广州:广州出版社,2010 年

李廷江:《日本财界与辛亥革命》,北京:中国社会科学出版社,1994 年

李廷江:《孙中山委托日本人设立中央银行一事的考察》,《近代史研究》1985 年第 5 期

李廷江:《孫文と日本人——14 通の未公開書簡・電報について》,

《日本歷史》第 471 号,1987 年 8 月

李希泌等主编:《中国古代藏书与近代图书馆史料(春秋至五四前后)》,北京:中华书局,1982 年

李锡贵:《孙中山先生致黄展云先生的一封亲笔信》,《文物天地》1985年第 3 期

李宪堂、侯林莉译:《亲历晚清四十五年——李提摩太在华回忆录》,天津:天津人民出版社,2005 年

李新总编,韩信夫、姜克夫主编:《中华民国大事记》,北京:中国文史出版社,1996 年

李玉贞:《鲍罗廷在中国的有关资料》,北京:中国社会科学出版社,1983 年

李玉贞:《国民党与共产国际》,北京:人民出版社,2012 年

李玉贞:《孙中山与共产国际》,台北:"中研院"近代史研究所,1996 年

李玉贞:《辛亥革命前后孙中山与俄国革命者》,上海中山学社编:《近代中国》第 16 辑,上海:上海社会科学院出版社,2006 年

李云汉:《从容共到清党》,台北:中国学术著作奖助委员会,1966 年

李云汉:《从容共到清党》,台北:中国学术著作奖助委员会,1987 年影印 2 版

李云汉:《孙文主义学会与早期反共运动》,《中华学报》第 1 卷第 1期,1974 年 1 月

李宗黄:《李宗黄回忆录——八十三年奋斗史》,台北:中国地方自治学会,1972 年

李宗一:《袁世凯传》,北京:中华书局,1980 年

《历史研究》编辑委员会编:《史学译丛》1958 年第 3 期

郦玉明、一之:《浅议孙中山先生三封未公开发表的英文信件》,《民国档案》1992 年第 4 期

梁寒冰、魏宏运主编:《中国现代史大事记》,哈尔滨:黑龙江人民出版

社,1984 年

梁启超:《梁启超全集》,北京:北京出版社,1999 年

梁启超:《清代学术概论》,上海:上海古籍出版社,1998

梁启超:《饮冰室合集》,上海:中华书局,1936 年

梁添口述、陈庆斌笔记:《孙中山先生主持纽约同盟会成立及其活动
概况》,《广东文史资料》第 52 辑,广州:广东人民出版社,1987 年

辽宁省档案馆编:《奉系军阀档案史料汇编》第 3 册,南京:江苏古籍
出版社;香港:香港地平线出版社,1990 年

辽宁省档案馆编辑:《辛亥革命在辽宁档案史料》,辽宁省档案馆,
1981 年

廖一中、罗真容整理:《袁世凯奏议》,天津:天津古籍出版社,1987 年

廖仲恺、何香凝著,尚明轩、余炎光编:《双清文集》,北京:人民出版
社,1985 年

林锋源辑:《赣宁之役资料散辑》,《近代史资料》总 26 号,1962 年

林广志:《澳门华商与孙中山的行医及革命活动》,《历史研究》2012
年第 1 期

林家有、高桥强主编:《理想·道德·大同:"孙中山与世界和平"国际
学术研讨会论文集》,广州:中山大学出版社,2001 年

林玲玲:《廖仲恺与广东革命政府(1911—1925 年)》,台北:中国国民
党中央委员会党史委员会,1995 年

林能士:《护法运动经费的探讨——联盟者的资助》,中华民国史历史
与文化讨论集编辑委员会编:《中华民国史历史与文化》第 1 册,台
北,1984 年

林一厂著、李吉奎整理:《林一厂日记》,北京:中华书局,2012 年

林友华:《林森年谱》,北京:中国文史出版社,2012 年

凌波:《孙中山先生一封未发表的信》,《文物天地》1988 年第 1 期

刘碧蓉:《孙文与台湾》,台北:文英堂出版社,2001 年

刘伯骥:《美国华侨史》,台北,1976 年

刘成禺:《先总理旧德录》,《国史馆馆刊》创刊号,1947 年

刘大年主编:《孙中山书信手迹选》,北京:文物出版社,1986 年

刘厚生:《张謇传记》,上海:龙门联合书局,1958 年

刘家泉:《孙中山与香港》,北京:中央文献出版社,1991 年、2001 年

刘路生:《〈孙中山全集〉〈国父全集〉1912 年佚文异文考略》,《中山大
　学学报论丛》2000 年第 3 期

刘曼容:《孙中山与中国国民革命》,广州:广东人民出版社,1996 年

刘谦:《宁调元先生事略》,《建国月刊》第 3 卷第 2 期

刘绍唐主编:《民国大事日志》,台北:传记文学出版社,1973 年

刘师培:《刘申叔先生遗书》,宁武南氏,1936 年

刘寿林编:《辛亥以后十七年职官表》,台北:文海出版社,1974 年

刘望龄:《黑血·金鼓——辛亥前后湖北报刊史事长编》,武汉:湖北
　教育出版社,1991 年

刘望龄辑注:《孙中山题词遗墨汇编》,武汉:华中师范大学出版社,
　2000 年

刘泱泱编:《黄兴集》,长沙:湖南人民出版社,2008 年

刘耀:《日本顾问与南京临时政府的法制建设——以寺尾亨、副岛义
　一的学术背景为中心》,《暨南学报》2012 年第 8 期

鲁直之、谢盛之、李睡仙:《陈炯明叛国史》,新福建报经理部,1922 年

鲁直之、谢盛之、李睡仙:《陈炯明叛国史》,北京:中华书局,2007 年

《陆荣廷新论》编委会编:《陆荣廷新论》,南宁:广西民族出版社,
　1996 年

《陆荣廷与旧桂系学术研讨会论文集》编辑委员会编:《陆荣廷与旧桂
　系学术研讨会论文集》,南宁:广西人民出版社,2008 年

陆达节编:《孙中山先生外集》,上海:中华书局,1932 年

陆丹林:《革命史话》,上海:大东书局,1947 年

陆丹林:《革命史谭》,荣孟源、章伯锋主编:《近代稗海》第 1 辑,成都:
　四川人民出版社,1985 年

陆丹林:《总理在香港》,荣孟源、章伯锋主编:《近代稗海》第 1 辑,成都:四川人民出版社,1985 年

陆世益:《孙中山先生兵工计划论》,上海:北新书局,1927 年

陆天祥:《孙中山先生在翠亨》,中国人民政治协商会议广东委员会文史资料研究委员会编:《广东辛亥革命史料》,广州:广东人民出版社,1981 年

陆晓燕译:《孙中山在神户》,《近代史资料》总 68 号,1988 年 1 月

陆星:《李根源传》,北京:中国文史出版社,1998 年

鹿钟麟、刘骥、邓哲熙:《冯玉祥北京政变》,中国人民政治协商会议全国委员会文史资料研究委员会编:《文史资料选辑》第 1 卷第 4 辑,北京:中国文史出版社,1986 年

吕芳上:《朱执信与中国革命》,台北:台湾师范大学出版社,1978 年

吕芳上主编:《蒋中正先生年谱长编》第 1 册,台北:中正纪念堂,2014 年

罗福惠、萧怡编:《居正文集》,武汉:华中师范大学出版社,1989 年

罗刚:《罗编〈国父年谱〉纠谬》,台北:国民图书出版社,1962 年

罗刚编著:《中华民国国父实录》,台北:罗刚先生三民主义奖学金基金会,1988 年

罗家伦:《中山先生伦敦被难史料考订》,上海:商务印书馆,1930 年

罗家伦、黄季陆主编:《吴稚晖先生全集》,台北:中国国民党中央委员会党史史料编纂委员会,1969 年

罗家伦主编:《革命文献》第 1 辑,台北:"中央文物供应社",1958 年

罗家伦主编:《革命文献》第 2 辑,台北:"中央文物供应社",1958 年

罗家伦主编:《革命文献》第 7 辑,台北:"中央文物供应社",1978 年

罗家伦主编:《革命文献》第 10—12 辑合刊,台北:"中央文物供应社",1978 年

罗家伦主编:《国父当选临时大总统实录》,国史丛编社,1967 年

罗家伦主编:《国父墨迹》,台北:中国国民党中央委员会党史史料编

篡委员会,1961年

罗家伦主编:《国父年谱初稿》,台北:中国国民党党史料编纂委员会、"国史馆"史料编纂委员会,1958年

罗家伦主编:《国父批牍墨迹》,台北:正中书局,1955年

罗家伦主编、黄季陆增订:《国父年谱(增订本)》,台北:中国国民党中央委员会党史史料编纂委员会,1969年

罗家伦主编,黄季陆、秦孝仪增订:《国父年谱(增订本)》,台北:中国国民党中央委员会党史委员会,1985年

罗梅君:《1945年以前的德国和联邦德国关于孙中山的述评和研究》,孙中山研究学会编:《回顾与展望——国内外孙中山研究述评》,北京:中华书局,1986年

罗斯城:《三河坝演义》,广州:广东人民出版社,2002年

罗香林:《国父家世源流考》,重庆:商务印书馆,1942年

罗香林:《国父家世源流考(修订本)》,台北:台湾商务印书馆,1954年

罗香林:《国父孙公家世试探》,《更生评论》第2卷第2期

罗香林:《国父与欧美之友好》,台北:"中央文物供应社",1979年

马伯援:《我所知道的国民军与国民党合作史》,沈云龙主编:《近代中国史料丛刊三编》第3辑,台北:文海出版社,1985年

马超俊:《中国劳工运动史》,重庆:商务印书馆,1942年

马充生:《孙中山在夏威夷:活动和追随者》,北京:世界知识出版社,2003年

马勇编:《章太炎书信集》,石家庄:河北人民出版社,2003年

马振犊:《知非文集——马振犊论文选》(上),北京:九州出版社,2011年

毛思诚编篡:《民国十五年以前之蒋介石先生》,香港:龙门书店,1965年

毛注青、李鳌、陈新宪编:《蔡锷集》,长沙:湖南人民出版社,1983年

毛注青编:《黄兴年谱》,长沙:湖南人民出版社,1980 年

毛注青编著:《黄兴年谱长编》,北京:中华书局,1991 年

梅乔林、李绮庵:《开国前美洲华侨革命史略》,《建国月刊》第 6 卷第 4、5 期合刊

民革中央孙中山研究学会、民革广西区委会、梧州市人民政府编:《孙中山北伐与梧州》,南宁:广西人民出版社,2000 年

民国湖南文献委员会编:《湖南文献汇编》,长沙:湖南人民出版,2008 年

莫汝非:《程璧光殉国记》,广州,1919 年

莫汝非:《程璧光殉国记》,沈云龙主编:《近代中国史料丛刊》第 57 辑(567—8),台北:文海出版社,1966 年

莫世祥:《护法运动史》,南宁:广西人民出版社,1991 年

莫世祥:《清末孙中山、同盟会与港英政府的博弈》,《深圳大学学报(人文社会科学版)》2011 年第 5 期

莫世祥:《孙中山香港之行——近代香港英文报刊中的孙中山史料研究》,《历史研究》1997 年第 3 期

莫世祥:《中华革命党与护法运动》,《近代史研究》1990 年第 2 期

莫世祥:《中山革命在香港(1895—1925)》,香港:三联书店,2011 年

莫世祥编:《马君武集(1900—1919)》,武汉:华中师范大学出版社,1991 年

南北名人言行录丛书社编:《叶夏声》,正谊社,1920 年

宁海县政协教文卫体和文史资料委员会编:《童保暄日记》,宁波:宁波出版社,2006 年

欧正仁:《马君武传》,南宁:中国人民政治协商会议广西壮族自治区委员会文史资料研究委员会,1982 年

彭泽周:《介绍中山先生一封未公开的信》,《大陆杂志史学丛书》第 3 辑,台北:大陆杂志社,1970 年

彭泽周:《近代中国之革命与日本》,台北:台湾商务印书馆,1989 年

彭泽周:《近代中日关系研究论集》,台北:艺文印书馆,1978 年

彭泽周:《中山先生的北上与大亚洲主义》,《大陆杂志》第 66 卷第 3 期,1983 年 3 月

彭泽周:《中山先生与中国兴业公司》,《中华民国建国史讨论集》第 1 集,台北:"中央文物供应社",1981 年

千家驹编:《旧中国公债史资料》,北京:中华书局,1984 年

钱履周:《记孙中山先生来福州的见闻》,中国人民政治协商会议福建省委员会文史资料编辑室:《福建文史资料》第 6 辑,1981 年

秦孝仪主编:《国父全集》(全 12 册),台北:近代中国出版社,1989 年

秦毓鎏:《天徒自述》,《近代史资料》总 111 号,2005 年 7 月

卿斯美:《辛亥革命时期列强对华政策初探》,《纪念辛亥革命七十周年学术讨论会论文集》中册,北京:中华书局,1983 年

丘权政、杜春和选编:《辛亥革命史料选辑》,长沙:湖南人民出版社,1981 年

丘权政、杜春和选编:《辛亥革命史料选辑续编》,长沙:湖南人民出版社,1983 年

邱捷:《广州商团与商团事变》,《历史研究》2002 年第 2 期

邱捷:《孙中山的北伐战略与"三角反直同盟"》,《"孙中山北伐与梧州"学术研讨会论文集》,1999 年

屈武口述:《屈武回忆录》,北京:团结出版社,2002 年

全国政协文史资料委员会编:《文史资料存稿选编·东征北伐》,北京:中国文史出版社,2002 年

全国政协文史资料研究委员会、中国国民党革命委员会中央宣传部合编:《于右任文选》,北京:中国文史出版社,1987 年

全国政协文史资料研究委员会等编:《孙中山先生画册》,北京:中国文史出版社,1986 年

饶怀民:《刘揆一与辛亥革命》,长沙:岳麓书社,1992 年

荣孟源、章伯锋主编:《近代稗海》第 1、7 辑,成都:四川人民出版社,

1985 年、1987 年

荣孟源主编:《中国国民党历次代表大会及中央全会资料》,北京:光明日报出版社,1985 年

桑兵:《庚子勤王与晚清政局》,北京:北京大学出版社,2004 年

桑兵:《排日移民法案与孙中山的大亚洲主义演讲》,《中山大学学报》2006 年第 6 期

桑兵:《孙中山的活动与思想》,广州:中山大学出版社,2001 年

桑兵:《孙中山生平活动史实补正》,中山大学学报编辑部:《孙中山研究论丛》第 4 集,广州:中山大学历史系,1986 年

桑兵主编:《各方致孙中山函电汇编》,北京:社会科学文献出版社,2012 年

汕尾市人物研究史料编辑委员会:《汕尾市人物研究史料(陈炯明与粤军研究史料)》第 1 辑,1994 年 3 月

上海社会科学院历史研究所编:《辛亥革命在上海史料选辑》,上海:上海人民出版社,1966 年、1981 年

上海社会科学院历史研究所编:《辛亥革命在上海史料选辑(增订版)》,上海:上海人民出版社,2011 年

上海市档案馆:《中国公学档案辑存》,《近代史资料》总 69 号,1988 年 8 月

上海市档案馆编:《辛亥革命与上海——上海公共租界工部局档案选译》,上海:百家出版社,2011 年

上海市孙中山宋庆龄文物管理委员会、上海宋庆龄研究会编:《宋耀如生平档案文献汇编》,上海:东方出版中心,2013 年

上海市文物保管委员会编:《康有为与保皇会》,上海:上海人民出版社,1982 年

上海孙中山宋庆龄文物管理委员会编:《上海孙中山宋庆龄文物图录》,上海:世纪出版集团、上海辞书出版社,2005 年

上海孙中山宋庆龄文物管理委员会编:《孙中山宋庆龄文献与研究》

第 2 辑,上海:上海书店出版社,2011 年

上海通社编:《上海研究资料续集》,上海:上海书店,1984 年

上海图书馆编:《汪康年师友书札》,上海:上海古籍出版社,1986 年

尚明轩:《宋庆龄年谱长编》,北京:社会科学文献出版社,2009 年

尚明轩等编:《宋庆龄年谱》,北京:中国社会科学出版社,1986 年

尚明轩、王学庄、陈崧编:《孙中山生平事业追忆录》,北京:人民出版社,1986 年

尚明轩主编:《孙中山全集》,北京:人民出版社,2016 年

邵雍:《辛亥革命与中国社会》,合肥:合肥工业大学出版社,2012 年

邵元冲:《玄圃遗书》,台北:正中书局,1954 年

绍兴市政协文史资料组:《辛亥革命绍兴史料——纪念辛亥革命七十周年》,1981 年

沈家五等:《孙中山镇压广东商团叛乱文电》,《历史档案》1982 年第 1 期

沈渭滨:《关于孙中山与黄埔军校的若干思考》,《广东社会科学》2004 年第 5 期

沈渭滨:《孙中山与辛亥革命(增订本)》,上海:上海人民出版社,2011 年

沈渭滨:《一八九四年孙中山谒见李鸿章一事的新资料》,《辛亥革命史丛刊》第 1 辑,北京:中华书局,1980 年

沈晓敏:《孙中山、徐绍桢关系述论》,《近代史研究》2010 年第 1 期

沈亦云:《亦云回忆》,台北:传记文学出版社,1980 年

沈云龙:《中国共产党之来源》,台北:文海出版社,1986 年

沈云龙访问、谢文孙纪录:《傅秉常先生访问纪录》,台北:"中研院"近代史研究所,1993 年

沈云苏:《上海信成银行始末》,《近代史资料》总 55 号,1984 年 4 月

沈云苏:《辛亥革命时期后的上海中华银行》,中国人民政治协商会议上海市委员会文史资料工作委员会编:《辛亥革命七十周年——文

史资料专辑》,上海:上海人民出版社,1981 年

沈云荪:《辛亥革命时期上海中华银行的资料》,中国人民政治协商会议全国委员会文史资料研究委员会编:《文史资料选辑》第 76 辑,1981 年

盛永华:《宋庆龄年谱(1893—1981)》,广州:广东人民出版社,2006 年

盛永华、赵文房、张磊编:《孙中山与澳门》,北京:文物出版社,1991 年

石芳勤编:《谭人凤集》,长沙:湖南人民出版社,1985 年、2008 年

石建国:《中国境内韩国反日独立复国运动研究》,杭州:浙江大学出版社,2014 年

石青阳:《大英帝国之基础及其近百年来之外交政策》,北京:北京民生周刊社,1925 年

史勋济:《怀念我的嗣父史坚如》,中国人民政治协商会议广东省委员会:《纪念辛亥革命七十周年史料专辑》(上),广州:广东人民出版社,1981 年

视野:《淮上军——张汇滔年谱》,长春:吉林文史出版社,2006 年

四川省文史研究馆编:《四川军阀史料》第 2、3 辑,成都:四川人民出版社,1983、1985 年

四川省文史研究馆编:《文史杂志》,1985 年第 2 期

宋庆龄:《宋庆龄书信集》,北京:人民出版社,1999 年

宋庆龄:《宋庆龄选集》,北京:人民出版社,1992 年

宋庆龄:《为新中国奋斗》,北京:人民出版社,1952 年

孙宝瑄:《孙宝瑄日记》,北京:中华书局,2015 年

孙宝瑄:《忘山庐日记》,上海:上海古籍出版社,1983 年

孙彩霞:《新旧政学系》,北京:华夏出版社,1997 年

孙科:《八十述略》,萧继宋主编:《革命人物志》第 13 卷,台北:"中央文物供应社",1975 年

孙瑞芹译:《德国外交文件有关中国交涉史料选译》第 3 卷,北京:商务印书馆,1960 年

孙氏:《列祖生没纪念部(簿)》,《东莞文史》第 26 辑,1997 年 9 月

孙文著、吴曼君编选:《总理谈话集》,江西省三民主义文化运动委员会,1941 年

孙修福、喻春生:《新发现的中国国民党总理批文(三)》,《民国档案》2001 年第 3 期

孙燕京、张研主编:《民国史料丛刊续编》369,"政治·民国初政",郑州:大象出版社,2012 年

孙曜编:《中华民国史料》,台北:文海出版社,1973 年

孙逸仙博士医学院筹备委员会编:《总理开始学医与革命运动五十周年纪念史略》,广州:岭南大学,1935 年

孙中山:《中国的司法改革》(Judiciul Reform in China),伦敦《东亚季刊》(*East Asian Quarterly*)第 1 卷第 1 号,1897 年 7 月(贺跃夫译文,《中山大学学报(社会科学版)》1984 年第 1 期)

孙中山、涩泽荣一拟,陈明译:《中国兴业股份公司发起书》,《岭南文史》1994 年第 3 期

孙中山年谱新编编纂组:《孙中山年谱新编》初稿(油印本),广州,1965 年

孙中山先生国葬纪念委员会:《哀思录》,台北:文海出版社,1986 年

孙中山研究学会编:《回顾与展望——国内外孙中山研究述评》,北京:中华书局,1986 年

谭伯羽:《谭组庵先生年谱》,台北,1964 年

谭群玉:《派系和制衡:军政府改组与南北政局》,中山大学历史学系未刊博士论文,2003 年

谭人凤:《石叟牌词》,兰州:甘肃人民出版社,1983 年

谭延闿编:《总理遗墨》第 1－3 辑,1928－1930 年

汤锐祥:《护法舰队史》,广州:中山大学出版社,1992 年

汤锐祥:《护法舰队史(增订本)》,北京:海洋出版社,2011年

汤锐祥:《孙中山与海军护法研究》,北京:学苑出版社,2006年

汤锐祥编:《护法运动史料汇编》,广州:花城出版社,2003年

汤锐祥编注:《护法时期孙中山轶文集》,北京:海洋出版社,2011年

汤志钧:《乘桴新获——从戊戌到辛亥》,南京:江苏古籍出版社,1990年

汤志钧:《自立军起义前后的孙、康关系及其他——新加坡丘菽园家藏资料评析》,《近代史研究》1992年第2期

汤志钧编:《陶成章集》,北京:中华书局,1986年

汤志钧编:《章太炎年谱长编》,北京:中华书局,1979年

汤志钧编:《章太炎年谱长编(增订本)》上册,北京:中华书局,2013

汤志钧编:《章太炎政论选集》,北京:中华书局,1977年

汤钟琰:《斯诺〈西行漫记〉唐某姓氏事迹考略》,《青海师范学院学报》1981年第3期

唐文权、桑兵编:《戴季陶集:1909-1920》,武汉:华中师范大学出版社,1990年

唐文权编:《雷铁厓集》,武汉:华中师范大学出版社,1984年

唐志敬:《马君武评传》,《广西社会科学》1988年03期

陶菊隐:《北洋军阀统治时期史话》,北京:生活·读书·新知三联书店,1983年

陶菊隐:《北洋军阀统治时期史话》,海口:海南出版社,2006年

陶菊隐:《筹安会"六君子"传》,北京:中华书局,1981年

天津历史博物馆编:《北洋军阀史料》,天津:天津古籍出版社,1996年

天津市档案馆编:《北洋军阀天津档案史料选编》,天津:天津古籍出版社,1990年

天津市档案馆编:《袁世凯天津档案史料选编》,天津:天津古籍出版

社,1990 年

天啸:《李烈钧出巡记》,北京:中华书局,2007 年

田伏隆主编:《辛亥革命在湖南》,长沙:岳麓书社,1997 年

田伏隆主编:《忆黄兴》,长沙:岳麓书社,1996 年

田桐:《革命闲话》,《太平杂志》第 1 卷第 2 号

田子渝:《孙中山与北伐》,《湖北大学学报》1997 年第 5 期

万仁元、方庆秋主编:《中华民国史史料长编》,南京:南京大学出版
　社,1993 年

汪朝光:《南北对峙中的护法运动——兼论护法时期的孙中山与西南
　地方实力派》,《史学月刊》2008 年第 1 期

汪叔子编:《文廷式集》,北京:中华书局,1993 年

王宠惠:《总理伦敦蒙难史料》,《建国月刊》第 3 卷第 5 期

王道瑞:《熊成基被捕案》,《历史档案》1982 年第 3 期

王耿雄:《孙中山史事详录 1911—1913》,天津:天津人民出版社,
　1986 年

王耿雄:《孙中山与上海》,上海:上海人民出版社,1991 年

王耿雄编:《伟人相册的盲点——孙中山留影辨正》,上海:上海书店
　出版社,2001 年

王杰、张金超编:《田桐集》,武汉:华中师范大学出版社,2011 年

王景濂、唐乃霈编:《中华民国法统递嬗史》,民视社,1922 年

王雷:《误读的共和——1916—1924 年的北京国会》,2008 年上海师
　范大学博士论文

王凌:《有关刘师培一则反清史料》,《历史档案》1988 年第 3 期

王美嘉:《两广总督等查缉孙中山革命活动密札》,《历史档案》1986
　年第 3 期

王世儒:《新发现的孙中山先生关于办报的一封信》,《北京大学学报》
　1983 年第 5 期

王舜祁主编:《蒋氏幕下奉化人》,《奉化文史资料》第 12 辑,2001 年

12 月

王铁崖主编:《中外旧约章汇编》,北京:生活·读书·新知三联书店,
1959 年

王晓秋:《改良与革命:晚清民初史事新探》,北京:北京大学出版社,
2012 年

王彦威纂辑、王亮编、王敬立校:《清季外交史料》,北京:书目文献出
版社,1987 年

王仰清、许映湖标注:《邵元冲日记》,上海:上海人民出版社,1990 年

王云五等著:《我怎样认识国父孙先生》,台北:传记文学出版社,
1967 年

王芸生编著:《六十年来中国与日本》,北京:生活·读书·新知三联
书店,1979－1982 年

王咨臣:《孙中山 1912 年夏季行程纪事》,《辛亥革命史丛刊》第 4 辑,
北京:中华书局,1982 年

隗瀛涛、赵清主编:《四川辛亥革命史料》,成都:四川人民出版社,
1981 年

魏绍昌编:《孽海花资料》,上海:上海古籍出版社,1982 年

温惠臣:《文静的人——孙文》,1977 年 5 月《有邻》第 114 号

文公直:《最近三十年中国军事史》下册,沈云龙主编:《近代中国史料
丛刊》第 64 辑,台北:文海出版社,1971 年

吴朝晋口述、李滋汉笔记:《孙中山三赴纽约》,《近代史资料》总 64
号,1987 年 1 月

吴剑杰主编:《湖北咨议局文献资料汇编》,武汉:武汉大学出版社,
1991 年

吴景平:《宋子文政治生涯编年》,福州:福建人民出版社,1998 年

吴景平:《孙中山建立近代银行的思想主张与实践》,《民国档案》2001
年第 2 期

吴叔班记录、张树勇整理:《吴景濂自述年谱(下)》,《近代史资料》总

107 号,2003 年 12 月

吴廷燮编:《合肥执政年谱初稿》,台北:文海出版社,1971 年

吴相湘:《国父联击北洋皖奉各系的一些史料》,《传记文学》(台北)第44 卷第 3 期

吴相湘:《王宠惠是蜚声国际法学家》,《传记文学》(台北)第 44 卷第 1 期

吴相湘编撰:《孙逸仙先生传》,台北:远东图书公司,1982 年

吴相湘主编:《中国现代史丛刊》第 1 册、第 2 册、第 3 册,台北:正中书局,1959 年、1978 年、1961 年

吴艺五:《我所知道的方声涛》,《上海文史资料存稿汇编》第 2 册,上海:上海古籍出版社,2001 年

吴玉章:《吴玉章回忆录》,北京:中国青年出版社,1978 年

吴玉章:《辛亥革命》,北京:人民出版社,1961 年

吴稚晖:《吴稚晖文存》,北京:东方出版社,2015 年

吴宗慈:《护法计程》,南昌,1947 年

吴宗濂:《随轺笔记四种》,著易堂,光绪二十八年(1902 年)

伍朝枢:《伍朝枢日记》,《近代史资料》总 69 号,1988 年 8 月

武汉大学历史系中国近代史教研室编:《辛亥革命在湖北史料选辑》,武汉:湖北人民出版社,1981 年

遐庵年谱汇稿编印会编:《叶遐庵先生年谱》,1945 年

夏良才主编:《近代中国对外关系》,成都:四川人民出版社,1985 年

项定荣:《国父七访美檀考述》,台北:时报文化出版事业有限公司,1982 年

萧继宗主编:《革命文献》第 69 辑,台北:"中央文物供应社",1976 年

谢本书等编:《云南辛亥革命资料》,昆明:云南人民出版社,1981 年

谢持:《谢持日记未刊稿》,桂林:广西师范大学出版社,2007 年

谢克昌主编:《孙中山与山西》,北京:团结出版社,2011 年

辛亥革命武昌起义纪念馆、政协湖北省委员会文史资料研究委员会

合编:《湖北军政府文献资料汇编》,武汉:武汉大学出版社,
　　1986 年

熊克武等撰、张颐眉批:《蜀党史稿》,《辛亥革命史丛刊》第 2 辑,北
　　京:中华书局,1980 年

徐道邻编:《徐树铮先生文集年谱合刊》,台北:台湾商务印书馆,
　　1962 年

徐辉琪编辑:《李烈钧文集》,南昌:江西人民出版社,1988 年

徐维扬编、邓慕韩订:《庚戌广东新军举义记》,广州:中山大学出版
　　社,1990 年

徐永昌:《徐永昌日记》,台北:"中研院"近代史研究所,1990 年

徐咏平:《民国陈英士先生其美年谱》,台北:台湾商务印书馆,
　　1980 年

许师慎:《国父当选临时大总统实录》,国史丛编社,1967 年

严昌洪、张铭玉、傅蟾珍编:《张难先文集》,武汉:华中师范大学出版
　　社,2005 年

严昌洪主编:《辛亥革命史事长编》,武汉:武汉出版社,2011 年

严复著、王栻主编:《严复集》,北京:中华书局,1986 年

阎锡山:《阎锡山早年回忆录》,台北:传记文学出版社,1968 年

颜清湟著、李恩涵译:《星、马华人与辛亥革命》,台北:联经出版事业
　　公司,1982 年

扬州师范学院历史系编:《辛亥革命江苏地区史料》,南京:江苏人民
　　出版社,1961 年

杨光辉等编:《中国近代报刊发展概况》,北京:新华出版社,1986 年

杨汉翔:《纪念总理庚戌在槟城关于筹划辛亥广州举义之演说》,《建
　　国月刊》第 3 卷第 1 期

杨恺龄:《国父与吴稚晖先生》,《三民主义》半月刊,1953 年 1—3 期

杨衢云纪念特辑编辑委员会:《百年英烈:杨衢云纪念特辑》(非卖
　　品),香港,2000 年

杨世骥:《辛亥革命前后湖南史事》,长沙:湖南人民出版社,1958 年

杨天宏:《国民党与善后会议关系考析》,《近代史研究》2000 年第
　3 期

杨天石:《从帝制走向共和——辛亥前后史事发微》,北京:社会科学
　文献出版社,2002 年

杨天石:《国民党人与前期中华民国》,北京:中国人民大学出版社,
　2007 年

杨天石:《海外访史录》,北京:社会科学文献出版社,1998 年

杨天石:《犬养毅纪念馆所见孙中山康有为等人手迹》,《历史档案》
　1986 年第 1 期

杨天石:《孙中山与民初政局》,台北:风云时代出版股份有限公司,
　2009 年

杨天石:《找寻真实的蒋介石:蒋介石日记解读》,太原:山西人民出版
　社,2008 年

杨天石、[日]狭间直树:《何天炯与孙中山》,《历史研究》1987 年第
　5 期

杨天石、王学庄编:《拒俄运动》,北京:中国社会科学出版社,1979 年

杨天石主编:《钱玄同日记》,北京:北京大学出版社,2014 年

杨雪峰:《国父给徐谦几封未见发表的函电》,《传记文学》(台北)第
　41 卷第 5 期

杨玉如:《辛亥革命先著记》,北京:科学出版社,1958 年

杨云若:《共产国际和第一次国共合作的形成》,《党史通讯》1987 年
　第 2 期

杨云若:《共产国际和中国革命关系纪事(1919—1943)》,北京:中国
　社会科学出版社,1983 年

杨政知等选编:《孙中山先生墨迹》,石家庄:河北人民出版社,
　1986 年

姚金果:《解密档案中的孙中山》,北京:东方出版社,2011 年

叶恭绰编:《总理遗墨》,1934 年

叶夏声:《国父民初革命纪略》,广州:孙总理侍卫同志社,1948 年

易汉文主编:《孙中山与中山大学》,广州:中山大学出版社,2005 年

易汉文主编:《中山大学编年史》,广州:中山大学出版社,2005 年

易宗夔:《新世说》,上海:上海古籍书店影印,1982 年

殷安如、刘颖白编:《陈去病诗文集》,北京:社会科学文献出版社,
 2009 年

于右任等:《国父九十诞辰纪念论文集》,台北:中华文化出版事业委
 员会,1955—1956 年

余齐昭:《孙中山文史图片考释》,广州:广东省地图出版社,1999 年

俞辛焞:《孙中山与日本关系研究》,北京:人民出版社,1996 年

俞辛焞:《孫文の革命運動と日本》,東京:六興出版,1988 年

俞辛焞、王振锁编译:《黄兴在日活动秘录》,《民国档案》1987 年第 1
 期、第 3 期

俞辛焞、王振锁等译:《孙中山在日活动密录(1913 年 8 月—1916 年
 4 月)——日本外务省档案》,天津:南开大学出版社,1990 年

俞辛焞、熊沛彪:《孙中山宋庆龄与梅屋庄吉夫妇》,北京:中华书局,
 1991 年

俞辛焞编:《黄兴在日活动秘录》,天津:天津人民出版社,1998 年

宇皓、文瞻:《孙中山与侨乡松口》,《羊城晚报》1981 年 10 月 10 日

云南省档案馆编:《云南档案史料》第 1 期,昆明:云南省档案馆,
 1983 年

云愉民:《新加坡琼侨概况》,海口:海南书局,1931 年

恽毓鼎著、史晓风整理:《恽毓鼎澄斋日记》,杭州:浙江古籍出版社,
 2004 年

臧运祜:《孙中山与〈中华民国临时约法〉关系纵论》,《华中师范大学
 学报》2012 年第 5 期

曾度洪:《桂林简史》,南宁:广西人民出版社,1984 年

曾宪林、朱丹:《试论二十年代初孙中山的两次北伐》,《江汉论坛》
　　1991年第1期

曾业英编:《蔡松坡集》,上海:上海人民出版社,1984年

张国焘:《我的回忆》,北京:东方出版社,1998年

张国焘:《我的回忆》第1册,现代史料编订出版社,1980年

张国福选编:《参议院议事录·参议院议决案汇编》,北京:北京大学
　　出版社,1989年

张国淦:《北洋述闻》,上海:上海书店出版社,1998年

张国淦:《孙中山与袁世凯的斗争》,《近代史资料》总7号,1955年

张国淦:《辛亥革命史料》,上海:龙门书局,1958年

张篁溪:《戊戌政变后继之富有票党会》,中国史学会主编:《中国近代
　　史资料丛刊·戊戌变法》第4册,上海:上海人民出版社,1957年

张继:《回忆录》,《国史馆馆刊》第1卷第2号

张继:《张溥泉先生回忆录·日记》,台北:文海出版社,1982年

张继:《张溥泉先生全集》,台北:"中央文物供应社",1951年

张静庐:《中国近代出版史料二编》,北京:中华书局,1957年

张黎辉、蒋原寰等编辑:《北洋军阀史料·黎元洪卷》,天津:天津古籍
　　出版社,1996年

张枬、王忍之编:《辛亥革命前十年间时论选集》,北京:生活·读书·
　　新知三联书店,1960—1963年

张瑞成编:《国父孙先生与台湾》,秦孝仪主编:《中国现代史史料丛
　　编》第1集,台北:"中央文物供应社",1989年

张世福主编:《一九二二至一九二三年孙中山在沪期间各地来电汇
　　编》,上海:上海书店出版社,1998年

张淑娟:《国会议员与民国宪政(1916-1923)——以吴景濂的政治活
　　动为中心》,北京:中国政法大学出版社,2013年

张晓辉、苏苑:《唐绍仪传》,珠海:珠海出版社,2004年

张孝若:《南通张季直先生传记》,上海:中华书局,1930年

张益弘:《三民主义之考证与补遗》,台北:恬然书舍,1984 年

张振鹍:《孙中山对外关系中的几件史料》,《历史研究》1981 年第4 期

张振鹍:《辛亥革命期间的孙中山与法国》,《近代史研究》1981 年第3 期

章伯锋、顾亚主编:《近代稗海》第 12 辑,成都:四川人民出版社,1988 年

章伯锋主编:《北洋军阀(1912—1928)》,武汉:武汉出版社,1990 年

章开沅:《实斋笔记》,北京:东方出版中心,1998 年

章开沅、罗福惠、严昌洪主编:《辛亥革命史资料新编》,武汉:湖北人民出版社,2006 年

章开沅辑:《赣宁之役资料辑录》,《近代史资料》总 31 号,1963 年

章士钊:《与黄克强相交始末》,《湖南文史资料》第 1 辑,长沙:湖南人民出版社,1981 年

章天觉:《回忆辛亥》,《辛亥革命史丛刊》第 2 辑,北京:中华书局,1980 年

赵德馨主编:《张之洞全集》,武汉:武汉出版社,2008 年

赵立人:《程璧光与护法运动》,《历史研究》1999 年第 3 期

赵尊岳:《惜阴堂革命记》,《近代史资料》总 53 号,1983 年 11 月

浙江省辛亥革命史研究会、浙江省图书馆编:《辛亥革命浙江史料选辑》,杭州:浙江人民出版社,1981 年

郑东梦编:《檀山华侨》,檀香山,1929 年

郑匡民、茅海建:《日本政府关于戊戌变法的外交档案选译》(二),《近代史资料》总 113 号,2006 年

郑曦原编,李方惠、胡书源、郑曦原译:《帝国的回忆:〈纽约时报〉晚清观察记(修订本)》,北京:当代中国出版社,2007 年

郑彦棻:《往事忆述》,台北:传记文学出版社,1978 年

郑贞文:《孙中山先生来闽》,中国人民政治协商会议福建省委员会文

史资料编辑室:《福建文史资料》第 6 辑,福州:福建人民出版社,
　1981 年

"中华民国""开国"五十年文献编纂委员会编:《中华民国开国五十年
　文献》,台北:"中央文物供应社",1961—1966 年

"中华民国"各界纪念国父百年诞辰筹备委员会学术论著编纂委员会
　主编:《革命先烈先进诗文选集》,台北:"中华民国"各界纪念国父
　百年诞辰筹备委员会,1965 年

"中华民国"各界纪念国父百年诞辰筹备委员会学术论著编纂委员会
　主编:《国父年谱》,台北:"中华民国"各界纪念国父百年诞辰筹备
　委员会,1965 年

"中华民国"各界纪念国父百年诞辰筹备委员会学术论著编纂委员会
　主编、中国国民党中央党史史料编纂委员会编:《国父墨迹》,台北:
　"中华民国"各界纪念国父百年诞辰筹备委员会,1965 年

"中华民国"史料研究中心编:《中国现代史专题研究报告》第 4 辑,台
　北:"中华民国"史料研究中心,1985 年

"中华民国"史事纪要编辑委员会编:《中华民国史事纪要(初稿)》,台
　北:"中华民国"史料研究中心,1975－1986 年

"中央研究院"近代史研究所编印:《中法越南交涉档》,1983 年

《中山大学学报》编辑部编:《孙中山研究论丛》第 1、3、4、5、6 集,广
　州:中山大学历史系,1983、1985、1986、1987、1988 年

《中山大学学报》编辑部编:《孙中山研究论文集》第 10—11 集,广州:
　中山大学历史系,1994 年

《中山大学学报》编委会:《历史人物资料丛编之五·孙中山年谱》,香
　港:大东图书公司,1980 年

《中山墨宝》编委会编:《中山墨宝》,北京:北京出版社,1996 年

中共广东省委党史资料征集委员会等编:《谭平山研究资料》,广州:
　广东人民出版社,1989 年

中共中央党史研究室第一研究部编:《共产国际、联共(布)与中国革

命文献资料选辑:1917—1925》,北京:北京图书馆出版社,1997 年

中共中央书记处编:《六大以前党的历史材料》,北京:人民出版社, 1980 年

中国蔡元培研究会编:《蔡元培全集》,杭州:浙江教育出版社, 1998 年

中国第二历史档案馆:《南京临时政府拟以招商局产抵借日债史料》, 《历史档案》1983 年第 3 期

中国第二历史档案馆:《孙中山关于法律解决"宋案"之资料二件》, 《民国档案》1988 年第 1 期

中国第二历史档案馆、云南省档案馆合编:《护法运动》,北京:档案出 版社,1993 年

中国第二历史档案馆编:《蒋介石年谱初稿》,北京:档案出版社, 1992 年

中国第二历史档案馆编:《蒋介石年谱(1887—1926)》,北京:九州出 版社,2012 年

中国第二历史档案馆编:《南京临时政府遗存珍档》,南京:凤凰出版 社,2011 年

中国第二历史档案馆编:《善后会议》,北京:档案出版社,1985 年

中国第二历史档案馆编:《中国国民党第一、二次全国代表大会会议 史料》,南京:江苏古籍出版社,1986 年

中国第二历史档案馆编:《中华民国史档案资料汇编》第 2 辑,南京: 江苏人民出版社,1981 年

中国第二历史档案馆编:《中华民国史档案资料汇编》第 3、4 辑,南 京:江苏古籍出版社,1991 年

中国第一历史档案馆、北京师范大学历史系编选:《辛亥革命前十年 民变档案史料》,北京:中华书局,1985 年

中国第一历史档案馆、海峡两岸交流中心编:《清宫辛亥革命档案汇 编》,北京:九州出版社,2011 年

中国第一历史档案馆编:《光绪宣统两朝上谕档》,桂林:广西师范大学出版社,1996年

中国革命党:《民报二十四号停止情形报告》,《近代史资料》总26号,1962年

中国国民党中央党史史料编纂委员会编:《革命先烈先进传》,台北:"中华民国"各界纪念国父百年诞辰筹备委员会发行,1965年

中国国民党中央委员会党史委员会:《邹鲁先生文集》,台北:中国国民党中央委员会党史委员会,1984年

中国国民党中央委员会党史委员会编:《胡汉民先生文集》第2册,台北:"中央文物供应社",1978年

中国国民党中央委员会党史委员会编:《张溥泉先生全集(续编)》,台北:中国国民党中央委员会党史委员会,1982年

中国国民党中央委员会党史委员会编订:《国父全集》(全6册),台北:中国国民党中央委员会党史委员会,1973年

中国国民党中央委员会党史委员会编订:《国父全集》(全7册),台北:中国国民党中央委员会党史委员会,1981年

中国国民党中央委员会党史委员会编订:《国父全集补编》,台北:中国国民党中央委员会党史委员会,1985年

中国国民党中央委员会党史委员会编印:《中国国民党八十年大事年表》,1974年

中国国民党中央执行委员会党史史料编纂委员会编印:《总理年谱长编初稿》,1932年

中国国民党中央执行委员会西南执行部编印:《革命先烈纪念专刊》,1933年

中国近现代史编委会编:《中国近现代史大事记》,北京:知识出版社,1982年

中国科学院近代史研究所近代史资料编辑组编:《徐树铮电稿》,《近代史资料》专刊第2号,北京:中华书局,1963年

中国科学院近代史研究所近代史资料编辑组编辑:《一九一九年南北议和资料》,《近代史资料》专刊第 1 号,北京:中华书局,1962 年

中国科学院近代史研究所中华民国史组:《中华民国史资料丛稿·大事记》第 1 辑、第 2 辑,北京:中华书局,1973 年、1975 年

中国科学院近代史研究所中华民国史组、广东省哲学社会科学研究所历史研究室编:《孙中山年谱》(征求意见稿),北京:中华书局,1976 年

中国科学院历史研究所第三所编:《云南杂志选辑》,北京:科学出版社,1958 年

中国劳工运动史编纂委员会编纂:《中国劳工运动史》第 2 册,台北:中国劳工福利出版社,1966 年

中国人民解放军政治学院党史教研室编:《中共党史参考资料》第 2 册,1980 年

中国人民政治协商会议安徽省委员会文史资料委员会等编:《冯玉祥将军》,1988 年

中国人民政治协商会议大理白族自治州委员会文史资料研究委员会编:《大理州文史资料》第 3 辑(《辛亥革命护国运动专辑》),1985 年

中国人民政治协商会议福建省福州市委员会文史资料工作委员会编:《福州文史资料选辑》第 10 辑,1990 年

中国人民政治协商会议广东省广州市委员会文史资料研究委员会编:《广州文史资料》第 7 辑、第 11 辑,1963 年、1964 年

中国人民政治协商会议广东省委员会文史资料研究委员会:《广东辛亥革命史料》,广州:广东人民出版社,1962 年、1981 年

中国人民政治协商会议广东省委员会文史资料研究委员会编:《广东文史资料》第 1 辑,1963 年再版

中国人民政治协商会议广东省委员会文史资料研究委员会:《纪念辛亥革命七十周年史料专辑》,广州:广东人民出版社,1981 年

中国人民政治协商会议广东省委员会文史资料研究委员会、中山大学历史系孙中山研究室:《广东文史资料》第 25 辑(《孙中山史料专辑》),广州:广东人民出版社,1979 年

中国人民政治协商会议广东省委员会文史资料研究委员会编:《广东文史资料》第 43 辑(《广东军阀史大事记》),广州:广东人民出版社,1984 年

中国人民政治协商会议广东省委员会文史资料研究委员会编:《孙中山与辛亥革命史料专辑》,广州:广东人民出版社,1981 年

中国人民政治协商会议广西壮族自治区委员会文史资料委员会编《老桂系纪实》,南宁:广西人民出版社,2003 年

中国人民政治协商会议湖北省委员会:《辛亥首义回忆录》第 1 辑、第 2 辑、第 3 辑、第 4 辑,武汉:湖北人民出版社,1957 年、1980 年、1982 年、1958 年

中国人民政治协商会议江西省奉新县委员会文史资料研究委员会编:《张勋史料》,《奉新文史资料》第 2 辑,1986 年

中国人民政治协商会议全国委员会、中国人民政治协商会议广东省委员会、中国人民政治协商会议广州市委员会文史资料研究委员会编:《孙中山三次在广东建立政权》,北京:中国文史出版社,1986 年

中国人民政治协商会议全国委员会文史资料研究委员会:《第一次国共合作时期的黄埔军校》,北京:文史资料出版社,1984 年

中国人民政治协商会议全国委员会文史资料研究委员会编:《文史资料选辑》第 2 辑,北京:中华书局,1960 年

中国人民政治协商会议全国委员会文史资料研究委员会编:《辛亥革命回忆录》第 1 集,第 2、3 集,第 4 集,第 5、6 集,第 7、8 集,北京:文史资料出版社,1961 年、1962 年、1963 年、1963 年、1982 年

中国人民政治协商会议陕西省委员会文史资料研究委员会编:《陕西辛亥革命回忆录》,西安:陕西人民出版社,1982 年

中国人民政治协商会议浙江省委员会文史资料研究委员会编:《浙江辛亥革命回忆录》,杭州:浙江人民出版社,1981 年

中国社会科学院近代史研究所、中华民国史研究室编:《中华民国史资料丛稿·大事记》第 4 辑、第 9 辑、第 10 辑、第 11 辑,北京:中华书局,1975 年、1986 年、1986 年、1978 年

中国社会科学院近代史研究所《国外中国近代史研究》编辑部编:《国外中国近代史研究》第 3 辑,北京:中国社会科学院出版社,1982 年

中国社会科学院近代史研究所《国外中国近代史研究》编辑部编:《国外中国近代史研究》第 4 辑,北京:中国社会科学出版社,1983 年

中国社会科学院近代史研究所编,杜春和、耿来金整理:《白坚武日记》第 1 册,南京:江苏古籍出版社,1992 年

中国社会科学院近代史研究所翻译室编译:《共产国际有关中国革命的文献资料(1919—1928)》第 1 辑,北京:中国社会科学出版社,1981 年

中国社会科学院近代史研究所近代史资料编辑组编:《华侨与辛亥革命》,北京:中国社会科学出版社,1981 年

中国社会科学院近代史研究所近代史资料编辑组编:《近代史资料》总 40 号、42 号、74 号,北京:中华书局,1979 年、1980 年、1989 年

中国社会科学院近代史研究所近代史资料编辑组编:《辛亥革命资料类编》,北京:中国社会科学出版社,1981 年

中国社会科学院近代史研究所近代史资料编译室编著:《一九一九年南北议和资料》,北京:知识产权出版社,2013 年

中国社会科学院近代史研究所译:《顾维钧回忆录》第 1 分册,北京:中华书局,1983 年

中国社会科学院历史研究所第三所编:《刘坤一遗集》,北京:中华书局,1959 年

中国社会科学院现代史研究室编译:《维经斯基在中国的有关史料》,

北京:中国社会科学出版社,1982年

中国社科院近代史研究所、中国第二历史档案馆史料编辑部编:《五四爱国运动档案资料》,北京:中国社会科学出版社,1980年

中国史学会主编:《中国近代史资料丛刊·辛亥革命》,上海:上海人民出版社,1957年

中国孙中山研究学会编:《孙中山和他的时代——孙中山研究国际学术讨论会文集》,北京:中华书局,1989年

中国现代革命史资料丛刊:《马林在中国的有关资料(增订本)》,北京:人民出版社,1984年

中国新闻社编:《纪念辛亥革命七十周年(图片集)》,北京:中国新闻社,1981年

中国银行总行、中国第二历史档案馆合编:《中国银行行史资料汇编》上编(一),北京:档案出版社,1991年

中国政协文史资料委员会编:《辛亥革命亲历记》,北京:中国文史出版社,2001年

中山大学孙中山研究所、香港中文大学联合书院:《孙中山在港澳与海外活动史迹》,香港:香港中文大学联合书院出版社,1986年

中山大学孙中山研究所编:《孙中山与华侨·"孙中山与华侨"学术研讨会论文集》,广州:中山大学出版社,1996年

中山市档案局、中国第一历史档案馆编:《香山明清档案辑录》,上海:上海古籍出版社,2006年

中山市孙中山研究会编印:《孙中山与香山——孙中山研究文集第三辑》,2001年

中央党史史料编纂委员会编印:《中国国民党五十周年纪念特刊》,1944年

周谷:《孙中山与第三国际》,台北:大地出版社,1997年

周开庆编著:《民国川事纪要》,台北:四川文献研究社,1974年

周秋光编:《熊希龄集》,长沙:湖南人民出版社,2008年

周天度:《蔡元培传》,北京:人民出版社,1984 年

周兴樑:《孙中山的伟大思想与革命实践》,广州:广东高等教育出版社,1998 年

周兴樑:《孙中山与近代中国民主革命》,广州:中山大学出版社,2001 年

周学熙等校:《民国周玉山先生馥自订年谱》,台北:台湾商务印书馆,1978 年

周元高、孟彭兴、舒颖云编:《李烈钧集》,北京:中华书局,1996 年

周源:《同盟会河南支部成立时间考》,《中州学刊》1985 年第 4 期

朱寿朋编:《光绪朝东华录》,北京:中华书局,1958 年

朱希祖:《朱希祖日记》,北京:中华书局,2012 年

朱宗震:《孙中山先生太原之行》,《山西文史资料》第 19 辑,1981 年

朱宗震、杨光辉编:《民初政争与二次革命》,上海:上海人民出版社,1983 年

珠海市政协、暨南大学历史系编:《唐绍仪研究论文集》,广州:广东人民出版社,1989 年

庄一拂:《褚辅成先生年谱初稿》,中国人民政治协商会议浙江省委员会文史资料研究委员会编:《浙江辛亥革命回忆录》,杭州:浙江人民出版社,1981 年

邹鲁:《回顾录》,长沙:岳麓书社,2000 年

邹鲁:《中国国民党史稿》,上海:民智书局,1929 年

邹鲁:《中国国民党史稿》,长沙:商务印书馆,1938 年

邹鲁:《中国国民党史稿》,上海:商务印书馆,1939 年、1947 年

邹鲁:《中国国民党史稿》,重庆:商务印书馆,1944 年

邹鲁:《中国国民党史稿》,上海:中华书局,1960 年

邹鲁:《中国国民党史稿》,台北:台湾商务印书馆,1976 年

邹鲁:《邹鲁回忆录》,上海:东方出版社,2010 年

邹鲁:《邹鲁自述》,北京:人民日报出版社,2013 年

邹念之编译：《日本外交文书选译·关于辛亥革命》，北京：中国社会科学出版社，1980 年

左松涛：《孙中山发行的"中国革命政府债券"史实考》，《中国钱币》2009 年第 4 期

《陈少白致犬养毅函》，《辛亥革命史丛刊》第 3 辑，北京：中华书局，1981 年

《冯自由致孙中山先生函稿》，《档案与历史》1986 年第 1 期

《国父墨宝》，北平：北方杂志社国父遗墨筹印委员会，1948 年

《国会非常会议纪要》，广州，1917—1918 年

《胡汉民先生遗教辑录》，中国国民党中央执行委员会西南执行部，1936 年

《列宁文稿》第 10 卷，北京：人民出版社，1979 年

《（民国）南北议和会议卷宗集成》，北京：全国图书馆文献缩微复制中心，2004 年

《南京辛亥革命遗迹考查》，《江苏文史资料选辑》第 7 辑，南京：江苏古籍出版社，1981 年

《日本新近发现和发表有关孙中山与日本的资料》，《中山大学学报》编辑部：《孙中山研究论丛》第 5 集，广州：中山大学历史系，1987 年

《绍英日记》，北京：国家图书馆出版社，2009 年

《宋庆龄纪念集》，北京：人民出版社，1982 年

《苏联外交政策文件集》，第 5 卷，莫斯科，1962 年

《孙中山莅临武汉五日记》，《武汉文史资料》1981 年第 4 辑，武汉：湖北人民出版社，1981 年

《孙中山先生就任首届临时大总统 90 日大事记》，《传记文学》（台北）第 32 卷第 1 期

《孙中山先生墨迹》，石家庄：河北人民出版社，1986 年

《孙中山先生批牍选》,《历史档案》1987 年第 2 期

《孙中山先生书函四件》,《民国档案》1987 年第 4 期

《孙中山与中国现代化:纪念孙中山诞辰 130 周年学术讨论会论文集》,南京:江苏省文史资料编辑部,1998 年

《孙中山在广西纪念文集》,《广西文史资料选辑》第 24 辑,1986 年

《孙中山致盛宣怀函二通》,《社会科学战线》1981 年第 4 期

《孙中山致伍平一函电一组》,《档案与历史》1986 年第 3 期

《谭平山与鲍罗廷的谈话》,《党的文献》1990 年第 5 期

《吴景濂函电存稿》,《近代史资料》总 42 号,1980 年 9 月

《西南军阀史料》第 1 辑,四川省文史研究馆,1981 年

《新发现的孙中山之书信四件》,上海《图书馆杂志》1986 年第 4 期

《熊希龄先生遗稿》,上海:上海书店出版社,1998 年

《杨枢报告孙中山在东京发表演说函》,《历史档案》1985 年第 1 期

《越南民族革命耆宿潘佩珠先生自传》,越南堤岸《远东日报》1962 年 8 月 19 日

[澳]骆惠敏编,刘桂梁、邹震、张广学、石坚译,严四光、俞振基校:《清末民初政情内幕——〈泰晤士报〉驻北京记者袁世凯政治顾问乔·厄·莫理循书信集》,上海:上海知识出版社,1986 年

[法]巴斯蒂:《法国的影响及各国共和主义者团结一致:论孙中山与法国政界的关系》,林家有、李明编:《孙中山与世界》,天津:天津古籍出版社,2004 年

[法]莫耐斯梯埃著、王国静译:《孙中山采访记》,《近代史资料》总 68 号,1988 年 1 月

[菲]格·F. 赛迪著,林启森译:《菲律宾革命》,广州:广东人民出版社,1979 年

[菲]彭西:《彭西革命书信集,1897—1900》,Mariano Ponce, *Cartas Sobre la Revolucion 1897—1900*,马尼拉,1934 年

［韩］裴京汉：《从韩国看的中华民国史》，北京：社会科学文献出版社，
　2004 年

［荷］马林：《中俄在中东铁路的冲突》，《二十年代的中国》，纽约，
　1976 年

伦敦国家档案局藏英国外交部档案英文原函影印件《孙逸仙宣言》
　(*Statement By Dr. Sun Yat-Sen*)

［美］埃米莉·哈恩著、李豫生等译：《宋氏家族——父女·婚姻·家
　庭》，北京：新华出版社，1985 年

［美］保罗·S. 芮恩施著，李抱宏、盛震溯译：《一个美国外交官使华
　记——1913 年—1919 年美国驻华公使回忆录》，北京：商务印书
　馆，1982 年

［美］保罗·S. 芮恩施著，李抱宏、盛震溯译：《一个美国外交官使华
　记》，北京：文化艺术出版社，2010 年

［美］陈福霖、余炎光著：《廖仲恺年谱》，海口：海南出版社，1991 年

［美］方李邦琴主编：《孙中山与少年中国——从美国当年的报纸看辛
　亥革命》，北京：北京大学出版社，2012 年

［美］杰弗里·巴洛著，黄芷君、张国瑞译，章克生校：《一九〇〇—一
　九〇八年孙中山与法国人》，《辛亥革命史丛刊》第 6 辑，北京：中华
　书局，1986 年

［美］金姆·曼荷兰德著，林礼汉、莫振慧译：《一九〇〇至一九〇八年
　的法国与孙中山》，《辛亥革命史丛刊》第 4 辑，北京：中华书局，
　1982 年

［美］柯伟林著、陈谦平等译：《德国与中华民国》，南京：江苏人民出版
　社，2006 年

［美］莱恩·夏曼：《孙逸仙生平及其思想》，斯坦福：斯坦福大学出版
　社，1934 年

［美］林百克著、徐植仁译：《孙逸仙传记》，上海：民智书局，1926 年

［美］林奇：《两个西化的东方人》(Two Westernized Orientals)，《展

望》第 67 卷第 12 期,纽约,1901 年

[美]罗伊·沃森·柯里著,张玮瑛、曾学白译:《伍德罗·威尔逊与远东政策(1913—1921)》,北京:社会科学文献出版社,1994 年

[美]米泰洛著、沈云鸥译:《美国传教士、孙逸仙和中国革命》,《辛亥革命史丛刊》第 3 辑,北京:中华书局,1981 年

[美]史扶邻著,丘权政、符致兴、黄沫译:《孙中山与中国革命的起源》,北京:中国社会科学出版社,1981 年

[美]斯特林·西格雷夫著、丁中青等译:《宋家王朝》,北京:中国文联出版公司,1986 年

[美]孙穗芳:《我的祖父孙中山》,北京:人民出版社,1996 年

[美]托马斯·威廉·甘士桥:《1922 年以前孙逸仙与美国关系之研究》,Ganschow, Thomas Willian: *A Study of Sun Yat-sen's Contacts with the United States Prior to 1922*,1971 年哲学博士论文

[美]托尼·塞奇:《亨克·斯内夫利特和第一次统一战线的起源(1921—1923)》,牛津大学第二届中欧学术会议(1985 年 8 月 20—24 日)论文

[美]韦慕廷著、杨慎之译:《孙中山——壮志未酬的爱国者》,广州:中山大学出版社,1986 年

[美]韦慕廷著、杨慎之译:《孙中山:壮志未酬的爱国者》,北京:新星出版社,2006 年

[美]薛君度著、杨慎之译:《黄兴与中国革命》,长沙:湖南人民出版社,1980 年

[美]宗克雷:《一项流产的美中有关中国革命的计划》,华中师范学院辛亥革命史研究室等编:《国外辛亥革命史研究动态》第 2 辑,1983 年

[日]池亨吉著、乐嗣炳译、吴拯环校:《中国革命实地见闻录》,上海:三民公司,1927 年

[日]宫崎滔天等著、陈鹏仁译:《论中国革命与先烈》,台北:大林出版

社,1973 年

［日］宫崎滔天等著、陈鹏仁译:《论中国革命与先烈》,台北:黎明文化
　事业公司,1979 年

［日］宫崎滔天著、近藤秀树编、陈鹏仁译:《宫崎滔天书信与年谱》,台
　北:台湾商务印书馆,1982 年

［日］宫崎滔天著、林启彦译注:《三十三之梦》,广州:花城出版社,
　1981 年

［日］宫崎寅藏:《孙逸仙传》,《建国月刊》第 5 卷第 4 期

［日］宫崎寅藏等著、陈鹏仁译:《宫崎滔天论孙中山黄兴》,台北:正中
　书局,1977 年

［日］近藤秀树编、禹昌夏译:《宫崎滔天年谱稿》,《辛亥革命史丛刊》
　第 1 辑,北京:中华书局,1980 年

［日］久保田文次:《日本辛亥革命遗迹巡礼》(五),华中师范学院辛亥
　革命史研究室、中南地区辛亥革命史研究会编:《国外辛亥革命史
　研究动态》第 2 辑,1983 年

［日］内田顾一:《湖北革命战见闻日记》,《辛亥革命史丛刊》第 3 辑,
　北京:中华书局,1981 年

［日］内田良平著、丁贤俊译:《中国革命》,《近代史资料》总 66 号,
　1987 年 9 月

［日］平山周:《中国秘密社会史》,上海:商务印书馆,1935 年

［日］石川祯浩:《关于孙中山致苏联的遗书》,中国社会科学院近代史
　研究所编:《关于孙中山诞辰 140 周年国际学术研讨会论文集》,北
　京:社会科学文献出版社,2009 年

［日］实藤惠秀著,谭汝谦、林启彦译:《中国人留学日本史》,北京:生
　活·读书·新知三联书店,1983 年

［日］藤井昇三:《孙中山与"满蒙"问题》,《国外中国近代史研究》第 3
　辑,北京:中国社会科学出版社,1982 年

［日］藤井昇三:《孙文与"满洲"问题》,《国外中国近代史研究》第 16

辑,北京:中国社会科学出版社,1990 年

[日]藤井昇三:《孫文の〈アジア主義〉》,辛亥革命研究会编:《中国近现代史論集》,汲古書院,1985 年(李吉奎译:《孙中山的"亚细亚主义"》,《国外中国近代史研究》第 18 辑,北京:中国社会科学出版社,1991 年)

[日]田野橘次:《最近支那革命运动》,上海:新智出版社,1903 年

[日]狭间直树:《初到日本的梁启超》,广东康梁研究会编《戊戌后康梁维新派研究论集》,广州:广东人民出版社,1994 年

[日]狭间直树:《关于〈支那保全分割合论〉的若干考察——孙文访日初期革命活动的一个侧面》,林家有、李明主编:《孙中山与世界》,长春:吉林人民出版社,2004 年

[日]狭间直树著、肖平译:《就刘学询与孙文关系的一个解释》,《学术研究》2004 年第 11 期

[日]小坂文乃:《孙中山与梅屋庄吉》,北京:世界知识出版社,2011 年

[日]中村聪著、马燕译:《日本横滨大同学校之创立》,《东方论坛》2008 年第 5 期

[日]宗方小太郎:《辛壬日记》,北京:中华书局,2007 年

[日]安井三吉『講演「大亜洲主義」について:孫文と神戸,1924 年』,『近代』第 61 期,1985 年 3 月

[日]安井三吉『孫文「大亜洲主義」のテキストについて』,『近代』第 64 期,1988 年 6 月

[日]安井三吉編『「孫文と神戸」略年譜』,神戸大学教養部編『神戸大学教養部論集:神戸大学教養部紀要』,神戸:神戸大学教養部,1975 年—1993 年

[日]陳德仁、安井三吉『孫文と神戸:辛亥革命から90 年』,神戸:神戸新聞総合出版センター,1985 年

[日]陳德仁、安井三吉『孫文と神戸:辛亥革命から90 年(補訂版)』,

　　神戸：神戸新聞総合出版センター，2002 年

［日］陳徳仁、安井三吉編『孫文？ 講演「大アジア主義」資料集：1924
　　年 11 月日本と中国の岐路』，京都：法律文化社，1989 年

［日］宮崎龍介、小野川秀美編『宮崎滔天全集』第 1 巻、第 2 巻、第 5
　　巻，東京：平凡社，1971 年、1976 年

［日］宮崎滔天（西田勝編）『支那革命軍談』，東京：法政大学出版局，
　　1967 年

［日］古島一雄『一老政治家の回想』，中央公論社，1951 年

［日］黒竜会編『東亜先覚志士記伝』上、下巻，黒竜会出版部，1933
　　年―1935 年

［日］黒竜会編『東亜先覚志士記伝』，東京：原書房，1966 年

［日］近藤秀樹『宮崎滔天年譜稿』，宮崎龍介、小野川秀美編『宮崎滔
　　天全集』第 5 巻，東京：平凡社，1971 年

［日］久保田文次編『萱野長知？ 孫文関係史料集』，高知：高知市民図
　　書館，2001 年

［日］竜門社編『渋沢栄一伝記資料』第 38 巻，渋沢栄一伝記資料刊行
　　会，1961 年

［日］南方熊楠『南方熊楠全集』東京：平凡社，1971 年―1975 年

［日］南方熊楠（長谷川興蔵校訂）『南方熊楠日記』第 2 巻，東京：八坂
　　書房，1987 年

［日］上村希美雄『宮崎兄弟伝. アジア篇上』，福岡：葦書房，1987 年

［日］神谷正男編『宗方小太郎文書：近代中国秘録』，東京：原書房，
　　1975 年

［日］藤本尚則編著『頭山満翁写真伝』，福岡：葦書房，1988 年

［日］藤谷浩悦『戊戌変法と東亜会』，『史峰』第 2 号，1989 年 3 月
　　31 日

［日］藤井昇三『孫文の研究：とくに民族主義理論の発展を中心とし
　　て』，東京：勁草書房，1996 年

〔日〕天羽英二『天羽英二日記・資料集』第 1 卷,天羽英二日記・資料集刊行会,1984 年

〔日〕外務省編『日本外交文書(大正 6 年—7 年)』,東京:日本国際連合協会,1964 年

〔日〕外務省編『日本外交文書(大正 13 年)』,1980 年

〔日〕外務省大臣官房文書課外交文書班編『日本外交年表並主要文書:1840—1945』,東京:日本国際連合協会,1955 年

〔日〕萱野長知『中華民国革命秘笈』,帝国地方行政学会,1940 年

〔日〕野沢豊『孫文と中国革命』,東京:岩波書店,1966 年

〔日〕原敬文書研究会編『原敬関係文書』第 2 卷,東京:日本放送出版協会,1984 年

〔日〕中村義『白岩龍平日記:アジア主義実業家の生涯』,東京:研文出版,1999 年

〔日〕对支功劳者伝記編纂会編『对支回顧録・続』,東京:大日本教化図書,1942 年

『孫文先生東游紀念写真帖』,神戸:日華新報社,1913 年 5 月

〔苏〕C. A. 达林著、侯均初等译:《中国回忆录(1921—1927)》,北京:中国社会科学出版社,1981 年

〔苏〕赫菲茨:《二十世纪初俄中两国人民之间的革命联系》,《史学译从》1957 年第 5 期

〔苏〕赫菲茨:《苏联外交政策与东方各民族(1921—1927)》,莫斯科,1968 年俄文版

〔苏〕贾比才等著、张静译:《中国革命与苏联顾问》,北京:中国社会科学出版社,1981 年

〔苏〕卡尔图诺娃:《论孙中山与苏俄的关系》,《苏联历史问题》1966 年第 10 期

〔苏〕卡尔图诺娃著,林荫成、姚宝珠合译:《加伦在中国(1924—1927)》,北京:中国社会科学出版社,1983 年

［苏］齐赫文斯基著、丁如筠译:《孙中山的外交观点与实践》,《国外中国近代史研究》第 4 辑,北京:中国社会科学出版社,1983 年

［苏］亚·伊·切列潘诺夫著、中国社会科学院近代史研究所翻译室译:《中国国民革命军的北伐——一个驻华军事顾问的札记》,北京:中国社会科学出版社,1981 年

［英］康德黎、琼斯:《孙逸仙与中国的觉醒》,纽约,1900 年

［英］康德黎、琼斯合著,郑启中、陈鹤侣合译:《孙逸仙与新中国》,上海:民智书局,1930 年

［越南］章收:《孙中山与二十世纪初越南革命的关系》,《广东文史资料》第 25 辑,广州:广东人民出版社,1979 年

Arthur S. Link, ed. *the Papers of Woodrow Wilson*, Vol. 53. Princeton: Princeton University Press, 1986

C. Martin Wilbur, *Sun Yat-sen: frustrated Patriot*, New York: Columbia University Press, 1976

Roy Watson Curry, *Woodrow Wilson and Far Eastern Policy, 1913—1921*, New York: Bookman Associates, 1957

主要人名索引

4495,4707,4791,4852,4882,
4964,5040,5066,5073,5075,
5095,5140,5215,5272,5288,
5292,5330,5331,5345,5351,
5422,5427,5449,5463,5574,
5650,5666,5700,5732,5760,
5768,5777,5778,5784,5829,
6061,6062,6071,6128,6162,
6166,6192,6229,6231,6312

柏锡福　1578

柏永青　1190

柏原文太郎　206，222，975，
1519,1524

班继超　3881

班乐卫　433,4208

班麟青　1764

班麟书（班林书）　1083,2000,
2001,2005,2083,2094,2123

班启瑞　2816

阪本寿一　2280

阪谷芳郎　961，1028，1032，
1057,1155,1540,1587,2268

坂本志鲁雄　519

坂西利八郎（班西利八郎）
2205,2208,2310,2356,3007

包道平　1057,5948

包惠僧　4186,5294

包魏荣　2058

包作霖　3743，3825，3828，
3829,3844,3846,3861,3867,
3884,3887,3902,3909,3937,
3981,3994,4068,4161,4225

宝德全　6023

宝柯芳　1707

宝　熙　6175,6176,6193

保尔·博　354,577,611,631—
633

保尔·德·马尔热里（Paul de
Margerle）　707

保荣光　5547，5548，5568，
5601,6275

保育才　1872

鲍成顺　2248

鲍芳昭（鲍芳照）　204,222

鲍公兄　2192,2194

鲍贵卿　1064,1102

鲍　鑅　5232

鲍华耀　2192

鲍罗廷（包罗丁、鲍洛廷、鲍罗
定、鲍罗庭、鲍尔汀）　4891,
4938,4945,4948,4949,4955,
4956,4961,4964,4970,4971,
4975，4992，4994 — 4997,
5001,5003,5004,5013,5015,

陈国絮 5291

陈国钧 4482

陈国权 1495,1504,1510,1572

陈 汉 3845,4215

陈汉超 1027

陈汉明 3380

陈汉平 739

陈汉元 1288,1312,1705,1825

陈翰誉 4913,5013,6046

陈 杭 1008,1157

陈 豪 1084

陈 灏 5209

陈 和 115,313,318,327

陈荷荪 2123

陈鹤年 1110

陈宏毅 5361

陈宏猷(陈鸿猷) 2449,2472

陈虹奎 1313

陈洪范 3585,4585,4597

陈 鸿 1354

陈鸿璧 1096,1277,1454

陈鸿钧（容甫） 1087,2685,2832,2833,3587,3616,3836

陈鸿铨 1354

陈鸿锐 2058

陈鸿图 2851

陈 华 5225

陈怀琦 5598

陈槐卿 1866

陈涣洲 96

陈焕冕 5539

陈焕章 1478

陈黄佩琴 5224

陈 楗 1251

陈辉石 3187，3528，3775，4596,4610,4622

陈惠民 5612

陈惠普 1044,1332

陈惠生 1486,1655,2038

陈蕙堂 2502,2503,2525

陈际熙 4455,5354

陈季博 4495，4546，4547，4768,6002

陈季灼 1044

陈济方 1705,1707,1708

陈济棠 4620,4838

陈继承 5363,5453

陈继平 2223

陈继虞 3666,3687,3710

陈家鼎(汉元) 1409，1698，1717,1742,1745,1759,1762,1763,1765,1768,1777,1792,1798,1804,1812,1818,1824,1835,1859,1978,1980,2171,

2179,2270,2856,2863,2866,
2887,2894,2899,2905,2935,
3063,3122,3138,3146,3163,
3167,3168,3185,3186,3194,
3335,3456,3759,3841,4310

陈家鼐　1721,1748,1754,1757
　－1764，1768，1770，1771，
　1773，1775，1777，1779－
　1783,1785,1787,1788,1790,
　1794,1798,1799,1801,1802,
　1804,1807,1808,1819,1826,
　1832,1839,1842,1845,1861,
　1866,1872,1879,1887,1888,
　1891,1892,1896,1898,1900,
　1902,1904,1908,1912,1918,
　1920,1921,1947,1948,1984,
　1991,1999,2014,2046,2069,
　2091,2110,2121,2124,2153,
　2164,2183,2192,2210,2212,
　2217,2220,2225,2226,2265,
　2266，2268，3016－3018，
　3031,3172,3276,3355,3411,
　3439,3440,3756,3827,4300,
　4415

陈家伟　1888

陈嘉庚　966,967,3150

陈嘉旺　4931

陈嘉猷　2690

陈嘉祐　3751，4122，4228，
　4232,4233,4262,4291,4403,
　4452,4466,4477,4478,4480,
　4483,4500,4536,4550,4552,
　4564,4565,4636,4899,4958,
　4998,5006,5217,5255,5257,
　5314,5378,5411,5760,5892,
　5930

陈建楷　1843

陈剑虹　1198,2744

陈剑如　5753，5754，5925，
　6045,6110,6159,6278

陈　阶　1754

陈　洁　2100

陈金水　2059

陈金钟　2728

陈锦东　5210

陈锦涛　121，272，415，946，
　1009－1011，1015，1085，
　1093,1130,1146,1151,1157,
　1166,1184,1185,1187,1189,
　1193,1208,1215,1219,1252,
　1269,1295,1314,1325,1358,
　1366,1370,1381,1384,1559,
　1565,1568,1571,1581,1720,
　1723,2412,2430,2461,2465,

2602,2604,2614,2621,2624,
2630,2637,2638,2640,2643,
2644,2648,2650,2651,2656,
2666,2669,2680,2708－2710,
2719,2723,2729,2732,2745,
2750,2761,2770,2771,2775－
2777,2782,2784,2785,2790－
2792,2802,2805,2812,2821,
2822,2824,2825,2827,2833,
2847,2850,2852,2855－2859,
2870,2872,2881,2884,2887,
2892,2902,2904,2907,2911,
2916,2920,2923,2925,2929,
2931,2932,2934,2938,2939,
2941,2944,2947,2952,2953,
2955,2957－2960,2965,2968,
2973,2975－2977,2979,2980,
2982,2985,2986,2989,2992,
2994－2996,3000,3001,3005,
3009,3011,3012,3015,3019,
3021,3027,3031,3034,3036－
3038,3040－3042,3046,3052,
3053,3058,3061,3064,3065,
3067,3069,3078,3080,3082,
3083,3089,3105,3112,3119,
3121,3125－3127,3137,3139,
3141,3142,3147,3149,3151,
3155,3158,3160,3161,3163－
3165,3169,3171,3172,3174,
3177－3179,3181,3183,3184,
3187,3188,3191,3192,3196,
3197,3199,3202,3204,3206－
3208,3214,3218,3221－3224,
3228,3234,3237,3241,3244,
3247,3248,3251,3253－3255,
3258,3269,3287－3289,3295,
3305,3312,3338,3348,3365,
3367,3371,3384,3386,3405,
3407,3410,3417,3418,3424,
3430,3431,3433,3434,3451,
3459,3461,3469,3487,3488,
3523－3526,3550－3552,3556
－3562,3564,3568,3570,
3572,3574,3576,3577,3580,
3592,3597－3599,3614,3622,
3624,3630,3632,3639,3646,
3648,3650－3653,3656－
3661,3664－3667,3669,3670,
3673,3676,3677,3680－3682,
3685,3686,3688,3689,3691,
3692,3694,3698,3700,3703,
3706－3713,3715－3721,3723
－3725,3727－3732,3734－
3738,3740,3741,3743－3752,

4546,4548,4550－4552,4554
－4557,4562－4569,4572－
4574,4576,4577,4581－4584,
4586,4587,4590,4592,4595,
4598,4601－4606,4608,4612,
4615,4616,4619,4620,4624,
4625,4628,4629,4633－4639,
4641,4646－4652,4654－
4667,4671,4673,4675－4678,
4680－4682,4685－4687,
4692,4696,4697,4699,4701,
4703－4707,4710－4712,4716
－4720,4723,4725,4726,4729
－4733,4737,4741,4744,
4746,4748－4751,4757,4759,
4760,4762,4765－4768,4772,
4773,4775,4777－4779,4783,
4793,4795,4805,4807,4809,
4811,4812,4815,4818,4820,
4821,4825,4826,4828,4831,
4833,4837,4839－4841,4843,
4844,4847,4849－4852,4856,
4857,4859,4864,4866－4869,
4872,4874－4876,4882,4887,
4888,4892,4895,4896,4899,
4902,4916,4918,4932,4935,
4939,4943－4945,4961,4965,
4967,4969,4973,4974,4977,
4978,4981,4982,4984,4989,
4991,4993－4996,4998,5002,
5003,5005－5008,5010,5021
－5023,5029,5030,5036,
5042,5052,5053,5059,5060,
5081,5089,5124,5137,5140,
5145,5155,5160,5189,5201,
5207,5261,5278,5279,5284,
5286,5288,5314,5349,5359,
5360,5368,5373,5375,5389,
5412,5425,5426,5430－5433,
5436,5442,5459,5466,5476,
5479,5480,5483,5491,5498,
5511,5537,5549,5550,5572,
5580,5588,5590,5613,5614,
5620,5622,5624,5657,5659,
5662,5664,5665,5668－5670,
5673,5674,5677－5679,5684,
5691,5692,5694,5695,5698,
5699,5701－5703,5710,5712
－5718,5725,5729,5730,5733
－5735,5737－5739,5742,
5746,5749,5750,5757－5761,
5763－5767,5769,5772,5774,
5775,5778,5780,5782,5791,
5793,5795,5796,5798－5800,

440,2364,2370,2458

陈 群 2171,2195,2198,2200,
2664,2669,3014,3355,3544,
3810,3967,4005,4012,4118,
4505,4653,4710,4761

陈群普 1973,1981,1990

陈人杰 2062,2732

陈 仁 2202,2204

陈忍芎 1653,1654

陈荣广 3588,4498,4953

陈荣贵 5281,5587

陈荣海 4482

陈荣华 1326

陈荣恪 450

陈荣廷 1345

陈荣湘 1342

陈 融 2495,2517,3320,
4742,4743,4891,5032,5149,
5163,5306,5311,5417,5508,
5668,6145

陈如切 2240

陈汝和 445

陈 瑞 2081

陈瑞昌 2072,2081

陈瑞方 4613

陈瑞芬 620,1764,1765

陈瑞兰 2874

陈瑞云 4613,4646,4841,
5194,5195,5245,5246

陈润生 2398,6117

陈润棠 5159,5515

陈三立 182,272,1196

陈 森 5265,5268

陈 善 4219,4234

陈少白（陈白） 27,34,54,56,
58,63,73—77,83,87,88,91,
96,97,100,103,105,110—
112,114—116,119,121,142,
143,154,162—166,168,171,
177,178,186,188,199—201,
206,210,211,213,216,222—
226,229—231,235,236,240,
244,245,247,250,255,257,
266,267,276,299,341,354,
383,402,470,479,489,515,
520,572,616,725,972,974,
1084,1085,1965,3740,4118,
4122,4126,4151,4187,4199,
4200,4233,4272,5057,5368,
5373,5374,5426,5442,5483,
6254,6255,6280,6309

陈绍唐 2509,2512

陈绍先 1696

陈绍虞 4591

陈绍元 4968

陈伸球 1894

陈慎道 2058

陈 师 1790

陈诗仲 241,397,401

陈时铨 2682,2728

陈士恒 278

陈世光 5955,5956

陈寿如 2618,2625,2685,
2751,4968

陈 树 1795

陈树材 2093

陈树德 1175,1196

陈树藩 2516,2519,2579,
2720,2766,2773,2806,2908,
2917,2992,3234,3248,3268,
3292,3301,3317,3320,3321,
3323,3327,3328,3335,3389,
3449,3642,3647,3710,3813,
3814,4126,4169,4231,4288,
6152

陈树民 1890

陈树人 402,470,1665,1908,
1921,2021,2039,2049,2081,
2084,2094,2095,2101,2102,
2116,2139,2179,2192,2212,
2218,2244,2249,2253,2259,

2276,2371,2380,2482,2492,
2503,2504,2511,3492,3542,
3558,3559,3575,3590,3650,
3653,3700,3751,3850,4272,
4524,4533,4557,4681,4690,
4714,4724,4747,4750,4765,
4824,4956,4970,4975,4980,
4986,4994,5000,5004,5009,
5013,5015,5018,5023,5032,
5052,5211,5285,5317,5331,
5346,5385,5386,5400,5406,
5416,5433,5613,5626,5709,
5765,5791,5914,5972

陈树森 2751

陈树棠 2437

陈树勋 2633

陈顺德 2058

陈顺和 2715

陈 似 5182

陈肆生 2449

陈 苏 5169

陈泰高 2044

陈 涛 1071,6190,6196

陈陶怡 1589,1591

陈梯芬 2953

陈梯云 2058

陈天裁 4439

陈耀廷　1340

陈耀垣　4098，4633，4640，4872,4897,5055,5065,5172,5539

陈一夔　1357

陈一伟　5854

陈依庄　6052

陈仪侃　392,396,403

陈宜禧　4860，4882，5078,5553,5652

陈贻范　1474,1478,1559

陈宧　655,1240,2245,2248,2264,2274,2285,2288,2294,2301,5954,6023

陈以义　1119,1682,1800

陈义　1698,3312

陈逸川　1718，1799，1966，2193,3967

陈翊忠　5854

陈肄生　2474,2504

陈毅　967,986,3044,3517

陈荫佳　5618

陈荫明　1043

陈应麟　5159

陈英　1696,1698,2624

陈英担　2059

陈英侠　4587,4588

陈瑛　1277,1990

陈膺戎　1354

陈膺荣　1337

陈永惠　765,766,1887,1955,2165,2680,3598,3628,4476

陈永善　2941，4305，4345,4380,4397,4453,4470,4480,4512,4762

陈泳仙　1623,1625,1626

陈勇　1670,1673,1705,1717

陈涌波　551,568

陈友仁　2539，4190，4378,4483,4509,4510,4523,4566,4659,4672,4678,4686,4704,4725,4777,4888,4901,4941,5046,5243,5262,5305,5316,5327,5330,5361,5370,5375,5398,5407,5434,5465,5492,5525,5533,5534,5556,5557,5574,5632,5728,5819,5820,5822,5856,5888,5924,5956,6045,6067,6159,6208,6209,6226,6304,6309,6311

陈幼挈　3330,3331

陈虞青　5957

陈雨苍　1652

陈玉麟　5535

1813,1816,1818,1824,1825,
1828 — 1830, 1833, 1834,
1836, 1838, 1839, 1842 —
1846,1850,1851,1854,1855,
1857 — 1859, 1862, 1863,
1866, 1869 — 1872, 1876,
1879, 1880, 1882, 1887 —
1889, 1891, 1892, 1898 —
1902,1908,1912,1918,1926,
1928,1940,1943,1944,1956,
1959, 1961, 1964, 1968 —
1972,1977,1984,1985,1987,
1988, 1991, 1992, 1998 —
2001, 2004, 2006, 2009 —
2014,2018,2022,2023,2031,
2033,2039,2044,2045,2051,
2054—2057,2061,2064,2068
— 2070, 2074 — 2076, 2081,
2083, 2088 — 2097, 2101 —
2106, 2109 — 2111, 2113,
2119,2121,2128,2140,2144,
2158,2162,2164—2166,2170
— 2173, 2177, 2178, 2180 —
2182,2186,2193,2194,2196,
2197, 2200 — 2205, 2209 —
2212, 2214 — 2217, 2220 —
2225,2229,2233,2236,2238,

2239,2241—2249,2251,2253
— 2255, 2257 — 2260, 2262,
2263, 2265 — 2279, 2281,
2282,2330,2363,2366,2441,
2474,2526,2529,2530,2536,
2578,2588,2598,2608,2611,
2620,2627,2635,2650,2662,
2665,2671,2680,2691,2692,
2695,2815,2822,2846,2875,
2907,2909,2919,2980,2985,
2989,2994,3011,3019,3021,
3071,3077,3081,3082,3085,
3086,3089,3090,3092,3093,
3096,3099,3105,3111,3113,
3130,3144,3150,3175,3235,
3249,3321,3398,3401,3402,
3414,3443,3526,3535,3729,
3741,3745,3764,3767,3782,
3789,3790,3804,3814,3815,
3833,3840,3866,3930,3956,
4001,4002,4055,4585,4685,
4962,4975,5015,5031,5052,
5073,5111,5113,5115,5129,
5131,5251,5266,5281,5291,
5311,5332,5336,5351,5358,
5364,5374,5395,5443,5446,
5447,5449,5455,5459,5460,

1938，1940，1945 — 1947，
1950，1952，1955—1957，1959
— 1965，1968，1971 — 1973，
1976—1982，1984，1985，2012
— 2015，2018，2114，2116，
2119，2123 — 2125，2128，
2131，2132，2137，2139，2142，
2144，2168，2173，2174，2177，
2198，2224，2526，2705，2913，
2917，2949，3000，3042，3053，
3058，3064，3118，3390

丁　榕　1138

丁石生　2437

丁士杰　1650，1653，1671，
1672，1684，1695，1696，1717，
1724，1738，1768，1790，1905，
1921，1922，1925，1930，1948，
2178，2894，3019，3022，3563，
4572

丁士源　1241，1273

丁世峄　1419，2301，2422

丁颂生　1027

丁惟汾　1263，1328，2584，
3259，3270，3271，3669，3777，
4139，4345，4533，4685，5031，
5073，5114，5192，5688，5709，
5903，6082

丁韪良　1504，1510

丁蔚若　2803

丁文江　4279

丁文龙　1496

丁武杨　1835

丁象谦　2682，3055，3080，3128，
3232，3289，3424，3713，3808，
3841，3898，3958，5505

丁心耕　2455，2504

丁绪余　1280

丁一钧　3408

丁义华　（Edward　Thwing）
1041，1050，1051，1063，1099，
1147，1167，1216，1229，1258，
1273，1325，1504，1510，1580，
1581，1593，2480

丁荫昶　3186

丁雨宸　241

丁玉波　1816

丁　造　2021，2026

丁泽煦　2909，3107，3408

丁振铎　517

丁志城　2219

丁志杰　1722

町野武马　6012

东乡昌武　1698，1700，1702，
1703

2672 — 2674，2681，2689，
2696，2698，2699，2708，2711，
2713，2722，2726，2730，2732，
2734，2738，2744，2745，2757，
2758，2761，2769，2780，2781，
2783，2796，2805，2820，2824，
2835，2860，2861，2867，2877，
2881，2885，2908，2945，2947，
2953，2972，2975，2991，2997，
3006 — 3008，3017，3028，
3032，3035，3041，3042，3053，
3057，3059，3069，3087，3098，
3102，3112，3116，3120，3137，
3139，3151，3161，3162，3187，
3188，3190，3195，3203，3204，
3208，3210，3214，3221，3223，
3228，3239，3246，3266，3286，
3290，3291，3301，3308，3310
— 3313，3321，3338，3341，
3347，3362，3398 — 3400，
3423，3425，3435，3454，3458，
3459，3462，3469，3473，3478，
3479，3481，3499，3512，3513，
3516，3569，3579，3580，3588，
3593，3611 — 3616，3618，
3619，3621，3629，3631，3634，
3636，3637，3640，3642，3726，

3745，3746，3748，3749，3752，
3753，3761 — 3764，3766，
3767，3777，3778，3871，3880，
3906，3971，4043，4050，4099，
4139，4199，4201，4219，4228，
4235，4236，4256，4266，4366，
4489，4499，4501，4524，4534，
4540 — 4542，4551，4552，
4559，4560，4567，4568，4571，
4575，4577，4578，4594，4606，
4629，4690，4691，4748，4799，
4803，4808，4817，4819，4832，
4851，4860，4861，4876，4892，
4896，4899，4901，4919，4926，
4927，4939，4940，4943，4944，
4947，4948，4952，4964，4971，
4985，4986，4988，4989，5012，
5066，5067，5079，5082，5106，
5158，5166，5195，5228，5295，
5367，5368，5425，5429，5430，
5442，5480，5570，5664，5665，
5670，5677，5683，5692，5702，
5706，5724，5729，5730，5735，
5755，5765 — 5768，5776 —
5780，5783，5840，5860，5867，
5871，5874 — 5878，5880 —
5882，5886，5892，5897 —

5899, 5901 — 5903, 5905,
5906,5907,5913,5920,5922,
5928 — 5931, 5933, 5936,
5937, 5938, 5941, 5946 —
5949,5952,5954,5959,5962,
5964,5966,5970,5971,5975,
5976, 5978, 5980, 5987 —
5989,5992,5993,5995,5998,
6004,6006,6009,6011,6013,
6015,6016,6018,6019,6021,
6025,6026,6029,6031,6033,
6038 — 6042, 6044, 6046 —
6048,6051,6052,6054,6055,
6058,6061,6064,6066,6069,
6071, 6074, 6075, 6078 —
6081, 6083, 6085 — 6095,
6099,6102—6104,6110,6115
— 6120, 6122 — 6125, 6127,
6129,6132,6134,6135,6137
— 6141, 6143, 6146, 6147,
6149, 6152, 6155 — 6157,
6159,6160,6165,6166,6169,
6171, 6172, 6176 — 6178,
6182, 6185, 6190, 6191 —
6193, 6195, 6196, 6199 —
6202, 6204 — 6206, 6210,
6213, 6215, 6216, 6218 —

6223,6227,6229,6234,6237,
6240, 6241, 6243, 6245, 6247
— 6250, 6252, 6253, 6257,
6258,6260,6263,6266,6269,
6272,6275,6277,6279,6280,
6282, 6290, 6292, 6295, 6297
— 6301, 6309, 6312, 6313,
6315,6320

段廷佐　3307

段相才　2825

段　雄　2657,2682,3565

段右军　2238

段　沄　533,559

段芝贵　1102, 1585, 2197,
2206,2298,2307,2339,2509,
2566,2768,2770,2809,2820

顿　凯　1876

多布里柯(Dobrikow)　2498

铎尔孟　1399

E

额田傅七　2113

恩秉彝　2887

恩克阿穆尔　3300

恩克巴图　5073,5111,5617

恩　铭　580,583—586,588,640

5317,5884,6127,6206,6298

范石生（小泉） 4180,4209,
4595,4602,4612,4620,4622,
4632,4654,4762,4789,4800,
4813，4838，4840 － 4842,
4851,4856,4881,4887,4898,
4900,4906,4921,4922,4945,
4973,4975,4981,4984,4989,
4995,5002,5007,5008,5010,
5014,5040,5048,5070,5073,
5075,5080,5092,5118,5125,
5150，5172，5177，5197 －
5199，5202，5204 － 5206,
5209,5237,5239,5244,5246,
5289，5301 － 5303，5320,
5322,5342,5349,5351,5354,
5363,5392,5396,5397,5408,
5411,5413,5414,5424,5425,
5432,5434,5436,5437,5449,
5470,5476,5492,5503,5544,
5558,5627,5635,5637,5640,
5644,5646,5650,5653,5669,
5673，5678，5680 － 5682,
5685,5686,5692,5693,5696,
5702,5709,5711,5725,5732
－ 5734，5739，5742，5744,
5761,5770,5772,5774,5780,

5783,5784,5787,5789,5796,
5797，5801，5808 － 5810,
5813,5817,5821,5824,5831,
5832,5838,5845,5846,5855,
5875，5879，5908 － 5910,
5914,5915,5921,5937,5947,
5961,5996,6028,6108,6146,
6151,6234,6242,6251,6256,
6266,6268,6273,6279,6300,
6303

范文启 1684
范晞文 1780
范熙绩 450,1231,5659
范侠夫 2719
范先启 1253
范贤方 1689,1701,1824,2365
范永成 4510
范玉林（范玉琳） 2950,4223,
4447
范源濂 222,937,964,1225,
1251,1272,1319,1398,1399,
2272,2327,2380,2769,6128
范志陆 4592
范质方 1684
范治焕 450,458,2438
范 忠 1787
方拔馨 2164

3269,3350,3351,3357,3558,
3562,3572,3648,3705,5275,
5323,5354,5619,5748,5754,
5759,5763,5773,5829,5877,
6299

方 枢 3242,3319,3323,3455

方惟贞 2100

方 维 900,901,1394,1403,
1405,1407—1409,2019

方文辉 222

方笑龙 551

方兴汉 1680

方性贞 2157

方英鹏 2192,2220

方云藻 1273,3525,4718

方 贞 1190,2465

方 镇 5452

方镇东 2465

方致祥 1282

方子杰 5994

方佐生 2606

芳川宪治 2526

芳贺荣造 1852

芳泽谦吉 5987,6028,6119,
6196

飞南第(费尔南德斯) 67,68,
108,1033,1037

非烈特力 7

菲力浦·贝特洛(Philippe Ber-
thelot) 436,611

腓特烈·马考米克 1647

斐 格 1399

斐克特 6277

费保彦 6191

费公侠 5953,6168

费 思(Josef Fass) 2499

费信惇 2505,5545

费行简 5139,6232

丰田利三郎 1644

封德三 1454

峰川晴次郎 518,519

冯柏胜 2072

冯宝森 5773

冯 标 5329

冯朝宗 5931

冯成蹊 4584

冯承钧 423

冯大为 1848,1960

冯德麟 4296

冯尔琛 2293

冯衮臣 2058

冯国璋(河间) 924,941,1151,
1211,1441,1453,1589,1961,
2144,2181,2194,2211,2245,

2248,2256,2264,2273,2274,
2280 — 2282, 2284 — 2287,
2293, 2294, 2296 — 2302,
2306,2307,2309,2313,2320,
2324,2330,2352,2355,2356,
2358,2375,2376,2380,2385,
2386, 2396 — 2399, 2402,
2404,2411,2412,2414,2417,
2418,2426,2428,2432,2448,
2450,2459,2463,2468,2485,
2487 — 2489, 2507, 2514,
2520,2522,2524,2525,2532,
2533,2538,2540,2542,2544
— 2547, 2549, 2551, 2554,
2556,2558,2564,2566,2569,
2572,2576,2577,2579,2582,
2589,2590,2592,2594,2596,
2597,2600,2603,2607,2609,
2613,2618,2623,2627,2629,
2641,2642,2648,2653,2672,
2674,2689,2697,2702,2704,
2708,2713,2717,2722,2735,
2746,2757,2763,2769,2773,
2781,2786,2787,2793,2800,
2805 — 2810, 2814, 2820,
2824,2827,2841,2848,2850,
2855,2856,2860,2873,2882,

2885,2886,2889,2892,2893,
2897, 2900, 2909, 2912 —
2914,2921,2926,2935,2936,
2947,2953,2956,2969,2972,
2976,2979,2985,2991,3034,
3042,3046,3064,3067,3069,
3144,3146,3152,3186,3187,
3512,3527,4322,4954,6312

冯锦江　1337

冯锦泉　2072

冯锦堂　2072,2081

冯镜如　86,87,114,116,163,
178,199—201,204,317

冯菊坡　5136

冯孔怀　210,215

冯麟阁　1091,1158

冯铭楷(冯铭锴)　2980,3891

冯启钧　430,498,508

冯启民　3704,5153,5355,5410

冯　如　1470

冯汝简　1091

冯汝骙　697,825,924

冯汝枬　2987

冯汝权　1358

冯始明　5796

冯爽观　13

冯斯乐　222,318

冯子潮　1922,1955

冯紫珊　86,115,204,317

冯自由　19,40,58,62,63,73,
74,97,107,114,115,117,
154,171,200,201,216,217,
222,248,255,271,286,296,
300,313,318,326,333,340—
342,356,366,382,384,397,
402,409,424,436,438,443,
449—452,457,458,462,470,
473,481,482,484,485,488,
489,497,501,507,515,532,
536,539,551,558,568,572,
594,606,608,614,615,636,
640,648,649,677,698,731,
751,765,769,771,773,777,
778,843,844,854,870,889,
898,1090,1096,1097,1103,
1118,1128,1133,1137,1188,
1301,1328,1343,1358,1483,
1563,1668,1672,1673,1686,
1765,1791,1817,1833,1843,
1939,1989,2039,2056,2057,
2059 — 2062,2065,2067,
2120,2153,2157,2161,2166,
2167,2170 — 2172,2183,
2201,2214,2218,2220,2222

— 2224,2226,2228,2264,
2270,2366,2372,2395,2430,
2454,2466,2495,2498,2528,
2558,2604,2608,2618,2671,
2686,2720,2721,2852,3172,
3302,3519,3682,3694,3703,
3861,3915,3918,3954,3967,
4213,4521,4869,4977,4985,
4990,5015,5016,5019,5023,
5090,5093,5115,5166,5167,
5455,5537,5606,5607,5642,
5643,5647,5794,5894,5950,
6044,6085,6091,6168,6189,
6221,6224,6255,6272,6300,
6316,6317

奉　焕　1312

佛弼执礼　2633

佛尔克　2207

佛莱德　1020

佛兰克·里尔　1037

佛兰殊　1596

弗兰克　5594—5596

伏　龙　1741,1742,1748,
1751,1752,1757,1846,1882,
1885,1948,5299

芙兰·谛文　33,40

孚　琦　848,855,857

弓消田精一　1827

公羊寿　1779

宫阪九郎　279,282,285,286,
295

宫川五郎三郎　284,295

宫岛次郎　1827

宫崎槌子　171,1550,3086

宫崎龙介　1619,3504,5994,
6116

宫崎弥藏　116,121,1554

宫崎民藏　324，326，1382，
1554,1707,1782,1827,1845,
1849,1854,2137,2138,2164,
2192,2399,4921,5392

宫崎滔天(宫崎寅藏、白浪滔天、
宫崎虎藏)　104,116,121,
164,168,169,171,173,180,
186－188,193,194,197,199,
205,206,208,210,211,215,
224－226,231,236,237,244,
250－252,254,255,260,264,
266,268,269,270,274,276,
277,279,289,290,295－297,
299,301,306,308－311,314,
315,323,324,330,333,334,
343,345,347,380,385,426,
441,446,447－450,454,473,

502,503,508－510,513,518
－521，523，528，539，550，
552,555,561,594,608,613,
636,674,723,767,771,776,
795,796,803－805,808,833,
842,846,847,853,869,893,
914,915,927,944,957,995,
1003,1022,1068,1100,1104,
1311,1382,1465,1466,1477,
1479,1517,1545,1550,1551,
1554,1559,1583,1619,1626,
1628 － 1632, 1635 － 1643,
1645,1646,1650,1656,1685,
1691,1692,1695,1696,1697,
1701, 1703, 1705 － 1708,
1711, 1718, 1721 － 1723,
1729,1748,1758,1780,1785,
1788,1801,1804,1813,1824,
1827,1842,1843,1852,1859,
1866,1874,1883,1892,1898,
1901,1911,1950,1960,1966,
1969,1998,2029,2035,2046,
2056,2078,2084,2085,2090,
2093 － 2096, 2102, 2106,
2119,2124,2125,2135,2139,
2151,2158,2163,2165,2173,
2184,2218,2220,2221,2241,

谷钟秀（九峰）　987,997,1563,
　　1577,1794,1795,2255,2262,
　　2284,2322,2327,2381,2395,
　　2412,2433,2454,2480,2492,
　　2508,2510,2623,2842,2938,
　　3075,3193,3195,3205,3272

顾　鳌　1058,1159,2339

顾得麟　3104

顾复生　1080

顾孟余（兆熊）　5859,6128,
　　6253

顾品珍　2760,2786,2793,
　　2798,2975,2990,3590,3622,
　　3637,3660,3872,3873,3876,
　　3879,3883,3884,3889,3890,
　　3892,3904,3906,3908,3919,
　　3920,3923,3935,3936,3940,
　　3942,3949,3962,3980,3988,
　　3990,4003,4004,4008,4009,
　　4045,4080,4081,4089,4100,
　　4106,4111,4112,4137,4142,
　　4145,4165,4168,4175,4179
　　－4181,4185,4191,4204,
　　4205,4207,4209－4212,
　　4221,4224,4227,4228,4236,
　　4251,4254,4265,4371,4509,
　　4620,4780,5693

顾青山　1708,1817

顾人宜　2808,4022,6280

顾时济　2744

顾视高　1170,1495

顾维钧　754,3291,3298,3413,
　　3417,3784,4058,4472,4478,
　　4521,4968,5029,5155,5407,
　　5428,5471,5704,6147,6149

顾馨一　1389,1568,1571

顾　言　1763

顾振黄　1770

顾忠琛　968,1192,1252,1461,
　　4022,4707,5393,5396,5422,
　　5528,5666,6275

顾祝同　5363,5453

关宝华　2685

关澄芳　5368

关楚璞　5823,5831,5842

关国昶　2063

关国赓　2063

关国深　2063

关国雄　2568,3656,3743,
　　3780,3790,3994,4014,4033,
　　4095,4130,4161,4255,4267,
　　4296,4344,4429,4456,4466,
　　4473,4487,4488,4569,4592

4887,4899,5081,5227,5233,
5238,5256,5264,5279,5281,
5288,5291,5311,5334,5339,
5404, 5407, 5415 — 5417,
5435,5477,5478,5498,5536,
5558,5559,5656,5666,5690,
5701,5765,5828,5829,5841,
5846,5855,6094

何 澄 1179

何崇安 1021

何从义 1280

何 德 5302

何德如 401, 599, 761, 1844,
2059,2063,2072,2099

何飞雄 2121

何丰林 1102, 3777, 4332,
4416,4491,4926,4964,5683,
5735,5831,5855,6168

何锋钰 1131,1136

何扶桑 3355

何福昌 3554,3693

何 纲 2103

何 光 1354

何国基 2073

何国樑 4208

何海鸣 824,838,903,1515,
1610,1621,1622,1637,1641,

1642,1648,1649,1655,1679,
1708,1739,1740,1843,1845,
1870,1900,1908,1941,1970,
1975,1980,1993,1997,2010,
2372

何海樵 414

何海清 2505,3626

何海荣 562,727

何海山 5312

何海涛 2713

何瀚澜 4284,4288,4834

何洪钧 2582

何 槐 2239

何家瑞 1354,6116

何家猷 5082, 5083, 5220,
5272,5299,5314,5371,5514,
5515

何嘉禄 1636, 1639, 1673,
1679,1683,1688,1695,1714,
1722

何剑飞 1143

何键三 5790

何锦元 5347

何经诒 4433,4434

何 竞 385

何静甫 220

何君光 1044

何慨之 3550

何克夫 698,859,870,1097,
1128,3567,3642,3884,3895,
3936,3967,4634,4657,4667,
5079,5181,5326,5349,5355,
5384,5554,5951

何 宽 38,82,117,123,234,
389

何乐琴 2679

何 黎 5382

何礼林 4532

何 利 1791

何麟书 1314,1320

何浏生 2048

何龙飞 1354

何 莘 1354

何靡施 380

何佩琼 611

何佩尧 5175

何其义 2927

何 启 48—50,90,92,97,
100,102,190,213,245,247,
267,268,320,339,403,489

何启沣 5291

何钦昌 2732

何 勤 2770

何全勋 4606

何 铨 4968

何荣山 4792

何如群 4631

何儒群 4016

何瑞廷 2072

何 若 1364

何少禧 360

何少芝 2072

何绍城(何绍培) 2924,2952,
2953,2998

何 声 5347

何昇平 2747

何石安 5741

何世光 5638

何世桢 5114, 5607, 5949,
5950,5953,5954

何 适 4346

何树泉 5382

何 思 1819

何送来 2058

何天瀚 458,1501

何天炯 450, 502, 503, 628,
636,637,767,808,834,840,
854, 944, 961, 1028, 1032,
1072,1476,1516,1520,1545,
1549, 1568, 1626 — 1629,
1631, 1635 — 1642, 1650,

1679,1810,1824,1830,1832,
1835,1842—1846,1849—
1851,1862,1880,1883,1887,
1888,1890,1892,1900,1902,
1911,1918,1940,1941,1948,
1955,1956,1959—1961,
1965,1967,1968,1971—
1973,1976,1977,1981,2010,
2048,2078,2100,2189,2227,
2382,2687,2705,2791,2854,
3037,3044,3045,3096,3099,
3344,3731,3848,3870,3974,
4038,4043,4044,4089,4096,
5522

何万波 1179

何 望 2762

何 畏 2695,2714,3179,
3180,3682,3694,3712,4022

何 蔚 4040,4295

何文显 5169

何 侠 2620,4587,4660,
5670,6188

何香凝 381,452,461,474,
475,2523,3096,4044,4102,
4956,5602,5608,5886,5925,
6219,6254,6285,6304,6305,
6307,6308

何晓川 3510

何心田 488,641

何 兴 5250

何绪甫 2242

何亚梅(伊丽莎白·西维尔)
1020

何 晏 1693,1717,1719,1722

何 燕 2058

何 瑶 5312

何宜春 1304

何易一 97

何荫三 1903,1918,2002,
2013,2044,2058,2084,2102,
2148,2150,2154,2155,2280,
2457,5741

何应钦 3730,5159,5443,
5446,5801,5949,6278

何盈光 5687

何永福 1127

何永吉 5155

何永享 1100

何永贞 3974,4481

何犹兴 4344,4376,4714

何友泉 1044

何 祐 403,404,407

何玉珍 1343

何元龙 1743

1617,1619,1622,1627,1636,
1656,1678,1693,1709,1715,
1721－1726,1728,1730,1732
－1734,1737,1738,1740,
1742－1745,1747,1749,
1751,1753,1755,1757,1761
－1764,1768,1772－1777,
1780,1782,1784,1787,1790,
1791,1794,1796－1800,1802
－1804,1807－1809,1812,
1816－1819,1823－1830,
1833－1836,1838,1842,
1843,1846,1848－1852,
1854,1855,1858－1860,
1862,1864,1866,1867,1869,
1871,1874,1876,1879,1882,
1885,1887,1888,1890,1892,
1894,1898－1900,1904,
1908,1911,1912,1918,1919,
1921,1925,1926,1928,1931,
1935,1940,1945,1947,1948,
1952,1955,1956,1959－
1961,1964,1965,1968,1969,
1971,1972,1979,1981,1983,
1989－1991,1999,2002,
2006,2009,2011,2012,2015,
2018,2019,2021,2025,2026,

2028,2030,2031,2033－
2035,2038－2040,2043,
2044,2046－2048,2061,
2065,2067,2069,2070,2073,
2074,2076,2078－2081,2083
－2091,2093－2096,2100－
2106,2108,2109,2111－
2114,2116－2119,2122－
2125,2129－2131,2134－
2137,2139,2140,2142,2144,
2147,2149,2152,2165,2183,
2184,2186－2189,2194,
2198,2217,2220－2222,2224
－2229,2233,2234,2236,
2238,2239,2241,2243－
2245,2247,2249,2251,2253
－2256,2258,2260,2262,
2263,2265－2272,2287,
2303,2334,2336－2338,
2346,2362,2363,2365,2366,
2369,2370,2372,2377,2380,
2382－2384,2387,2391,
2395,2397,2399,2400,2405,
2408,2410,2412,2415,2418,
2419,2427,2428,2438,2452,
2456,2464,2486,2495,2501,
2507,2511,2527－2529,

2535,2536,2561,2569,2580
— 2582, 2599, 2602, 2604,
2607,2608,2612,2618,2621,
2630,2637,2638,2640,2641,
2643 — 2645, 2657, 2658,
2662,2663,2665,2666,2669,
2686,2687,2694,2715,2721,
2733,2736,2745,2750,2769
— 2773, 2775, 2777, 2779,
2786,2791,2806,2831,2835,
2847,2852,2856,2857,2860,
2866,2869,2870,2874,2887,
2894,2904,2907,2908,2912,
2926,2940,2941,2970,2975,
2977,2989,2997,3008,3040,
3045,3047,3050,3064,3077,
3082 — 3084, 3087, 3090,
3093,3096,3099,3105,3111,
3127,3129,3132,3135,3149,
3150,3155,3170,3172,3177,
3215,3224,3235,3236,3239,
3245,3253,3254,3256,3269,
3274, 3275, 3277, 3281 —
3283,3288,3293,3319,3322,
3323,3372,3382,3387,3418,
3422,3423,3428,3442,3443,
3445,3452,3456,3491,3495,

3502,3548,3562,3589,3602,
3659,3670,3690,3705,3706,
3725,3729,3737,3740,3741,
3745,3746,3764,3767,3782,
3789, 3804, 3812 — 3817,
3839, 3851 — 3853, 3866,
3873,3895,3901,3904,3915,
3918,3928,3929,3953,3954,
3956,3959,3966,3967,3969,
3970,3973,3974,3982,3984,
3990,3998,4005,4013,4020,
4021,4023,4026,4027,4034,
4049,4052,4055,4062,4065,
4081, 4085, 4086, 4093 —
4095,4097,4102,4104,4110,
4111, 4117 — 4119, 4121,
4122,4126,4129,4131,4134,
4137,4151,4161,4163,4165,
4172,4176,4178,4187,4194,
4201,4211,4218,4229,4233,
4244,4252,4257,4269,4270,
4272,4273,4275,4277,4279,
4288,4291,4294,4303,4304,
4306,4315,4338,4343,4352,
4375,4389,4402,4449,4508,
4527,4551,4554,4556,4560,
4564,4567,4571,4582,4591,

4592,4605,4608,4611,4616,
4623,4627,4632,4663,4666,
4667,4670,4672,4674,4675,
4677 — 4683, 4685, 4689,
4692, 4693, 4695, 4705 —
4707, 4710, 4711, 4719 —
4722,4729,4733,4737,4753,
4769,4777,4789,4823,4832,
4837,4838,4840,4841,4844,
4846 — 4848, 4851, 4852,
4854,4863,4867,4872,4887,
4888,4890,4894,4895,4898,
4899,4901,4918,4919,4929,
4932,4936,4937,4939,4944,
4958,4962,4964,4970,4975,
4977,4998,5031,5049,5052,
5082,5085,5090,5092,5096,
5100, 5110 — 5112, 5114,
5115,5144,5196,5198,5199,
5202,5230,5233,5251,5259,
5281,5319,5330,5338,5339,
5348,5350,5358,5364,5366,
5375,5376,5379,5380,5386,
5387,5392,5400,5406,5409,
5410, 5414, 5416, 5420, 5423
— 5425, 5431 — 5433, 5436,
5442,5444,5445,5447,5449

— 5451, 5455, 5457, 5458,
5460, 5461, 5465 — 5469,
5504,5506,5509,5517,5524,
5537,5546,5550,5569,5585,
5588,5590,5600,5608,5613,
5619,5624,5627,5631,5634,
5640,5646,5650,5655,5661,
5662,5666,5669,5670,5687,
5688,5690,5693,5694,5696,
5701,5703,5708,5709,5711,
5713, 5721, 5723, 5725, 5733
— 5735, 5743, 5747 — 5751,
5753, 5762 — 5764, 5766,
5771,5772,5777—5779,5785
— 5787, 5791, 5792, 5795 —
5797, 5801 — 5803, 5806,
5808,5809,5817,5819,5822
— 5824, 5826, 5827, 5831,
5832, 5837 — 5840, 5842,
5845,5847,5848,5855,5856,
5859, 5861 — 5865, 5867 —
5871, 5874, 5875, 5877 —
5879, 5884, 5888, 5890 —
5897,5899,5904,5910,5911,
5916,5922,5928,5936,5956,
5971,5987,5995,5996,6002,
6028,6037,6044,6060,6065,

6067,6076,6079,6085,6087,
6091,6104,6105,6108,6111,
6112,6127,6129,6138,6145,
6151,6161,6169,6176,6178,
6180,6183,6184,6188,6208,
6211,6213,6214,6217,6222,
6224, 6226, 6237, 6242 —
6245,6247,6249,6251,6253,
6263,6264,6266,6268,6269,
6273, 6274, 6277 — 6279,
6281,6283,6289,6291,6293,
6295,6299,6302,6311,6313
—6316

胡汉卿　2865，3693，3975，
　4035,4036

胡汉资　2239

胡浩然　1659

胡华亭　1097

胡　奂　5624

胡继贤　3022

胡　坚　1277

胡捷之　1183

胡　锦　388

胡景伊(文烂)　1098，1259，
　1310,1320,3493

胡景翼(立生、笠僧)　1671,1672,
　2900,2908,2944,3069,3075,

3159,3166,3200,3710,4120,
4124,4125,4261,4698,4971,
5670,5834,5848,5858,5867,
5871,5876,5879,5885,5887,
5892,5895,5898,5899,5905,
5906,5911,5931,5935,5940,
5946,5952,6041,6082,6086,
6104,6108,6116,6134,6136,
6151,6156,6162,6163,6166,
6171,6183,6187,6192,6241,
6253,6262,6292,6317,6322

胡九皋　1643,1645,1657

胡菊生　6163

胡　礼　39

胡礼垣　48,97,98,1198

胡六芗　1284

胡　龙　2744

胡明生　1364

胡念先　6116

胡培德　1209,1414

胡沛云　3832,5613

胡聘臣　1263

胡　谦　1351，4843，4918，
　4941,4982,5014,5023,5176,
　5251,5272,5292,5351,5357,
　5407,5422,5461,5507,5508,
　5525,5526,5539,5569,5585,

胡仙舫 1748

胡湘林 591,592,603,608

胡孝龄 1026,1058

胡心泉 1764,1786,1808

胡秀章 1863

胡宣明 3021

胡学伸 2874

胡琰 1656

胡仰 1659

胡曜 3257,4482

胡业兴 4573

胡颐伯 1178

胡毅平 1719

胡毅生 380 — 382,446,448,
450,468,470,471,483,484,
565,582,605,620,698,701,
752,840,855,858,860,876,
1097,1128,1712,2269,2558,
2563,2670,3347,3665,3802,
4020,4118,4292,4304,4586,
4615,6060,6105

胡应长 2652

胡瑛(湖南革命党人) 400,
414,458,540,545,546,842,
902,987,1048,1065,1071,
1073,1112,1163,1165,1179,
1191,1193,1209,1215,1222,

1230,1257,1259,1271 —
1273,1279,1280,1282,1284,
1286,1287,1292,1294,1389,
1416,1517,1626,1639,1672,
1679,1698,1708,2546,2996,
3263,4142,4263

胡瑛(滇军将领) 2807,2833,
2888,3014,3440,3758,4166,
4167,4173,4176,4183,4184,
4224,4228

胡盈川 5063,5073

胡雨人 1157

胡玉珍 870,903

胡元倓 6297

胡炤恂 1297

胡振域 1892,1953

胡震江 1297

胡忠亮 4215,4297,4332

胡仲尧 3288

胡祝祥 1024

胡壮飞 1782

胡子春 506,507

胡子昭 2728

胡自伦 1760

胡宗铨 1348

胡祖舜 866,2670,2837,3260,
3607

花从先　1780

花井卓藏　2235

华秉言　4507

华三祝　4714,5235

华盛顿　26,27,36,209,222,
337,344,366,422,454,465,
616,679,863,924,989,1005,
1137,1160,1178,1428,1561,
2857,3144,3198,3454,6213

华盛文　1948

华世澄　3031

华彦云　1273

华振基　1179

华之鸿　1253,1314,1320

黄　爱　4286,4288

黄爱群　4990,4993

黄安泉　5825

黄宝铭　1358,2714,2800

黄宝宪　1358

黄北明　2072,2081

黄本汉　1771,1777,1792,2124

黄本璞　1156

黄碧珊　1866

黄彪若　1773

黄丙星　5850

黄秉衡　3691

黄炳武　4580

黄　伯　4709

黄伯诚　5507

黄伯德　1738

黄伯群　1517,1646 － 1648,
1655,1660,1665,1668,1678,
1680,1683,1693,1695,1697,
1698,1706,1711,1713,1723,
1748,1762,1771,1788,1799,
1801,1802,2110

黄伯耀　396, 401, 424, 732,
733, 774, 777, 817, 1592,
2358,2415,2418,2431,2460,
2464,2468,2473,2480,2481,
2608,2618,2664,2682,3361,
3680,3682,3690,4968,5794

黄伯忠　1655,1657,1669

黄策成　4310

黄昌谷（贻荪）　4883, 5048,
5129,5237,5262,5305,5313,
5381,5382,5395,5464,5525,
5527,5555,5557,5564,5566,
5567,5575,5587,5588,5630,
5668,5700,5736,5743,5879,
5883,5889,5890,5924,5925,
5927,5938,5939,5946,5957,
5997,6001,6045,6097,6098,
6126,6146,6159,6167,6175,

4719,5014

黄海山　4634

黄汉杰　2157,2161,2163,2992

黄汉卿　1697

黄汉湘　1094,1248,1292

黄汉兴　2063,2260,2477

黄汉章　2148,4805,4814

黄鹤鸣　1335,1343

黄恒盛　1358

黄衡秋　4593

黄宏宪　2714

黄鸿猷　4692

黄华恢　82

黄　桓(黄垣)　4792，5117，5514,5515,5525－5527,5542,5865

黄焕南　3042

黄焕庭　5039,5292,5293

黄焕章　1927

黄辉祖　4998,5645,5658,5788

黄惠龙　3967，4426，4485，4840,4890,4906,4930,5060,5197,5305,5325,5451,5700,5924,5927,5956,5957,6012,6034,6045,6308,6311

黄吉臣　1308

黄吉宸　2063，2072，2098，2099,2101,2124

黄吉亭　400,484

黄季陆　2484，2751，2835，5055,5107,5111,5131,5134,5266,5316,5365,5401,5411,5414,5449,5454,5568,5623,5912,6219

黄济澂　2063

黄　骥　3071

黄家齐　5271

黄家声　2124

黄家寿　1306

黄嘉梁　2755，2792，2798，2803,3014

黄甲元　626,641,813,1813,1836,1976,2426,2469,2488,2497

黄　坚　1628

黄建勋　4860，4975，5163，5232,5633,5676,6273

黄江喜　255

黄杰亭　732,777,2702

黄介眉　1044

黄金鳌　1191,2984

黄金城　3032

黄锦英　1133

黄进步　2729

6273,6299

黄绍侃　2714

黄绍纶　1358

黄绍荣　4257

黄申芗　708,729,810,1517,
1648,1650,1652,1653,1657,
1659,1660,1665,1673,1680,
1684,1688,1695,1696,1698,
1708,1713,1717,1777,1790,
1794,2038,4392

黄慎修　1680

黄　升　2271

黄师瑶　2729

黄　石　1670,2062,5160,5326

黄时澄　2714

黄时初　1655,1955,1957

黄　实　1765,1799,1803,
1808,1812,1829,1867,1872,
1921,1952,1960,1971,1981,
1998,2001－2003,2005－
2007,2009－2014,2023,
2025,2037,2191,2192,2203,
2204,2209,2225,2226,2254,
4314,4315,4329,4598,4611,
5546,5547,5828,5854

黄士龙　328,972,2193

黄世钦　565

黄世仲　241,395,396,402,
442,470,640,1078,1337,
1339

黄仕强　3967,4839,5093,
5109,5264,5395,5633

黄　绶　1045

黄叔明　5618,5842

黄树中　460,1068

黄顺怀　2072

黄颂陶　5305

黄苏文　1713

黄肃方　4585

黄太海　1747

黄体谦　1187

黄体荣　2969

黄天评　2182

黄廷光　2072

黄廷剑　2061

黄挺生　2266

黄　桐　1357

黄　统　1652

黄　威　1354

黄为材　5495

黄为基　871,937,964,1430

黄维藩　4433,4434,4676

黄五肥　427

黄希纯　870

黄雪崑　1655

黄雪严　1196

黄　炎　2751

黄炎培　2342，2343，2411，3446,3492,4478,4629,4644,6129

黄燕南　600

黄曜佳　2058

黄　耀　5285,5496

黄耀廷（黄耀庭）　255，488，572,641,1308

黄耀雄　4377

黄业兴　4450，4592，4609，4615,5308,5506,5717

黄一欧　387,848,1691,1960,2136,2224,2293,2310,2373,3678,4263

黄以镛　959,2891,3010

黄　义　388

黄　益　2133

黄　裔　2058

黄　毅　4082

黄应辉　2120

黄应榆　1354

黄英武　2836

黄永宽　4248

黄永齐　2216

黄咏商　89,91,95,96,100,103

黄咏台　5115

黄友笙　5539

黄右公　2264,5115

黄玉泉　1835

黄玉珍　2138,2139

黄毓材　1655

黄毓成　4008，4112，4279，4881,5745

黄毓英　2817

黄元白　2682,3169,3209,3322,3336

黄元彬　5500

黄元甲　1843,1844

黄元秀　931,1629

黄源德　2417

黄远宾　5486

黄远庸　1420,1586

黄　钺　1305,2073,3580

黄钺锋　2747

黄芸苏　732，777，817，880，889，891，905，916，1005，1134,1188,1598,1639,1647,1786,1808,1841,4735

黄赞亭　559

黄泽霖　1252,1258,1259,1309

黄展云　1775，1776，1781，

4425,4426,4433,4481,4483,
4487,4505,4525,4543,4574
— 4576,4579,4581,4583,
4592,4595,4601,4606,4608,
4610,4612,4613,4617,4624,
4636,4703,4707,4724,4727,
4735,4743,4757,4777,4780,
4782,4787,4794,4797,4800,
4802,4811,4826,4830,4838,
4840,4844,4845,4849,4850,
4856,4870,4872,4880,4896,
4906,4932,4959,4971,5013,
5026,5028,5038,5051,5099,
5105,5117,5119,5132,5144,
5153,5165,5195,5199,5202,
5230,5233,5240,5251,5273,
5277,5319,5324,5338,5339,
5342,5343,5354,5360,5385,
5386,5404,5410,5418,5446
— 5450,5453,5469,5478,
5486,5495,5501,5502,5506,
5509,5512,5517,5524,5525,
5528,5535,5557,5558,5566,
5568,5569,5581,5582,5590,
5597,5600,5609,5626,5627,
5629,5634,5635,5644,5646,
5663,5669,5676,5682,5696,

5705,5731,5762,5770,5786,
5797, 5801, 5802, 5806 —
5808,5813,5816,5817,5819,
5820,5821,5824,5829,5831,
5838,5841,5842,5848,5853,
5855,5864,5872,5874,5889,
5890,5899,5917,5924,5987,
6108,6145,6197,6222,6227,
6242,6247,6269,6278,6282,
6291,6295,6324

蒋锦标　5652

蒋静波　1654

蒋君羊　3061

蒋克诚　2883,3245

蒋隆荣　5592

蒋梦麟　780, 781, 898, 3276,
3317,3378,3406,3532,4084,
4085,4113,4639,4644,5144,
6009,6036,6041,6128,6204,
6253,6280,6299

蒋　群　1240, 2722, 2727,
4561,5159,6036

蒋廷梓　1102

蒋纬国　4356

蒋文汉　2664, 2679, 2793,
2801,4241

蒋文翰　2733

L

2204,5133,5302,5309,5763,
6056

赖文齐　2072,2081,2464

赖心辉　4585,4979,6247

赖星池　5242

赖星辉　4839

赖雄西　1764,1986,1990,1991

赖仲明　5242

赖子钊　4507

濑侠串户　1854

兰别烈兹　1761

兰西斯·史蒂文森　1049

兰　辛(蓝辛、Robert Lansing)
　2522,3211,4058,4080,4090

蓝得中　450

蓝公武　2235,4474

蓝衡史　2072,2124

蓝孔付　2072

蓝　磊　2058,2208

蓝瑞元　536,678

蓝天蔚　865,1035,1048,1073,
　1075,1079,1089,1094,1103,
　1153,1158,1162,1163,1186,
　1189,1201,1226,1243,1248,
　1251,1253,1258,1263,1271,
　1275,1287,2571,2703,2716,
　2736,2864,2865,2869,2875,

2910,3181,3202,3660,3685,
3704,3748,3789,3819,3835,
3837

蓝伟烈　4190

蓝　鑫　1259

蓝耀庚　2058

劳合·乔治　(David　Lloyd
　George)　2489,2490

劳　勉　5377,5442

劳乃宣　2488

劳佩华　1076

劳　伟　2770

劳子森　2058

乐嘉藻　1125

乐星銮　1271

雷　飚　5663

雷长禄　5032,5798,6074

雷电南　1358

雷　奋　322,871,935,949,986

雷　风　1094

雷洪基　5143

雷九跻　5250

雷恺泽　1341,1352,1365

雷清学　404

雷荣南　2271

雷　士　1327

雷铁崖　1750

3331,3342,3345,3346,3348,
3385,3397,3398,3515,3522,
3530,3538,3540,3562,3660,
3819,3835

黎 桐 5504

黎 咸 5329

黎笑生 1652,1657,1659

黎 协 388,800,2161,2176,
2210

黎星楼 2072

黎炎新 5471

黎 镛 2530

黎勇锡(仲实) 381,382,450,
452,461,468,471,648,790,
831,850,855,857,876,2847,
3050,3518,3526

黎玉墀 2113

黎玉书 2054

黎元洪(黄陂、宋卿) 433,484,
865,901 — 903,905 — 907,
913,921,924,927,933,936,
943,944,948,949,960,961,
963,967,968,987,999,1011,
1021,1029,1030,1039,1040,
1045,1046,1054,1056,1059,
1063,1067,1070,1073,1074,
1077,1082,1086,1092,1096,

1098,1103,1107,1121,1122,
1125,1128,1131,1132,1135,
1142,1144,1145,1151,1152,
1157,1169,1172,1173,1177,
1178,1182,1190,1192,1193,
1195,1196,1204,1206,1207,
1210,1211,1213,1214,1218,
1220, 1222 — 1224, 1226,
1249,1257,1272,1286,1287,
1292, 1294, 1309, 1313 —
1315,1318,1319,1357,1392,
1394,1398,1403,1405,1409,
1410,1423,1440,1453,1455,
1460,1476,1518,1567,1569,
1574,1580,1589,1590,1597,
1599,2245,2251,2252,2274,
2277,2281,2284,2285,2288,
2292,2294,2297,2308,2310
— 2333, 2335, 2339, 2345 —
2347, 2350, 2352 — 2360,
2366,2370,2372,2375,2379
— 2384, 2389 — 2392, 2395,
2397, 2398, 2400, 2402 —
2405, 2409 — 2415, 2418,
2419, 2422 — 2424, 2430,
2432,2438,2440,2441,2446,
2447,2450,2451,2459,2460,

2245,2357,2361,2381,2412,
2487,2504,2513,2527,2684,
2710,2728,2752,2758,2768,
2770,2772,2776,2777,2779,
2785 — 2787, 2789, 2795,
2797,2800,2805,2807,2809
— 2814, 2819, 2820, 2823,
2832, 2840 — 2842, 2845,
2867,2868,2873,2877,2880,
2881,2889,2890,2893,2904,
2908,2910,2913,2914,2916,
2918,2958,2979,2983,2995,
2998,3046,3131,3146,3233
— 3235, 3249, 3258, 3266,
3272,3273,3279,3280,3286,
3294,3295,3308,3309,3316,
3319,3335,3350,3352,3356,
3386,3448,3567,3613,3630,
3644,3648,3649,3667,3692,
3696,3720,3756

李村农　3486

李达祺　1359

李大斗　2121

李大钊(琴华、守常)　3351,3587,
4019, 4216, 4279, 4527, 4543,
4544,4853,4857,4961,4962,
4970,5083,5089,5110,5111,

5115,5147,5166,5167,5301,
5455,5476,5495,5893,5950,
6159,6204,6209,6241,6249,
6281,6295,6311

李德膏　1091

李德全　6296

李德山　2083

李德益　3549

李登辉　1451

李佃庚　1094

李　鼎　1249

李鼎新　2326, 2337, 2475,
3928,4012,4479,5704

李东仇　1675

李斗田　2930

李笃彬　1981

李端棻　1320

李多马　82,86

李　铎　1090,1179,5325,5872

李　尔　1201

李发根(李竽禅)　559

李发祥　3016

李藩昌　428,438,2979,3001

李藩国　5851

李繁昌　4505,4522

李访仙　2063,2072

李芬湘　5878

3121,3126,3251,3262,3519,
4540,5324,5527

李含芳 2682,2908,3456,6033

李 汉 2120

李汉斌 2942

李汉丞 2714，2760，2858,
4108,4221,4249,4263

李汉兴 2438

李汉修 2120

李汉杨 4248

李翰屏 3558,3575,3728

李翰之 1306

李瀚章 66,90,96,97,191

李 珩 1765,1771

李洪翰 3439

李鸿典 4396

李鸿基 5319

李鸿儒 5933

李鸿祥 1204,4896,5053,5064

李鸿章 50,57,65,66,76—79,
81,88,90,123,207,219,233,
247,248,253—257,260,264,
266—270,274,278,283,286,
290,306,328,383,456,3518,
4656,6321

李厚基 1102，2347，2361,
2415,2504,2516,2519,2579,

2630,2631,2648,2656,2757,
2792,2802,2920,2952,2973,
2995,3016,3019,3081,3161,
3171,3179,3180,3188,3196,
3234,3237,3244,3254,3258,
3293,3412,3437,3525,3577,
3614,3617,3638,3645,3646,
3648,3668,3671,3677,3682,
3683,3686,3688,3689,3697,
3811,3814,3828,3925,4003,
4009,4050,4058,4122,4138,
4150,4248,4258,4259,4316,
4332,4346,4440,4441,4451,
4454,4461,4527,4551,4566
—4569,4573,4575—4578,
4590，4598—4601，4624,
4627,4631

李厚礽 1183

李华根 388

李华林 2646，2657，2682,
3043,3055,3112,3565,3604

李化民 4022

李怀霜 1147，1309，1378,
1454,1482,1509,2404

李 焕 2157,2195,2202

李焕章 2881,3342

李 黄 4389

— 1879，1881，1883，1884，
1891，1900，1926，1944，1950，
1962，1967，1968，1985，1988，
1993，1998，2002，2025，2033，
2059，2068，2077，2079，2110，
2130，2138，2147，2158，2183，
2185，2188，2202，2204，2219，
2227，2237，2288，2330，2353，
2355，2359，2378，2425，2427，
2428，2432，2434，2438，2439，
2442，2443，2447，2448，2450
— 2452，2461，2465，2467，
2473，2486，2495，2507，2518，
2520 — 2523，2526，2528，
2530，2535，2536，2541，2545，
2546，2552，2554 — 2556，
2558，2560，2562，2569，2574，
2580，2585，2593，2598，2602，
2604 — 2608，2610，2611，
2616，2619，2621，2623，2625，
2632，2633，2635—2637，2644
— 2646，2657，2666，2672，
2680，2696，2714，2723，2741，
2742，2748，2750，2751 —
2753，2755，2757，2759，2760，
2767，2770 — 2772，2774 —
2776，2779，2780，2782，2783，

2790，2791，2794 — 2797，
2799，2800，2802，2804，2805，
2810，2813，2820，2826，2833，
2839，2848，2850，2855，2858，
2859，2863 — 2868，2870 —
2875，2880，2882，2892，2894，
2903，2908，2938，2939，2968，
2993，3005，3013，3037，3047，
3050，3052，3067—3069，
3080，3086，3106，3119，3121，
3125，3129，3131，3137，3141，
3148，3158，3160，3168，3171，
3173，3191，3193，3198，3202，
3222，3250，3267，3326，3338，
3357，3424，3467，3511，3521，
3553，3554，3557，3559 —
3561，3563 — 3565，3567 —
3569，3571，3572，3577，3578，
3580，3584，3590，3599，3600，
3604，3605，3624，3628，3632，
3633，3639，3652，3659，3660，
3662，3671，3672，3678，3688，
3692，3693，3716，3748 —
3750，3766，3769，3770，3784，
3785，3789，3792，3800，3816，
3818，3824，3837，3857，3862，
3868，3886，3896，3897，3900，

3964,3967,3981,3990,4000,
4014,4016,4018,4021,4028,
4039,4041,4044,4047,4048,
4052,4054,4064,4068,4071,
4077,4086,4087,4097,4103,
4104,4113,4114,4116,4119,
4121，4122，4124 — 4129,
4134,4135,4138,4143,4148,
4152，4161 — 4163，4165,
4170，4172，4178 — 4180,
4191，4200，4203 — 4205,
4207，4210 — 4212，4217,
4220，4221，4223 — 4232,
4239,4240,4244,4254,4255,
4257,4258,4265,4266,4269
— 4271，4276，4284，4289,
4290，4292，4294 — 4296,
4298,4299,4301,4306,4314,
4315，4323 — 4325，4333,
4338,4344,4356,4359,4362,
4365，4369 — 4371，4373 —
4377,4383,4389,4398,4399,
4409,4410,4420,4439,4443,
4450,4457,4466,4468,4473,
4476，4477，4486 — 4488,
4500,4513,4541,4544,4550,
4552,4553,4564,4586,4596,

4611,4625,4626,4636,4653,
4656,4658,4670,4674,4677,
4680,4682,4685,4688,4689,
4693,4697,4698,4706,4707,
4711,4717,4718,4729,4749,
4757,4759,4769,4776,4779,
4782,4785,4787,4793,4797,
4800,4806,4812,4816,4822,
4823,4827,4834,4835,4843,
4856,4877,4882,4893,4910,
4915,4939,4964,4970,4975,
4981,4984,4987,4988,4991,
4993,4994,4996,5008,5025,
5048,5059,5066,5090,5096,
5100,5114,5153,5159,5162,
5238,5290,5317,5325,5334,
5346,5354,5360,5380,5387,
5392,5399,5405,5430,5431,
5462,5466,5474,5503,5525,
5532,5567,5585,5589,5597,
5647,5654,5658,5666,5670,
5673,5678,5689,5690,5701,
5708,5711,5727,5728,5739,
5740，5750 — 5753，5755,
5764,5773,5774,5794,5804,
5805,5809,5828,5854,5859,
5884,5901,5915,5916,5925,

李仙根　5723，5739，5743，
　5750,5811,6310,6311

李培芬　2441,2460,2492

李　朋　1160

李品仙　5790

李栖云　1648,1649,2751

李齐民　3307,3308,3403

李其芳　5448,5449,6299

李　奇　1719

李　其(李箕)　1912，1930，
　1977,2012,2022,2028,2088,
　2089,2160,2486,5217

李　锜　3697,3751

李　杞　82,84,86

李杞堂　972,2558,2622

李启明　1871,2058

李契隽　3466

李绮庵　769,869,2679,3519,
　3566,3567,3569,3570,3573,
　3574,3576,3578,3580,3581,
　3587,3597,3598,3607,3608,
　3614，3623，3627 － 3629，
　3631,3632,3699,3727,4022,
　4132

李　谦　1027

李谦若　1300

李樵生　1371

李钦水　2059

李清源　4968

李庆标　2044，4594，4610，
　4679,5741

李权杰　225

李　群　222,340

李仁炳　438

李　忍　5145

李任侠　4473

李　荣　5824,6001,6012,6015,
　6024,6307,6308,6310,6311

李　容　2058

李容恢　1658，1672，1692，
　1793,1830,1839,1853,1890,
　1896,1912,1913,1928,1932,
　1933,1943,1945,1946

李榕阶　5122

李儒修　4619

李汝诚　3077

李汝舟　2827,2851

李润钿　4248

李润生　4344

李若霖　2100

李　三　1044

李善波　2118,2967,2976

李善洪　5986

李善良　549

李玉昆　2720,4173

李玉渠　5539

李郁焜　6160

李郁生　1701

李煜堂　489,870,1027,1372,
3518,4771

李元白　2701, 2835, 2909,
3001,3022

李元著　1780,3259,5073

李源水　832,833,1199,1717,
1774,1800,1805,1809,1820,
1828,1877,1879,1881,1898,
1980,2025,2035,2036,2050,
2055,2059,2062,2078,2080,
2085,2097,2118,2120,2135,
2163,2180,2457,5741

李曰垓　2540,2554,2707,3274

李月池　1014

李月华　4578

李月秋　2913,2997

李岳蘅　1044

李岳瑞　1071

李岳渊　6256

李钺森　4634

李云彪　195,197,224,226

李云黼　1241

李云复　4412,4450,4485,4706,
4724,4759,4822,5921,6297

李云龙　5898

李　允　1300

李载赓　2938,3391,3403,3497

李载霖　536

李赞侯　5936

李　藻　2279

李泽乾　899

李增辉　536

李增霨　2705

李章达　3677, 3678, 4017,
4735,4736,4793,4856,5608,
5622,5634,5646,5851,5864

李兆龙　1691

李兆楼　2164

李兆珍　2194

李肇甫(伯申)　848,896,1034,
1068,1145,1347,1563,1577,
3432,3433

李贞如　2058

李真如　1843

李　桢　2723

李振钧　2465

李征五　1179, 1183, 1189,
1190,1216,1250,2354,2385,
2392,2684,3146,3180,3217,
6312

91,97,99,129,153,169,171,
175,176,182,190,192—196,
198—202,206,207,211—
217,219—223,230—234,
235,241—243,245—247,
257,259,261,264,270,278,
284,305,311,322,324—327,
330,334,335,338,339,341,
344—347,349—352,360,
361,364,385,388,390,391,
395,396,399,406,409,415,
420,439,467,472,484,486,
487,492,502,542,543,557,
613,615,619,630,645,682,
694,705,720,722,733,741,
776,839,845,853,921,928,
938,946—948,964,965,984,
986,991,1505,1574,1822,
1967,2109,2198,2212,2216,
2221,2227,2235,2240,2242,
2245,2272,2273,2282,2284,
2285,2288,2294,2305,2312,
2313,2316,2326,2329,2330,
2346,2350,2353,2357,2381,
2384,2396,2398,2403,2418,
2422,2431,2451,2491,2525,
2533,2538,2549,2550,2561,

2578,2618,2694,2711,2717,
2758,2759,2762,2769,2868,
2889,2933,2947,3090,3195,
3214,3421,3422,3447,4095,
6156,6227,6228,6320

梁琴堂　1330

梁　秋　562

梁　荣　96

梁荣芳　2058

梁如浩　946,1290,1410,1433

梁瑞廷　562

梁瑞祥　536,2507

梁若谷　4189,5008,5324

梁若狂　4248

梁善济　871,1478

梁少琦　5286

梁少文　1100,2788

梁绍文　5579,5606,5607

梁绍贤　5108

梁省躬　2137

梁士锋　4735,4821,4972

梁士模　2690,3026

梁士让　5583

梁士诒(燕荪)　941,946—948,
965,1178,1222,1251,1391,
1397—1399,1406,1407,
1411,1412,1422,1427,1434,

2135,2137,2139,2142,2147,
2150,2151,2153,2154,2157,
2159 — 2161, 2163 — 2167,
2170—2174,2177,2178,2180
— 2184, 2186, 2187, 2189,
2191 — 2196, 2198 — 2206,
2208 — 2218, 2220, 2222 —
2224, 2226 — 2228, 2230 —
2234, 2236 — 2242, 2244 —
2247, 2249 — 2251, 2253 —
2259, 2261 — 2263, 2265 —
2279,2281,2282,2305,2317,
2337, 2345, 2380, 2382 —
2384,2387,2391,2395,2401,
2405,2412,2427,2451,2475,
2476,2486,2501,2526,2544,
2551,2574,2580,2588,2624,
2658,2665,2691,2695,2698,
2704,2705,2713,2720,2815,
2831,2839,2847,2868,2890,
2894,2895,2902,2932,2940,
2953, 2966, 2969, 2979 —
2981, 2984, 2986 — 2989,
2994,3002,3003,3011,3027,
3031,3034,3037,3042,3056,
3059,3068,3069,3072,3073,
3078,3093,3099,3118,3126,

3138,3141,3144,3146,3147,
3150,3172,3176,3239,3270,
3341,3391,3406,3425,3426,
3428,3429,3445,3491,3544,
3558,3570,3576,3594,3617,
3624,3637,3638,3646,3670,
3705,3707,3710,3712,3715,
3716,3718,3768,3782,3788,
3790,3803,3804,3812,3817,
3899,3915,3937,3939,3956,
3967,3969,3974,3984,4000,
4005,4011,4020,4023,4034,
4037,4044,4086,4102,4115,
4116,4132,4138,4139,4143,
4163,4186,4202,4219,4234,
4245,4246,4274,4294,4303,
4306,4309,4315,4331,4338,
4346,4350,4410,4521,4555,
4562,4566,4575,4586,4591,
4611,4635,4644,4660,4685,
4694,4695,4736,4739,4764,
4784,4793,4804,4819,4823,
4826, 4837 — 4839, 4844,
4853,4855,4859,4871,4872,
4876,4879,4884,4894,4898,
4902,4909,4910,4913,4925,
4942 — 4944, 4950, 4953,

4954，4957，4962，4968 —
4972,4975,4982,4987,4989,
4991,4997,5000,5004,5013,
5015,5018,5028,5030,5031,
5042,5045,5049,5053,5054,
5060，5062，5065，5068 —
5070,5077,5078,5083,5085,
5090,5096,5100,5104,5106,
5107，5110 — 5115，5122,
5123，5125，5132 — 5136,
5142,5144,5145,5153,5166,
5167,5169,5171,5172,5174,
5176,5177,5179,5180,5184,
5189,5196,5229,5233,5251,
5258,5273,5277,5285,5310,
5311,5336,5341,5349,5355,
5356,5365,5366,5384,5414,
5418,5433,5440,5445,5446,
5448 — 5450，5452，5455,
5457，5459，5460，5462 —
5464,5466,5469,5472,5481,
5483,5484,5486,5487,5497,
5501,5502,5507,5509,5513,
5515,5517,5519,5520,5523
— 5526，5528，5529，5535,
5536，5538，5541，5546 —
5548，5550 — 5555，5557,

5559,5562,5564,5566,5568,
5570,5574,5578,5583,5588,
5590，5592 — 5595，5602,
5603,5608,5609,5611,5613,
5614,5616,5619,5620,5623
— 5627，5629，5630，5632,
5634,5635,5640,5654,5656,
5662,5666,5668,5669,5671,
5680,5682,5688,5693,5694,
5696,5697,5701,5703,5705,
5707，5713，5721 — 5725,
5730,5733,5735—5737,5746
— 5750，5765，5772，5777 —
5780，5784 — 5786，5792,
5794，5802，5819，5822 —
5824,5831,5833,5837,5848,
5851,5855,5864,5869,5874,
5878,5879,5884,5885,5888,
5891 — 5894，5897，5903,
5904,5916,5917,5925,5987,
6002,6082,6085,6105,6108,
6111,6145,6152,6208,6214,
6217，6224 — 6226，6242,
6247,6252,6254,6270,6271,
6275,6289,6298,6304,6307,
6308,6311,6314,6316

廖子良(孙德璠)　559

廖子鸣　3439,3471

廖子裕　3439

廖宗北　2713,3475

廖宗纶　723

列　宁　1297,3114,3531,
3569,3615,3633,3779,3780,
3794,3803,3833,3869,3879,
3963,4140,4213,4218,4281,
4329,4378,4621,4951,5118,
5121,5126,5173,5184,5196,
5254,5358,5410,5411,5866,
6028,6038,6073,6083,6204,
6306,6307

林百克　19,20,34,5074

林葆恒　2426,2461

林葆纶　2573,3928

林葆怿（悦卿）　2326,2337,
2520,2523,2539,2572,2573,
2591,2594,2601,2603 —
2605,2610,2611,2620,2621,
2630,2632,2635,2640,2645,
2650,2651,2655,2666,2709,
2715,2732,2733,2749,2750,
2766,2770,2773,2776,2786,
2790,2870,2941,2942,2944,
2945,2958,2966,2968 —
2971,2977,2978,3002,3040,

3052,3066,3074 — 3077,
3085,3089,3092,3093,3101,
3112,3118,3121,3125,3133,
3142,3143,3146,3160,3164,
3169,3171,3172,3183,3184,
3202,3204,3205,3218,3221,
3251,3264,3269,3287,3293,
3345,3357,3395,3521,3587,
3597,3599,3602,3603,3632,
3648,3661,3674 — 3676,
3692,3701,3708,3714,3718,
3726,3826,3829,3914,3928,
3939,3950,4012

林北泉　199,201,220

林伯和　2601,2618,2690

林伯虎　1749,1752

林伯渠（林祖涵）　2376,2728,
2730,2744,2776,3050,3364,
3480,3512,3521,4022,4629,
4681,4721,4763,5096,5136,
5872,5903,6311

林不帝　3898,4612

林长民　759,871,949,984,
1288,2384,2683,2769,3005,
3007,3045,3422,4474,6000,
6103,6109,6128,6138,6156,
6201,6259,6322

林鸿超　3372

林　虎(隐青)　484，1648 —
1650，1652 — 1660，1672 —
1674，1679，1683，1684，1689，
1691，1695，1696，1701，1702，
1705 — 1708，1711，1718，
1733，1742，1743，1746，1747，
1751，1759，1789，1794，1795，
1799，1916，1944，1958，1961，
1975，2052，2068，2097，2223，
2534，2562，2587，2599，2600，
2602，2604，2611，2616，2621，
2623，2662，2700，2708，2710，
2716，2737，2761，2770，2782，
2826，2870，2896，2938，3068，
3069，3142，3241，3408，3411，
3610，3658，3802，3803，3844，
3937，4318，4453，4491，4615，
4625，4711，4718，4720，4795，
4829，4831，4843，4899，4905，
4912，4915，4939，4961，4969，
4973，4974，4981，4982，5002，
5005，5007，5043，5081，5206，
5290，5295，5309，5372，5373，
5375，5426，5459，5503，5550，
5657，5658，5665，5669，5673，
5685，5698，5699，5710，5712，
5713，5716 — 5718，5726，
5729，5733，5735，5737，5741，
5742，5749，5760，5761，5763，
5769，5772，5774，5780，5782，
5794，5797，5809，5849 —
5851，5856，5857，5868，5887，
5888，5920，5921，5930，5948，
5960，6085，6107，6108，6127，
6128，6136，6137，6152，6160，
6161，6167，6173，6218，6238，
6247，6263，6268，6296，6297，
6315，6317

林　护　396，1005，1364，2679

林焕廷(林焕庭)　562，2112，
2387，2664，2679，3172，3383，
3545，3705，4294，4540，4736，
4774，5956

林黄卷　4975，5317

林煨炎　1340

林晖廷　4625

林激真　1094，1251，1263，
1273，1281，1316，1322，1340，
1341，1369

林继昌　5464

林　坚　2532

林建章　4780，4789，4964，
5971，6147

刘雄亚　2868

刘秀堂　2058

刘叙彝　3686

刘学信　1064

刘学询　96,132,191,198,202,
218－223,233,247,248,255
－257,260,261,284,286,
299,308,311,1178,1254,
1327,4399,4408,5344

刘学亚　2993

刘亚新　1649,1719,1721

刘光烈　3240,3274,3314,3319,
3323,3326,3602,5139

刘炎　2469

刘炎新　5213

刘扬（香浦）　2118,2927,
3028,3271,4214,4215

刘尧澂　888

刘尧夫　4546

刘耀廷　1084

刘一道　6101

刘一恒　2118,2125,2134

刘一清　450

刘义章　1815,1971

刘艺舟　1292,1675,1679,
1704,1723,1815,1849,1860,
1877,1887,1898,1980

刘屼　1738,2930

刘易初　360,471,562,880

刘意琴　1335

刘毅　5119,5292,5369

刘毅夫　1753,1760,1765,1771,
1777,1819,1950,1984,2018,
2061,4263,4572,5711,5749

刘荫　2790

刘荫甫（刘荫弗）　423,438

刘英　729,810,866,902,
1631,1634,1638,1639,1641－
1647,1649,1652,1654－1656,
1679,1872,1978,1995,2062,
2670,2777,2874,2884,3269,
3345,3348,3515,3519

刘瑛　6163

刘膺实　2269

刘莹泽　1240

刘映奎　4474

刘雍　1764,1825,1921,2021,
2026,2036,2210,2220,2229,
2234

刘永福　97

刘永和　1263

刘永烈　1661,1695

刘永生　2072

刘咏阆　4213

4866,4874,4887,4888,4892,
4893,4897,4908,4909,4913,
4915,4918,4926,4931,4941,
4942,4949,4962,4965,4967,
4971,4975,4981,4988,4989,
4995,4998,4999,5006,5009,
5024,5027,5037,5048,5059,
5066,5067,5106,5118,5120,
5158,5200,5206,5213,5214,
5217,5231,5247,5248,5256,
5257,5265,5266,5269,5272,
5286,5291,5292,5295,5302,
5311, 5312, 5321, 5324 —
5326,5339,5340,5343,5351,
5359,5361,5378,5391,5392,
5395, 5408 — 5411, 5414,
5420,5422,5425,5431,5433,
5436,5437,5451,5476,5481,
5483,5504,5507,5517,5524,
5536,5550,5555,5621,5627,
5630,5646,5654,5658,5664,
5669,5671,5684,5695,5697,
5709,5711,5720,5734,5759,
5760,5770,5772,5783,5787,
5789,5799,5817,5823,5829,
5832,5842,5851,5891,5895,
5899, 5900, 5908 — 5910,

5915,5917,5921,6067,6082,
6145,6146,6151,6173,6212,
6242,6251,6263,6279,6291,
6311

刘振升 1354

刘 震（刘春江） 533

刘震模 5395

刘镇华 1932, 3292, 3301,
3317,3321,3449,4318,6192,
6193,6243

刘正典 4190

刘之洁 987,1083

刘芝知 1696

刘芷芬 864,897,2685,2863,
2905,3061,3410,4533

刘 志 5604

刘志陆 2732, 2798, 2811,
2840,2864,2867,2904,2923,
3069,3197,3554,3560,3568,
3630,3648,3651,4037,4961,
4974,5717,6160,6167,6238

刘志卓 1765

刘治洲 2707,2908,3468

刘 峙 5363,5453

刘钟秀 2542,4495

刘仲平 1341

刘 重 1693,3466

2269,2272,2277,2281,2282,
2284,2288,2297,2302,2324,
2326,2327,2329,2330,2332,
2352,2353,2355,2357,2359,
2373,2376,2392,2396,2405,
2412,2420,2450,2557,2570,
2576,2590,2619,2632,2635,
2667,2669,2673,2710,2719,
2732,2733,2742,2745,2753
— 2755, 2757, 2761, 2762,
2770,2794,2796,2799,2800,
2809, 2814, 2820, 2830 —
2833,2837,2838,2842,2849,
2856,2865,2867,2887,2904,
2926,2942,2949,2952,2963,
2964,2977,2980,2982,2995,
3001,3003,3030,3037,3052,
3068,3069,3076,3081,3102,
3438,3747,3985,3996,4037,
4368,4409,4563,4812,4984,
5310,5847,5937

龙 见 1760

龙建章 2195, 3438, 3439,
5490,5498

龙觐光 1201,1341,2066

龙荣轩 4400

龙善楚 1657

龙唐阶 2123

龙 涛 3257

龙廷杰 5315,5645,5663

龙侠夫 1659, 1660, 1666,
1763,1764,1768,1770,1777,
1779,1780,1901,1968,1980,
2004,2005,2012

龙湘云 6094

龙 云 5921

龙 璋（砚仙） 1474, 1477,
2946,2947,3014,3015

龙仲周 1705

泷川辨三 1549

泷川仪作 5981

隆世储 2459,2733,2761,2865

楼守光 5159

卢崇章 5542

卢 焘 3692,3714,3730,3758,
3770,3782,3795,3796,3814,
3819,3823,3832,3835,3836,
3840,3857,3868,3892,3920,
3923,3930,3940,3949,3980,
3983,4003,4004,4009,4018,
4035,4046,4053,4087,4092,
4111,4165,4168,4210,4224,
4227,4228,4243,4244,4254,
4497,4595,4602,4698

卢苇航　1305

卢香亭　6144

卢小嘉　4751,4782,4851,5033

卢　信　241，684，786，800，
802，849，1090，1376，2608，
2618,2637,2682,3008,3387,
3456,3575,3740,3764,3795,
3866,4474,4478,4479,4512,
4517

卢兴邦　4580,5400,5946

卢兴原　5151，5218 － 5220，
5310,5347,5613,5624,5694

卢演群　5243

卢耀堂　1792，1844，1891，
1946,1956,1964,2059,2063,
2072,2099,2470,2489

卢怡若　1005

卢逸堂　1648,1911

卢殷民　3549,3579

卢永祥（子嘉）　1064，1102，
2465,2513,2539,2542,2752,
2841,2846,2847,2917,2960,
2986,2997,3041,3084,3085,
3088,3116,3117,3120,3151,
3180,3259,3271,3448,3573,
3583,3606,3609,3630,3688,
3689,3701,3777,3930,3932,

4003,4024,4031,4032,4050,
4059,4064,4065,4067,4078,
4082,4088,4093,4118,4138,
4295,4301,4316,4322,4330,
4332,4340,4363,4365,4384,
4396,4402,4415,4416,4422,
4430，4431，4443 － 4445，
4454,4467,4502,4518,4533
－4536，4539－4541，4551－
4553,4566,4578,4591,4595,
4611,4751,4767,4782,4789,
4819,4832,4834,4851,4876,
4885，4899 － 4901，4919，
4927,4934,4939,4940,4943,
4947,4948,4961,4964,4985,
5010,5028,5033,5158,5175,
5448,5480,5649,5650,5655
－ 5659，5663，5664，5667，
5668,5671,5689,5697,5702,
5704,5706,5721,5724,5729,
5738,5745,5746,5749,5757,
5759,5767,5768,5775,5779,
5785,5790,5792,5799,5833,
5839,5855,5913,5931,6011,
6034,6089,6093,6102,6116,
6126,6134,6156,6179,6190,
6292,6297

2551,2554,2557,2560,2561,
2567，2569，2572，2575 —
2580,2584,2585,2587,2588,
2590,2592,2596,2597,2599,
2600，2607 — 2609，2613 —
2615，2617 — 2622，2626 —
2630，2632，2634 — 2637,
2640,2644—2646,2648,2651
— 2654，2656，2661，2665,
2666,2669,2672,2673,2680,
2687，2694，2697，2700 —
2702，2708 — 2710，2713,
2716,2719,2723,2725,2730
—2732,2734—2736,2738—
2741，2743 — 2750，2752,
2755，2757，2759 — 2761,
2763，2767 — 2769，2772 —
2774,2777,2779,2782,2783
—2785，2787，2789 — 2792,
2794,2796,2797,2800,2803
—2808，2810，2813 — 2815,
2820 — 2822，2828，2829,
2831,2833,2835,2838,2840,
2841,2843,2848,2854,2856,
2858,2859,2863,2871,2872,
2877,2878,2882,2884,2898,
2899,2915,2925,2926,2931,

2935,2938,2941,2942,2945,
2946,2949,2958,2963,2965,
2979,2980,2986,2991,2993,
2997，2999，3005，3011 —
3014,3018,3024—3026,3028
— 3032，3039，3044，3046,
3052,3053,3064,3065,3067,
3070，3075，3076，3079 —
3084,3086,3088,3092,3097,
3114，3118，3121，3123 —
3125,3142,3143,3145,3184,
3186,3190,3193,3204,3213,
3223,3227,3230,3232,3239,
3247,3249,3266,3267,3272,
3274,3275,3335,3338,3369,
3394 — 3396，3403，3405,
3435,3447,3461,3491,3497,
3512,3516,3521,3548,3553,
3554,3560,3561,3563,3588,
3591，3599，3602 — 3604,
3610,3615,3618,3619,3624,
3660，3664，3673 — 3675,
3684,3701,3707,3710,3722,
3723，3735，3737 — 3739,
3742,3748,3750,3764,3772,
3774，3797 — 3799，3816,
3820,3822,3826,3830,3855,

罗端侯　3404

罗敦伟　6098

罗发森　1673

罗佛　2082

罗福星　636,1369,1698

罗黼　2713

罗庚龄　210,215

罗桂芳（云舫）　5054，5055，5075,5187,5819,5820,5839,5845，5856，5864，5869 — 5871,5884,5892

罗海澄　5421

罗焕文　5305

罗吉尔　1510

罗家衡（猴笙）　2664，2666，2898,3023,3043,3055,3061,3074,3133,3300,3672,3687,3693,3742,3784,3953

罗家伦　3374,3533,6219

罗剑仇　2915,3426,3430

罗鉴龙　3373,3594

罗觐光　4215

罗炯堂　1027

罗俊　5537

罗磊生　5129

罗莲舫　1083

罗良斌　4697,4941

罗鎵　353

罗纶　893,1087,1132,1153,1160,1170,1179,1190,1216,1240,1244,2465

罗迈（镜芙）　924，1790,3216,3515,3609,3613,5096,5317

罗泮辉　1350

罗沛国　4293

罗佩　4222

罗佩金　517,1495,1513,2415,2453,2673,4111

罗绮园　5903

罗虔　1147

罗群　1670

罗仁普　3541

罗任　4213

罗善卿　2058

罗少翔　2881

罗绍雄　2929,4103,4229,4361,4485

罗士杰　1682,1749

罗斯福　826,1504,1933

罗斯基　315

罗素　5726

罗廷表　2996

罗廷钦　1445

1642,1827,3249

美詹臣　4388

门马福之进　1670

门野重九郎　1100

蒙　经　2618

蒙民伟　2682,4048

蒙塔古·哈里斯　1068,1250

孟恩远　1102,　1686,　2197,
　2361,2504,2513,2516,2527,
　2579,2859,2877,3314,4278

孟　光　1712,1747

孟　昭　4474

孟昭汉　2465

弥勒斯　1399

米　尔(Pierre Mille)　950

米奎联　1306

米灵敦　5903

米内山庸夫　2908,3008

苗树德　5331

闵天培　6167

明超北　1765,　1771,　1919,
　1952,2007

明德恒　2114,2135

明　朋　1843

明石顺吉　1813

明星辰（少贞）　2007,2011,
　2015,2027,2071,2154,2223

缪安光　1911,2192

缪柏原　2192

缪嘉寿（延之）　3274,3319,
　3360,3576,3598,3787,3908

缪笠仁　5285,5645,5663

缪培南　4312

缪思敬　1018

摩　根　153,　154,　157,　174,
　257,260,424,426,428,1014,
　1311

摩加基　2111

末永节　183,　244,　252,　253,
　264,274,276,280,288,295,
　447,450,454,455,552,995,
　1003,1827

莫灿庭　5293

莫昌藩　4257

莫　达　5652,5757

莫德惠　2443,2465

莫　亨　96

莫亨魁　1343

莫基慕塔　2177,　2186,　2215,
　2218,2228,2229,2266,2271

莫纪彭　751,　752,　855,　857,
　5698,5712,5716

莫　炯　2081

莫朗洲　5368

O

庞三杰　1924，1933，1934，1938，1939，1997

庞　英　1764，1770

庞永钊　5628

庞子周　2816，3049，3676

裴斯兰（Beasley）　4526

裴廷藩　4474

彭邦栋　594，2714，2734，2901，2902，2968，3051，3059，3718，4239

彭炳森　2058

彭伯勋　4578

彭勃元　1699

彭成苏　1192

彭程万（凌霄）　1679，1747，2528，2791，2864，2866，2874，2875，3005，3457，3469，3990，4018，4086，4178，4179，4221，4229，4289，4290，4360

彭楚立　5626

彭春郎　2058

彭春亭　1675

彭春源　2523

彭典五　1719

彭而强　1746，1989

彭方传　1273

彭　耕　5314

彭攻坚　2013，2058

彭光烈　1913

彭光武　4507

彭光养　1673

彭国钧　5314

彭国柱　4575

彭汉怀　2268

彭汉遗　729，810，1224，1225，2714，2837

彭汉章　4214

彭家珍　1171，1291，1408，4670

彭建标　2714，2800，3438

彭介石（巨川）　2670，2688，2691，2707，2894，3000，3588，4386，4498，5380，5933

彭镜波　506

彭俊生　562

彭克俭　1297

彭　堃　3303，3321，3340，3349，3499，3659，5472

彭麟浦　1711

彭龙骧　1708，1711，1713

彭美光　1673

彭漠遗　4422

彭　年　2909

彭　湃　5136，5419，5499，5524，5564，5903

戚　扬　6062

漆运钧　1314

漆　兆　5573

齐俊卿　1090

齐燮元（抚万）　2448,3146,
3696,3720,3777,4009,4083,
4139,4239,4273,4344,4353,
4363,4365,4411,4422,4495,
4531,4535,4593,4597,4598,
4636,4693,4720,4750,4797,
4832,4948,5002,5033,5502,
5649,5656,5657,5727,5803,
5839,5925,5931,5933,5952,
6033,6052,6054,6075,6102,
6134,6210

齐耀琳　1115,　1138,　1229,
1286,2181,2247,2376,2579

齐耀珊　2519,2579

祁大鹏　3498

祁耿寰　1947,　1948,　1952,
1957,1960,1963,2005,2011,
2021,2220,2223,2241,2243,
2742,3157,5721,6065

祁国钧　1654

祁文豹　2367

奇　叻　5188

耆　龄　6176

契切林（齐契林）　443,3115,
3616,3709,3803,4073,4140,
4213,4218,4268,4280,4378,
5024,5126,5168

前川虎造　1827

前川寅藏　1615

前田九二四郎　614,1667,
1672,1738,1746,2188,2279,
2281

前田彰年　4615

钱宝钧　2376

钱宝仁　379,381

钱大钧　1670,　1671,　1770,
5199,5363,5453

钱登熙　1320

钱汇春　438

钱家祥　1682

钱芥尘　1240

钱开云　4583

钱龙章　4525,4526

钱能训（干臣）　918,　2921,
3187,3192,3193,3203,3233,
3237,3239,3242,3247,3252,
3260,3265,3268,3272,3280,
3286,3321,3323,3327,3359,
3378,　3383 — 3386,　3391,
3395,3404,3423,3507

沙柯尔斯基 5774

沙 美 5334

沙荣魁 2794

沙士勃雷 136,137,148,266

砂田重政 5968

山本芳雄 1798

山本俊麿 1911,1912,2031,
2114,2191

山本权兵卫 279,1528,1539,
1610,1639,1714,4921,5000

山本条太郎 1072,1073,1077,
1097,1524,1528,1538,1568,
1612,1619,1633,1642,1705,
1706,1790,1791

山本彦一 5990

山川义太郎 2045

山根正次 3249

山根重武 1608

山科多久马 1626,1652,1657,
1680,1714,1717,2090,2267
－2269,2310

山田纯三郎 219, 296, 957,
1003,1100,1104,1382,1476,
1516,1543,1545,1551,1583,
1626, 1631 － 1641, 1646,
1649,1655,1656,1673,1674,
1686,1689,1705,1708,1713,

1714,1717,1741,1747,1749,
1751,1752,1758,1764,1766,
1780,1791,1792,1798,1799,
1808,1836,1850,1869,1874
－1876,1887,1890－1892,
1894,1898,1900,1902,1912,
1917 － 1921, 1924, 1927,
1928,1932,1933,1935,1938,
1940, 1942 － 1945, 1947,
1948,1950,2160,2164,2176,
2180,2181,2186,2189,2348,
2456,2475,2526,2705,3009,
3010,3395,3485,3501,4096,
4998,5969,5994,6006,6009,
6012,6026,6310

山田纯一郎 1674,6275

山田良政 219,283,286,290,
297, 301, 957, 1458, 1534,
3009,3139,3395,3485,3486

山田良作 1827

山田圆 280,288,295

山下武阳 1649

山县有朋 61, 207, 294, 313,
729,1045,1111,1536,1569,
1584,1714

山雅各(Jas Sadler) 995

山中岸太郎 1926,1927

4254,4296,4318,4453,4485,
4550,4564,4594,4615,4620,
4646,4647,4653,4654,4664,
4675,4680－4682,4685,4688,
4689,4692,4693,4697,4699,
4700,4704－4708,4710,4712
－4717,4719,4720,4723,4727
－4729,4731,4734,4736,4738
－4741,4749,4751,4754,4759
－4762,4764－4772,4777,
4778,4781,4783,4784,4787－
4798,4800－4802,4804,4806
－4809,4811－4816,4818,
4821,4822,4825,4826,4828,
4832,4833,4836,4838,4839,
4841,4843,4857,4858,4860,
4866,4869,4870,4873,4875－
4878,4883,4895,4898,4905,
4925,4944,4967,4969,4996,
5023,5030,5073,5103,5120,
5159,5160,5190,5214,5221,
5236,5248,5256,5257,5286,
5290,5291,5298,5306,5308,
5317,5353,5354,5379,5383,
5389,5413,5424,5430,5434,
5435,5444,5453,5462,5466,
5473,5478,5520,5581,5641,

5654,5659,5690,5736,5744,
5750,5765,5773,5818,5829,
5863,5899,5900,5909,5910,
5917,5920,5999,6139,6173,
6226,6273,6278,6292,6298

沈家本　946,1222

沈兼士　6299

沈健飞　5799,5900

沈　靖　2904,3020

沈钧业　536,779

沈克刚　1307

沈　砺　1127

沈缦云（沈懋昭）　848,1050,
1131,1181,1194,1207,1234,
1267,1288,1295,1310,1323,
1390,1462,1481,1482,1485,
1486,1504,1506,1571,1572,
1582,1604,1675－1677,
1679,1743,1798,1934,2456

沈明范　1277

沈能毅　5943

沈佩贞　1277,　1283,　1397,
1404,1416,2631,3314

沈　乔　1321

沈虬斋　976,1309

沈荣光　4039,　4688,　4759,
4765,4789,4795,4796,4801,

3015，3020 － 3023，3033，
3034,3059,3075,3107,3114,
3149,3166,3174,3182,3188,
3200,3219,3242,3293,3305,
3367,3449,3471,3475,3476,
3493,3536,3585,3590,3681,
3692,3697,3716,3737,4053,
4131,4163,4179,4299,4537,
4551,4585,4866,4875,4900,
4922,4981,4987,5012,5031,
5339,5662,5691,5692,5695,
5710,5711,5713,5730,5782,
5877,5933,5956,5988,6136,
6256,6291,6299,6308,6310,
6311,6316

石　泉　2987

石淑卿　6055,6142,6143

石陶钧　1748,2158

石田秀二　1620

石托勒敦　5238

石　顽　1767

石星川　2543， 2783， 2793，
2798,2809,2812,2823,2833,
2850,2852,2853,2855,2861,
2862,2880,2882,2885,2892,
2896,2917,2918

石　瑛　438,746,1006,5695,

5859,5994

石运光　1191

时伯萼　5435

时功璧　367,536

时功玖　367,381,400,430,450,
497,977,2679,4086,4087

时秀峰　1115

蒔静满　1652

史秉直　1179

史鼎孚　3314

史古香　1666， 1913， 1925，
1926,1931,2005,2012,2127

史汉清　6035

史坚如　154， 235， 236， 255，
267,302,303,315,429,509,
1212,1336,1458,1605,2530,
3870

史　江　1647

史立齐　1824

史明民　2240,2247,2249,3378

史　青　400， 423， 424， 428，
438,735,2387

史泰利　22

史天逊　2481

史维德(德医)　6033,6054

史泽阆　2546

史泽咸　1272

4876,4877,4886,4892,4925,
4961,4962,6323

孙鸿猷 1055

孙鸿哲 440

孙继烈 2701

孙家鼐 609

孙嘉荣 2675

孙 杰 1327

孙介夫 1674

孙景康 1638

孙景龙 2355

孙静山 2456

孙 镜 2002,2191

孙镜亚 4523, 4747, 4866,
5301,5689

孙菊农 1704

孙 钧 1314

孙 科(哲生) 61, 684, 786,
788,1059,1308,1311,1312,
1331,1492,1808,1833,1950,
1951,2207,2346,2441,2536,
2693,3018,3105,3117,3118,
3127,3138,3140,3143,3144,
3243,3428,3454,3569,3578,
3614,3623,3639,3658,3659,
3669,3681,3686,3687,3703,
3713,3715,3736,3747,3878,

3903,3919,3932,3945,4018,
4072,4102,4157,4187,4352,
4357,4469,4533,4596,4616,
4620,4625,4634,4680,4716,
4731,4736,4767,4782,4795,
4825,4838,4840,4844,4845,
4871,4895,4898,4902,4962,
4970, 4975, 4994, 4998 —
5000,5004,5009,5013,5015,
5023,5042,5054,5060,5065,
5068,5073,5077,5090,5091,
5096, 5104, 5112 — 5115,
5119,5120,5173,5186,5199,
5206,5225,5233,5244,5260,
5264, 5277, 5316 — 5319,
5365,5373,5379,5380,5386,
5400,5401,5406,5409,5411,
5414,5418,5437,5444,5445,
5449,5451,5454,5455,5460,
5500,5501,5507,5550,5574,
5585,5588,5608,5634,5647,
5654,5688,5693,5694,5696,
5722,5723,5725,5728,5733,
5736,5741,5748,5753,5754,
5762, 5768, 5773 — 5775,
5781,5827,5831,5844,5847,
5860,5864,5876,5886,5891,

5898,5906,5907,5911,5923,
5932,5936,5946,5960,5994,
5995,6000,6004,6007,6009,
6011 — 6015, 6026, 6032,
6034,6040,6072,6073,6082,
6085,6087,6091,6096,6099,
6104, 6105, 6108, 6110 —
6112,6118,6129,6149,6151,
6159,6162,6163,6177,6182,
6183,6191,6208,6217,6232,
6235,6239,6242,6253,6256,
6263, 6265, 6272 — 6274,
6277, 6280 — 6282, 6284,
6285,6287,6290,6292,6301,
6302,6304,6305,6307,6308,
6310, 6311, 6313 — 6315,
6317,6322

孙克传　1097

孙烈臣　4368

孙　眉(寿屏)　2,6,8,9,14,18
　—21,26,28,29,33,34,42,
　43,51,52,62,82,84,202,
　233,242,257,394,401,402,
　616,742,770,822,823,831,
　834, 883, 885, 1005, 1132,
　1168,1169,1201,1350,1365,
　1366,1373,1722,1759,1777,

1816,1872,1897,1899,1906,
　1950,2762,5384

孙梅生　15

孙妙茜　1,2,12,13,16,18,19,
　5886

孙鸣圻　2386

孙　谋　6029

孙　槃　450

孙　鹏　1311

孙其翼　1263

孙奇屏　5943

孙　棨　1074,1083

孙秋绮　8,16

孙润宇　5704

孙士鼎　482,511,561,567,573

孙寿展　1650

孙天霖　2913,2997

孙铁生　1179

孙铁舟　1496,1572

孙　婉　620,836,1166,1492,
　2034,3932

孙万乘　1012, 1109, 1180,
　1226,1253,1656,1684,1693,
　1880

孙文银　1689,1690

孙问鹦　1025

孙　武　728, 729, 810, 847,

2959,2971,2978,2996,3000,
3017,3018,3044,3051,3103,
3152,3182,3184,3297,3394,
3395,3403,3664,3738,3797,
3868,3939,3945,3948,3992,
4042,4044,4045,5353,5653

谭　进　2106,5741

谭　璟　3070

谭　就　5250

谭克敏　5083

谭　遂　684,787,803

谭礼林　4648

谭礼庭（谭礼廷）　5688,5825

谭鸾翰　450

谭　伦　2058

谭　蒙　1655,1711,1712,1785,
1788,1798,1801,1802,1812,
1818,1826,1960,2124

谭民三　396,1090,2193,2564,
2679,2829,2854,2862,2880,
2995,3302,4672

谭　平　1883,1955,2005,2031,
2049,2055,2068,2093,2128,
2144,2186,2187,2191,2193,
2214,2220,2246,2257,2260,
3622,5106

谭平山　4698,4782,4970,4975,

4992,4994,5000,5004,5009,
5013,5015,5073,5081,5090,
5113 － 5115, 5136, 5277,
5304,5336,5449,5455,5459,
5461,5487,5524,5537,5546,
5634,5646,5672,5743,5762,
5769,5819,5831,5890,5893,
5894,5902,5949,6014,6047,
6091,6104,6120,6225

谭启秀　4586, 4592, 4821,
4962,5789,5951

谭人凤（石屏）　387,556,594,
605,665,742,752,753,790,
806,807,813,814,841,843,
847,848,850,859,860,881,
882,888,896,910,925,963,
977, 987, 1125, 1130, 1133,
1165,1193,1243,1311,1441,
1461,1591,1604,1645,1679,
1733,1748,1773,1774,1782,
1785,1791,1795,1800,1815,
1822,1877,1944,1967,1969,
2068,2070,2077,2097,2138,
2147,2171,2178,2179,2182,
2183,2216,2219,2229,2286,
2291, 2308 － 2310, 2321,
2379,2407,2419,2427,2428,

5021,5024,5025,5027,5028,
5032,5059,5066,5073,5075,
5076,5082,5083,5096,5104,
5124,5125,5133,5149,5150,
5157,5158,5164,5179,5181,
5182,5189,5190,5206,5214,
5230,5231,5238,5239,5244,
5246,5255,5259,5260,5272,
5283,5284,5291,5292,5294,
5296,5301,5302,5304,5314,
5318,5325,5334,5339,5348,
5351,5354,5359,5360,5363,
5366,5371,5380,5388,5394,
5399,5400,5406,5408,5411,
5412,5414,5416,5420,5425,
5436, 5447, 5449 — 5451,
5458,5461,5463,5466,5470,
5473,5474,5476,5481,5483,
5506,5507,5517,5524,5525,
5528, 5535, 5536, 5539 —
5543,5550,5555,5592,5604,
5627, 5629, 5634, 5638 —
5640,5645,5654,5658,5666,
5679,5683,5690,5701,5726,
5734,5740,5748,5750,5755,
5759,5760,5763,5764,5773,
5775,5778,5782,5784,5785,

5792,5793,5797,5804,5818,
5829,5843,5855,5878,5884,
5890 — 5892, 5895 — 5897,
5904,5908,5921,5930,5937,
5972,5976,5995,5996,6036,
6041,6063,6069,6070,6074,
6078,6086,6088,6095,6096,
6106,6107,6110,6113,6118,
6119, 6124, 6134 — 6136,
6139,6149,6164,6169,6170,
6179,6181,6182,6184,6242,
6247,6249,6251,6259,6268,
6279,6289,6311,6314

谭 义　562,864

谭亦侨　1347

谭有发　86,87,205

谭元贵　2058

谭云轩　2728

谭 赞　766,4543,4557

谭兆鳌　1571

谭钟麟　96,97,105,106,111,
118,119,122,125,144,189,
191

谭仲达　5083

谭卓耀　2081

谭祖培　224,225

谭佐廷　2058

2906,2909,2914,2916,2918
— 2921，2928，2931，2933，
2934，2936 — 2938，2940，
2943,2944,2948,2951,2954,
2955，2957，2959 — 2962，
2966，2968，2970，2974 —
2976，2978，2980 — 2983，
2989,2990,2993,2996,2999
— 3003，3006，3010 — 3013，
3017，3020 — 3027，3034，
3038,3043,3044,3046,3047,
3049,3053,3056,3057,3064,
3066 — 3069，3075，3076，
3080,3091,3092,3101,3103,
3107,3110,3114,3116,3118,
3119，3121 — 3123，3125，
3126,3131,3135,3136,3139,
3140,3152,3158,3159,3167,
3169,3171,3175,3179,3183
— 3186，3200，3204，3205，
3208,3217,3223,3230,3235,
3247,3249,3253,3266,3272,
3274,3279,3305,3307,3310,
3346,3348,3360,3361,3395,
3404,3413,3435,3461,3470,
3477,3491,3497,3511,3512,
3521,3530,3540,3548,3553,

3554,3560,3562,3564,3568,
3577 — 3582，3587，3588，
3590,3597—3606,3612,3616
— 3618，3620 — 3622，3628，
3631,3632,3635,3636,3639,
3640,3643,3644,3648,3650,
3652,3653,3659,3660,3661,
3664,3665,3672,3682,3683,
3686,3687,3689,3693,3696,
3698，3699，3708 — 3710，
3712,3719,3721,3729,3731,
3732,3737,3738,3746,3748,
3749,3752,3755,3756,3758,
3761，3764 — 3766，3768 —
3770,3772,3774,3779,3787,
3796,3811,3813,3816,3817,
3819,3824,3825,3827,3828,
3835,3840,3842,3843,3849,
3852 — 3857，3859，3864，
3867,3872,3873,3875,3879,
3883,3884,3889,3890,3892,
3900,3904,3906—3910,3918
— 3920，3922 — 3924，3926，
3934,3936,3938—3940,3946
— 3949，3956，3959，3962，
3964,3966,3967,3969,3970,
3974 — 3977，3980 — 3984，

3988,3990,3991,3998,4006,
4015,4023,4028,4048,4054,
4091,4092,4098,4111,4112,
4133,4135,4136,4139,4140,
4142,4143,4145,4146,4152,
4164,4168,4170,4171,4173
－4176,4183－4185,4200,
4202－4205,4207,4209－
4214,4216,4221,4224,4226,
4229,4231－4237,4247,
4248,4251,4252,4254,4258,
4265－4267,4270,4273,
4277,4279,4283,4365,4370,
4371,4373,4374,4391,4398,
4467,4491,4497,4509,4537,
4539,4595,4626,4638,4725,
4785,4786,4793,4885,4915,
4927,4934,4952,4964,4967,
4969,5048,5150,5195,5413,
5459,5662,5677,5691－
5694,5698,5702,5706,5710,
5711,5728,5729,5745,5761,
5768,5781,5788,5794,5818,
5825,5829,5838,5842,5843,
5860,5887,5905,5909,5910,
5927,5930,5978,5988,6089,
6093,6117,6118,6121,6136,
6138,6139,6153,6156,6165,
6174,6192,6219,6223,6227,
6228,6234,6249,6264,6265,
6277,6282,6286,6292,6300,
6301,6303,6316

唐继虞(继禹、萍庚)　2136,
2198,2695,2715,2725,2886,
2907,2980,3013,3560,3844,
3873,3976,4023,4168,4274,
5694,5818,5829,6292

唐　健　1659,　1670,　1695,
1717,1759,1771,3059

唐君勉　1757,1782,3050

唐康培　3044

唐克明(春鹏)　2852,　2874,
2880,2882,2885,2896,2904,
2912,2917,2924,2946,3153,
3186,3212,3248,3252,3294,
3297,3325,3355,3397,3398,
3406,3522,3529,3530,3540,
4514

唐立成　2997

唐露园　1451

唐　蟒　340,1679,1760,2333

唐梦鱼　1727,1887

唐浦珠　565,606

唐琼昌　404,　409,　410,　872,

2872,2892,2894,2898,2900,
2901, 2904, 2908, 2910 —
2912,2939,2956,2966,2979,
2983,2984,2988,2991,2998,
2999,3007,3025,3038,3044
— 3046, 3060, 3073, 3075,
3076,3079,3080,3092,3093,
3098,3102,3103,3110,3111,
3121,3122,3124,3126,3129,
3133,3137,3139,3155,3160,
3162,3186,3201,3213,3214,
3221,3235,3239,3243,3247,
3252, 3253, 3261, 3265 —
3272,3274,3282,3286,3288,
3303,3304,3306,3309,3312,
3317—3321,3323,3324,3327
— 3330, 3337, 3342, 3345,
3346, 3348, 3352 — 3358,
3364,3365,3368,3372,3376,
3378, 3382, 3384, 3389 —
3391,3393,3397,3400,3405,
3413,3417,3419,3421,3425,
3427,3435,3438,3452,3459,
3462,3466,3467,3484,3491,
3495,3497,3501,3502,3505,
3509,3512,3539,3542,3548,
3574, 3575, 3577, 3578, 3580

— 3585, 3587, 3588, 3590,
3593,3599—3605,3607,3610
— 3614, 3616 — 3625, 3630,
3632, 3638 — 3640, 3644,
3646,3647,3649,3652,3658
— 3662, 3664, 3667, 3672,
3675,3687,3699,3708,3710,
3713, 3717, 3719, 3720 —
3722,3724,3726,3728,3730
— 3732, 3734, 3736 — 3738,
3740 — 3743, 3745, 3746,
3748,3749,3752,3753,3755,
3757, 3758, 3761, 3765 —
3767, 3775 — 3777, 3781,
3783,3788,3795,3804,3811,
3813, 3814, 3822 — 3824,
3830,3838,3843,3849,3864,
3866,3867,3871,3880,3881,
3887, 3888, 3898, 3902, 3907
— 3910, 3912, 3919, 3921,
3922,3940,3942,3948,3956,
3958,3959,3964—3967,3969
— 3971, 3977, 3980, 3983,
3984,3998,4000,4006,4008,
4017,4075,4140,4192,4222,
4249,4294,4361,4363,4372,
4374,4375,4383,4385,4400,

田士捷 4284，4708，4738，
4779，4796，4801

田颂尧 4264，4585

田 桐（梓琴、恨海） 445，449，
450，452，453，458，501－504，
536，537，553，599，645，646，
663，665，669，674，675，744，
977，1288，1409，1633，1634，
1636 － 1638，1640 － 1644，
1648 － 1650，1652 － 1659，
1665，1667，1668，1671 －
1673，1679，1682，1684，1685，
1688 － 1691，1693，1695 －
1699，1703，1705 － 1709，
1711，1713 － 1715，1717 －
1719，1721 － 1723，1725，
1728，1733，1738 － 1740，
1742，1744 － 1749，1751 －
1754，1758，1761，1762，1764，
1768，1773 － 1777，1780，
1781，1783 － 1785，1787，
1788，1790 － 1792，1794，
1795，1798 － 1800，1802 －
1804，1807－1809，1813，1816
－ 1819，1824，1827 － 1830，
1833，1834，1838，1842，1843，
1846，1850，1852，1854，1855，
1858 － 1860，1862，1866，
1869，1875，1876，1879，1885，
1888 － 1892，1894，1898，
1900，1902，1908，1911，1912，
1915，1918 － 1921，1924，
1926，1928，1931，1932，1935，
1940，1941，1946，1948，1952，
1956，1957，1959 － 1961，
1964，1965，1971，1972，1989，
1991，1995，1996，2001，2004，
2006，2009，2011 － 2013，
2015，2018，2021，2025，2029，
2043 － 2048，2068，2072，
2078，2081，2083－2092，2094
－ 2097，2100，2102 － 2106，
2109，2110，2118－2121，2123
－ 2125，2128 － 2130，2132，
2134，2136，2139，2157，2158，
2166，2167，2171，2173，2224，
2239，2244，2257，2274，2301，
2347，2375，2433，2492，2632，
2685，2791，2836，2849，2857，
2910，3000，3023，3063，3159，
3160，3174，3178，3336，3337，
3339，3473，3669，3810，3835，
3958，4013，4027，4056，4531，
4533，4685，4869，4916，4969，

3718,3723,3740,3742,3745,
3775,3843,3865,3895,3902,
3912,3915,3918,3926,3930,
3933,3934,3953,3954,3955,
3966，3969 — 3971，3973,
3974,3980,3984,3987,3994,
4005,4020,4021,4023,4027,
4052,4062,4081,4083,4085,
4086,4093,4097,4102,4113,
4129，4132 — 4134，4137,
4139,4142,4143,4148,4152,
4173,4183,4186,4202,4234,
4242，4303，4305 — 4307,
4309，4311，4331 — 4334,
4345,4360,4363,4371,4372,
4406,4408,4410,4413,4421,
4430,4450,4487,4488,4505,
4512,4513,4521,4530,4534,
4551,4552,4554,4568,4569,
4578,4579,4582,4583,4585,
4589，4591 — 4593，4595,
4597,4601,4605,4608,4616,
4627,4630,4652,4658,4659,
4703,4737,4753,4755,4763,
4767,4777,4782,4792,4806,
4814,4818,4821,4828,4846,
4847，4850，4852，4854 —

4856,4860,4867,4876,4885,
4887,4896,4900,4901,4938,
4943,4948,4961,4962,4970,
4973 — 4975，5006，5028,
5031,5049,5069,5085,5090,
5096,5100,5110,5112,5114,
5115,5118,5144,5176,5198,
5211,5287,5288,5357,5360,
5364,5389,5425,5430,5432,
5433,5442,5449,5451,5455,
5458 — 5460，5466，5469,
5480,5482,5483,5487,5500,
5522,5524,5535,5537,5541,
5546,5550,5569,5582,5590,
5602,5608,5634,5635,5645,
5659,5668,5681,5682,5687,
5695,5698,5699,5708,5713,
5714 — 5716，5735，5777,
5779,5819,5848,5859,5872,
5874,5878,5879,5881,5884,
5885，5887，5888，5890 —
5894,5899,5903,5904,5916,
5917,5920,5924,5927,5934,
5943,5944,5946,5949,5953,
5978,5989,5994,5995,6004,
6007，6009，6010，6012 —
6016，6026，6032 — 6035,

2222,5459,5706,5971,6136,
6147,6179

王军演 241,402

王 均 4763, 4872, 4881,
4885,5554

王君山 1649

王 俊 5363,5453,5486

王俊登 1304

王开清 5240

王开治 1311

王克承 4482

王克敏 2955, 3242, 3319,
3323,3455,5704,5858

王昆仑 4703

王兰卿 1292

王兰亭 3113

王老甫 1854

王老虎 746

王乐平 1443,6097

王立用 1064

王连璧 4035,4051

王廉泉 1356

王良佐 1710

王 烈（子中） 1921,1991,
2026,2036,2039,2081,2170,
2174,3015,3050,3200,3220,
3335,3380,3506

王麟编 1089

王龙亭 1065

王隆中 1223,4163

王茂林 1722

王懋功 3697， 3698， 4600，
4612,4615,5062,5426

王梅森 2121

王孟荣 1920

王冕琳 5696

王民皞 1175

王民辉 1817

王 明 3572

王明初 5194

王明山 2146

王鸣亚 4399,6197

王 谟 1136

王乃斌 1817,5884

王乃昌 2397, 2558, 2608,
2618,2682,2756,3391,3544,
3599,3605,3723,3824,3827,
3883,3912,4179,4182,4192,
4892

王南微 5075,5486

王讷如 1298

王丕焕 2519

王 平 1279

王 奇 2802,2823,2890

4077,4078,4080,4081,4083,
4085, 4087 — 4091, 4094,
4100, 4103, 4107, 4109 —
4111,4113,4116,4118,4122,
4123,4126,4128,4131,4138,
4139,4141,4142,4144,4148
— 4152, 4158, 4162, 4170,
4171,4180,4183,4186,4191,
4209,4213,4221,4223,4229,
4232,4235,4236,4240,4243,
4256,4258,4262,4264,4266
— 4268, 4273, 4282, 4286,
4289,4291,4294,4300,4303,
4308,4313,4315,4318,4324
— 4326, 4328, 4330, 4331,
4334, 4336, 4338 — 4340,
4344,4353,4365,4366,4374,
4375,4377,4384,4388,4392,
4393,4398,4401,4406,4412,
4420, 4423, 4431, 4439 —
4441,4449,4453,4461,4462,
4464,4469,4470,4476,4479
— 4481, 4485, 4489, 4491,
4492,4495,4497,4499,4501,
4502, 4510 — 4515, 4519,
4521,4522,4524,4529,4532,
4534,4536,4538,4541,4542,

4545,4548,4552,4557,4559,
4566,4567,4569,4577,4578,
4581,4584,4588,4589,4592,
4593, 4595 — 4597, 4607,
4610,4615,4619,4621,4626,
4632,4636,4637,4641,4649,
4651,4653,4661,4662,4675,
4689,4700,4710,4714,4727,
4728,4733,4740,4746,4753,
4759,4760,4766,4771,4776,
4787,4790,4796,4801,4802,
4806,4813,4814,4816,4817,
4822,4829,4832,4833,4836,
4847,4850,4861,4867,4874,
4887, 4891, 4894 — 4896,
4900,4913,4919,4934,4938,
4940,4943,4973,4985,4988,
5002,5003,5027,5032,5053,
5063,5067,5105,5158,5175,
5195,5214,5277,5316,5421,
5479,5494,5502,5520,5618,
5619,5622,5634,5649,5661,
5663,5667,5668,5695,5699,
5703, 5712 — 5715, 5723,
5724,5726,5729,5735,5741,
5742,5749,5750,5753,5760,
5763,5772,5775,5777,5780,

2884,2913,2940,2951,3090,
3182,4215,4585

夏芷芳　2466，2803，2876，
2913,4600

夏重民　1090，1147，1305，
1650，1651，1653 — 1657，
1660,1661,1665,1666,1672,
1673，1683，1684，1689 —
1691，1696，1698，1701 —
1703,1705,1707,1708,1711,
1714,1718,1719,1727,1738,
1744，1745，1751 — 1754，
1763，1764，1767，1775 —
1777,1779,1781,1785,1787,
1798,1799,1801,1804,1807,
1808,1812,1817,1819,1824,
1825,1830,1835,1838,1842
— 1844，1848 — 1852，1854，
1856,1858,1859,1864,1865,
1869 — 1872，1874，1877，
1879,1887,1889,1890,1892,
1894，1896，1898 — 1900，
1908,1914,1947,1950,1953,
1955,1959,1964,1968,1971,
1972，1978 — 1982，1984，
1985,1989,1991,1998,2001,
2004，2009 — 2012，2030，

2060,2103,2106,2110,2150,
2161,2203,2204,2210,2212,
2215,2218,2230,2237,2239,
2240,2244,2246,2249,2255,
2258,2262,2265,2267,2269,
2273,2274,2276,2285,2357,
2421,2422,3006,3020,3426,
3570,3680,4252,4331,4347,
4348,5168,5217,5254,5451

咸马里（荷马李、Homar Lea）
706,764,777,782,785,787,
797−800,816,821,823,828,
883,896,924,926,934,938,
939,943,966,967,976,986,
991,1381,1454,1475,1479,
1741

咸马里夫人　1381,1479,1657,
1741,1804,1904,2157,2199,
2404,4053,4227

冼澄宇　5393

冼晋荣　5296

冼锐兰　2073

县　纵　1919,1921

献　光　2090

向　辰　2259

向　楚　4215,4585

向传义　2927，2936，3002，

3307,3585

向绀怀　2921

向国华　431,437

向海潜　1650,2777,4845

向　克　1653,1657

向联甲　278

向乃祺　4474

向　鹏　2212

向　岩　1641,1647

向育仁　4532,4549

相黄六　1314

萧安国　1103

萧百川　488

萧秉章　5073

萧炳炎　4577

萧炳章　4022,4086,4323,5472

萧崇道　5234

萧达生　1027

萧凤翥　2714

萧佛成　360,701,1966,1995,
2120,2523,4664,5114,5133,
5139,5167

萧恭寅　1070,1263

萧冠英　4586,4779

萧光礼　2270

萧广传　1102

萧国宾　5825

萧汉卫　856,883,895,2053,2133

萧辉锦（实中）　2714,2865,
3122,3168,3206,3209,3215,
3221,3232,3235,3268,3281,
3282,3289,4065,4093

萧晋荣　2670

萧景濂　3077

萧敬轩　3392

萧举规　1126

萧觉民　2942

萧　坤　4482

萧美成　2096,2501

萧其斌　5329

萧纫秋　3298

萧汝霖　2353,3515,4561

萧　文　3046

萧　湘　871,987,1048,2465

萧　萱（肖萱）　1644,1648,
1650，1653 － 1655，1659，
1665,1673,1679,1680,1682,
1684,1690,1693,1696,1698,
1699，1703，1705 － 1707,
1709,1712,1714,1718,1722,
1723,1727,1739,1742,1744
－ 1749，1753，1761 － 1763,
1765，1768，1770，1772 －
1775,1777,1779,1787,1788,

3091,3100,3132,3148,3167,
3170,3183,3184,3203,3224,
3239 — 3242, 3247, 3250,
3257,3258,3262,3271,3280,
3289,3295,3305,3310,3311,
3315,3322,3325,3326,3352,
3391,3392,3395,3397,3409,
3425,3432,3438,3439,3471,
3493,3508,3531,3579,3585,
3587,3588,3590,3636,3652,
3692,3694,3698,3704,3714,
3748,3779,3782,3821,3830,
3832,3837,3840,3860,3872,
3885,3892,3899,3921,3929,
3940,3980,3983,4003,4009,
4169,4227,4255,4365,4371,
4372,4613,4785,4839,4855,
4858,4862,4880,4887,4906,
4913,4922,4939,4964,4981,
4987,5009,5024,5025,5068,
5339,5662,5691,5692,5694,
5745,5758,5781,5818,5825,
5829,5848,5877,5887,5930,
5988,6134,6139,6180,6256,
6282

熊 理 2278

熊 略 3743,3770,3780,3790,

3828,3994,4073,4103,4291,
4341,4349,4355,4383,4426,
4429,4433,4434,4439,4450,
4456,4463,4484,4569,4652,
4686,4699,4701,4713,4795,
4799,4809,4811,4818,4891,
4898,4981,4990,5758,5772,
5839,5921,6238,6283

熊梦飞 1286,3416,3539

熊明兴 2120,2464

熊 木 2421

熊 仁 1300,1658,1672,1679

熊尚文 1708, 1711, 1712,
1717,1754,1759,1780,1781,
2121,3208

熊少豪 6009

熊升初 4346

熊盛中 1703

熊嗣黄 1732

熊文初 2120

熊文蔚 4381

熊希龄（熊秉三） 543，928，
935,1127,1251,1252,1272,
1290,1311,1323,1368,1370,
1372,1386,1410,1477,1500,
1626,2311,2453,2485,2488,
2524,2525,2533,2888,2889,

3745,3746,3750,3764,3766,
3767,3813,3849,3866,3967,
3984,4000,4005,4013,4041,
4077,4078,4080,4088,4089,
4212,4213,4238,4239,4306,
4363,4410,4498,4551,4557,
4589,4600,4639,4688,4737,
4753,4763,4769,4777,4797,
4812,4816,4850,4864,4891,
4900,5331,5848,5857,5860,
5898,5908,5922,5994,6009,
6068,6098,6100,6128,6168,
6177,6299,6300,6308

徐　勤(君勉)　171,182,191,
195,199,200,205,207,208,
211,223,233,259,322,339,
360,361,609,619,637,670,
675,682,698,921,2269,4037

徐　清　1277

徐清和　4880,4923,4962,
5073,5166,5167,5252

徐清泰　2520,2722

徐秋畦　78,79

徐劝峰　1306

徐群芳　2058

徐忍茹　1633,1673,1674,
1679,1682,1688,1689,1698

— 1700,1702,1703,1705,
1709,1713,1714,1722,1738,
1739,1744,1747,1749,1752,
1754,1759,1762 — 1765,
1767,1770,1771,1908,1917,
1922,2009,2018,2021,2025,
2172

徐荣桂　1026

徐瑞霖　2471,2671,2881,
3302,3430,3433,4598,4601,
4609,4627

徐善庆　1517

徐善亭　89

徐少峰　1641

徐少秋　2427

徐绍桢　5652

徐绍桢(固卿)　959,977,1003,
1029,1032,1035,1149,1171
— 1173,1245,1256,1290,
1293,1305,1388,1389,1393,
2556,2598,2726,2736,2804,
2843 — 2845,2860,2864,
2865,2869,2875,2881,2907,
2910,2940,2995,3001,3005,
3014,3019,3020,3033,3052,
3053,3058,3059,3066,3078,
3106,3146,3426,3452,3614,

4454 － 4457，4460 － 4462，
4466，4472，4476，4477，4479，
4486，4487，4490，4500，4508，
4513，4527，4550，4551，4552，
4553，4556，4558，4564，4565，
4567 － 4569，4572，4573，
4575，4577－4584，4585，4587
－ 4593，4595，4596，4598 －
4601，4604，4606，4607，4608，
4610，4612，4613，4615，4616，
4622，4624，4626 － 4628，
4631，4632，4637，4638，4653，
4655，4658，4660，4667，4670，
4674，4675，4677，4681，4682，
4684，4687，4689，4691，4693，
4697，4706，4707，4709 －
4711，4718 － 4720，4723，
4727，4729，4735，4740，4751，
4752，4759，4765，4769，4776，
4777，4779，4782，4785，4787
－ 4791，4793，4795 － 4797，
4803，4809，4812，4815，4826，
4829，4840，4842 － 4847，
4852，4853，4866，4867，4874，
4878，4885，4887，4891 －
4893，4897，4901，4909，4911，
4912，4915，4918，4921，4922，

4924，4929，4931，4937，4939
－ 4942，4954，4964，4965，
4974，4984，4988，4989，4993，
4995，4996，4999，5002，5006，
5008 － 5010，5024，5027，
5028，5036，5037，5045，5061，
5071，5111，5112，5123，5124，
5130，5158，5168，5187，5193，
5194，5200，5202，5206，5213，
5215，5217，5229 － 5231，
5238，5240，5246，5202，5251，
5260，5263，5265，5271，5272，
5281，5284，5291，5292，5318
－ 5320，5324，5339，5340，
5351，5352，5354，5360，5363，
5365，5366，5371，5379，5383，
5385，5386，5388，5390 －
5393，5398，5400，5408 －
5411，5414，5416，5418 －
5420，5423 － 5425，5429，
5431，5433，5437，5440，5446，
5449，5451，5452，5459，5461，
5473，5474，5478，5480，5486，
5488，5494，5498，5499，5507，
5508，5512，5517，5518，5524，
5530，5531，5535，5536，5538，
5542，5550，5555，5558，5559，

3239,3240,3242,3250,3257,
3262,3270,3271,3274,3289,
3293 － 3295, 3298, 3305,
3315,3351,3352,3375,3392,
3393,3425,3426,3432,3433,
3436,3437,3439,3451,3471,
3475,3493,3508,3525,3530,
3538,3564,3622,3632,3649,
3692,3737,3815,4001,4002,
4027,4086,4218,4295,4355,
4364,4378,4465,4498,4505,
4513,4534,4566,4585,4632,
4636,4685,4686,4732,4739,
4792,4836,4841,4846,4872,
4879, 4884, 4890, 4893 －
4896,4918,4921,4932,4944,
4947,4964,4970,4975,4984,
4987,5004,5026,5073,5112,
5132,5133,5188,5197,5199,
5203,5208,5211,5222,5227,
5235,5238,5240,5241,5247,
5249,5258,5260,5265,5266,
5272,5277,5285,5293,5303,
5306,5320,5323,5326,5328,
5329,5339,5346,5347,5352,
5355,5361,5363,5365,5371,
5372, 5381, 5384 － 5387,

5390, 5409, 5416 － 5418,
5427,5430,5433,5434,5437,
5440,5441,5444,5453,5523,
5933,5936,5971,5987,6019,
6083,6147,6150,6179,6232,
6268,6291,6299,6308,6310

杨松林　2407

杨素丁　2274

杨素辉　1765

杨　泰　5382,5383

杨泰峰　5396

杨体震　2668

杨天骥　1295, 4761, 4769,
4797,4812,4816,4832,6312

杨添发　4190

杨田龙　1835

杨廷光　419

杨廷培　4753, 4762, 4788,
4836,4881,4911,4921,4924,
4928,4993,4997,5006,5070,
5125,5198,5237

杨万夫　1027,1169,1373

杨王超　5323

杨王鹏　822,824

杨维武　1670,1759

杨　伟　1898

杨伟卿　1359

1798,1799,1808,1816,1827,
1833,1835,1843,1872,1887,
1891,1908,1912,1940,1943,
1948,1954,1971,2864,3560,
3651,3668,4041,4127,4135,
4183,4213,4225,4231,4234

杨　毅　2192

杨荫薰　423

杨永泰（畅卿）　1794,1795,
2240,2271,2284,2714,2794,
2870,2874,2911,2912,3109,
3112,3119,3121,3477,3674,
3836,3874,3993,3994,4021,
4035,4037,4050,4340,4474,
4688,4699,6280,6296

杨友棠　5073,5325

杨友熙　2803

杨　愚　1770

杨宇霆（邻葛、麟阁）　2513,
4703,4704,4782,6009,6013,
6014,6059,6131

杨禹昌　1297,1408

杨玉桥　2096

杨玉山　3546,5029

杨毓棻　4639

杨毓麟（笃生）　350,387,414,
523,747,876,877,5468

杨毓珣　6009,6101

杨　沅　1163,2139

杨远名　4506

杨愿公　4068，4128，4131，
4598,5374,5378,5379,5389,
5956

杨允昌　1308

杨允恭　6028

杨允文　484

杨增新　2381,2753,6193

杨兆鏊　1037

杨照离　1652

杨肇基　2961

杨振彪　2908

杨振鸿　517,671,710

杨　蓁（映波）　2185,3315,
3873,4180,4243,4556,4633,
4777,4880,6273

杨之华　3402,5573

杨直夫　1665

杨志元　1320

杨志章　5321

杨中流　1780,1785,1794

杨仲达　459

杨仲明　1008

杨仲平　1847,2058

杨重岳　3028

3323,3330,3342,3367,3467,
3468,3549,3660,3748,3813,
3892,3898,4092,4120,4288,
4597,4685,4691,4714,4852,
4922,4964,5073,5463,5834,
5860,5933,5986,6033,6128,
6134,6159,6183,6201,6209,
6221,6229,6231,6268,6285,
6291,6299,6300,6308,6310,
6311,6316

余 麐 1088,2695
余柏寒 2234,2242,2248
余邦宪 1656,1657,1665
余斌臣 2679
余伯杰 1659,1706,1824
余伯陶 1309
余成福 2063
余诚格 918
余 丑 551,641
余范傅 450
余根海 1178
余谷民 5943
余光粹 1300
余 海 2058
余汉宗 1027,2058
余浩廷 5093,5264
余和鸿 4459,4631,4632,

4650,5564,5999,6056,6277
余鹤松 1048,1122,1215,
1229,1240,5573,6078
余华龙 4526
余煇照 3032,3476,3524,
5507,5979
余 楫 1832
余际唐（蕴兰） 1639,1648,
1823,2715,2927,3183,3219,
4585,6263
余既成 445,568,569
余 窦 6021
余菊农 1309
余来吉 4190
余礼铭 4528
余立奎 1815
余联沅 258
余良才 1670
余良材 1955
余六吉 4614,4785
余钦悌 1771
余全胜 3086
余 仁 1670
余日章 3205,3492,3527,4644
余 荣 2514,2533,3552,
3557,4377
余森郎 976

余绍卿　572

余绍曾　1037

余嗣靖　1659,1782,1783,1819,
　　1896,1912

余铁汉　1828

余　通　551

余维谦　4016,5721

余文学　2175

余祥辉（余健光）　1655,1671,
　　1678,1693,1696,1705,1733,
　　1780,1792,1799,1800,1804,
　　1807,1816,1830,1842,1848,
　　1849,1854,1858,1859,1863,
　　1866,1867,1872,1879,1887,
　　1889,1891,1892,1908,1917,
　　1919,1921,1933,1935,1946,
　　1952,1960,1965,1972,1978,
　　1983,2104,2109,2125,2129,
　　3505,3509,3589

余祥炘　1655,1671,1699,
　　1701,1708,2121,2880,3562

余湘兰　5671

余旭升　1037

余　尧　4213

余　揖　396

余以和　2063,2196,2208,2230,
　　2234,2237,2248,2263,2284

余鹰扬　3651,3668

余育之　89,100

余毓绪　5363

余泽篯　5124

余昭琴　4474

余质民　5174

余治中　2063

余仲勉　450

余　子　1670

余子维　1776

余梓章　2058

俞飞鹏　5119,5139,5363,
　　5446,5453

俞　奋　1916,1919,1948

俞　鸿　5159

俞绍瀛　2726

俞醒更　2222

俞荫麓　2552

俞应麓　986,1240,1642,1679,
　　5963,6012,6110

俞应农　5689

俞泳瞻　1680,1681,1820

俞咏胆　5957

俞　钰　1898,2222

俞忠郊　1135

俞子厚　1741,1742,1898,
　　1908,1928

恽毓鼎 867

Z

载沣 543,636,694,695,702,733,734,790,822,839,887,902,940,1425,1427,1428

载涛 733,734,784,794

载润 734,771,830

载泽 463,483,543,734,917,941

宰道康 1655

臧伯垲 1191

臧善达 3365,3390,3475,3514

臧在新 1882,1933,1935,1997

臧致平（和斋） 3088,3096,3179,3237,3520,3577,3638,3677,3683,3688,3695,3700,3828,4595,4597,4599—4602,4612,4614,4630,4658,4661,4740,4787,4789,4812,4831,4834,4887,4892,4899,4905,4915,4930,4939,4964,5010,5200,5238,5256,5263,5264,5279,5288,5291,5339,5354,5396,5404,5407,5415,5416,5448,5649,5855,6011

泽村幸夫 1517,3094—3096,3103,5939,5940,5955,5979,5990

泽来太郎 3120,3233,3234

曾澳 5911

曾长福 396,684,786,787,803

曾带 5504

曾道 5139

曾谔声 5943

曾飞鸿 5553

曾幹桢 2714

曾根俊虎 116,164,167,170,355

曾公乐 4439

曾冠武 5471

曾贯吾（曾贯五） 1713,1719,5573,5579,5606,5607

曾广 1364

曾广大 1204,1206,1223

曾广勤 222

曾广瀛 2695

曾国琮 2854

曾国藩 356,456

曾翰生 2728

曾翰垣 1027

曾集棠 1912,1939,1940

曾纪标 222

张德桓　2072

张德惠　5602,6168

张　甸　1347

张殿如　1273

张殿儒　1064,1084

张定国　1084,2884

张定镇　1196

张东华　4317

张斗枢　814

张恩汉　2072

张　藩　4934

张方井　2114，2116，2119，2137,2157

张　钫　3166，3316，3317，3367,4142

张　昉　1273

张非望　1685

张凤翔（翔初）　918,1063，1070,1114,1132,1142,1157,1160,1181,1232,1263,1327,1328,1402,3201

张凤九　4065,5073

张敷五　1722

张福来　4232,4240,4262,4264

张福如　82,243

张福生　2061

张福堂　3236,5101

张福兆　4624

张馥祯　1037

张干寻　1636

张淦清　1044

张根仁　1209,3289,4371

张　恭　1324

张　拱　4632

张拱辰　1914,4503,4721,5522

张　觳　5314,5696,6190

张光龄　1682

张光崎　2058

张光祖　2548

张广建　1163，1165，1186，1191,1193,1239,1259,1268,1271,1273,1276,1280,1282,1286,1289,1292,2460,2917,3662

张国泰　3547，4147，4527，5089,5115,5408,5409

张国淦　865,2279,2509,4410,4411,4445,4474,4478,4479,5704

张国溶　871,902

张国森　5078

张国兴　1136

张国元　5305,6009

张国桢　2747，4691，4943，

张蔚彬　3511

张慰慈　4279

张文甫　3669

张文铨　1147

张文生　2705,2950

张文艺　1799，1804，1807，2114,2115

张我华　2898,2915,6283

张我极　4635

张我权　1965

张西林　599

张希方　1648,1649

张希明　5500

张希知　4441

张锡銮　1151，1170，1259，1287,1371,1397,1499,1703,4278

张锡元　1102,1273,3292,3301

张侠夫　2836

张先培　1408

张　镦　4628

张相文　3283,3284

张孝准　350,1961,2097

张心如　1311

张新吾　3235,3241

张星耀　1306

张　栩　1273

张　煦（午岚）　2461，2737，2741,2751,2756,2766,2781,2803,2804,2891,2902,2937,3010,3013,3046,3099

张　煊　2097，2121，3488，3551,4619

张学济（溶川）　2805,2812,2833,2849,2857,2887,2890,2946,2958,3145,3419,3440,3505,3509,3515,3603,3789,3819

张学良（汉卿）　4553，4782，4904,4938,5742,5754,5959,5991，6012 － 6014，6026，6047,6059

张　勋（绍帅、定武）　959,998,1007,1019,1024,1036,1043,1051,1080,1081,1086,1101,1102,1121,1124,1130,1131,1138,1151,1157,1589,2144,2194,2202,2211,2245,2268,2283,2287,2299,2305,2307,2315,2317,2320,2323,2353,2361,2378,2381,2388,2389,2392,2398,2399,2413,2453,2454,2463,2464,2487,2488,2507，2514 － 2516，2518，

制袁逸　1671,1672

中川恒次郎　89

中村弼　2213

中村进午　2045

中村利胜　1879

中村弥六　209,210,217,287,
289,299,309,314,315,806,
808,1816

中村又雄　1670

中岛缝二　1641

中岛金吾　1652

中岛行一　2441,2474

中岛载之　2171

中家仲助　1616

中久喜　1492

中久喜信周　1695,2059

中山佐之助　5211

中田重治　1788

中西正树　186,264,3249

中西重太郎　1671

中野德次郎　244,1552,1835,
1845

中野武营　1612,1626,1642

中野熊太郎　295

中野熊五郎　279，280，282，
284,285,287,288,295

中泽家康　2221,2239

钟才宏　4263

钟德善　1713

钟　鼎　1670,1699,1701,1705,
1706,1708,1713,1714,1717,
1748,1843,2021,2026,2068,
2069

钟鼎基　1153, 1179, 1965,
3967,4021,4601,6238

钟　馥　4213

钟工宇　19－21,24,26,28,29,
34,43,786,802,1558,1561,
2282

钟公任　1,2058,3655

钟观光　1287

钟汉荣　5391

钟　豪　4613,4623

钟华廷　5911,5971

钟嘉澍　2847

钟景棠　2947， 3947， 3976，
4035,4036,4269,4275,4291,
4299,4309,4325,4338,4345,
4349 － 4351, 4429, 4456,
4463,4711,4718,4720,4762,
4795,4802,4981,4990,5295,
5717,5921

钟朗清　2057

钟民光　2246

朱益藩　6035

朱印山　2242,2893

朱元昌　1343

朱　则　5537

朱泽民　5125,5237

朱　璋　1765,1770,1790

朱兆熊　2798,2812,2852,4531

朱震寰　2457

朱镇华　1749

朱镇南　1240

朱之洪　1123,2883,3433,4685

朱之英　592

朱执信（朱大符）　448,450,
458,474,478,487,502,731,
732,752,775,840,860,876,
898, 916, 973, 974, 1069,
1090,1358,1606,1702,1712,
1724,1725,1737,1799,1805,
1809,1812,1830,1832,1853,
1861,1863,1877,1907,2028,
2059,2096,2118,2147,2184,
2185,2187,2188,2200,2217,
2227,2238,2241,2243,2264,
2301, 2309 — 2311, 2315,
2348,2354,2386,2391,2395,
2418,2421,2430,2448,2465,
2468, 2475 — 2478, 2480,

2483,2486,2488,2495,2505,
2514,2517,2526,2544,2550,
2554,2560,2566,2588,2614,
2641,2656,2665,2676,2687,
2689,2719,2723,2821,2825,
2847, 2887, 2926, 2940 —
2942,2989,2991,3004,3005,
3009,3032,3042,3045,3071,
3077,3082,3087,3089,3126,
3141,3150,3173,3179,3187,
3195,3237,3255,3261,3387,
3444,3445,3474,3478,3491,
3493,3514,3525,3570,3576,
3577,3624,3638,3639,3644,
3647,3655,3658,3665,3669,
3682,3685,3695,3739,3740,
3785,3803,3804,3817,3832,
3849, 3887, 3897 — 3899,
4102,4783,4811,5925

朱质彬　2893

朱仲英　2062

朱卓文（朱超）　765,864,905,
967, 976, 1300, 1435, 1442,
1468,1474,1477,1599,1629
— 1632, 1643 — 1646, 1681,
1683,1699,1702,1764,1765,
1768, 1770, 1771, 1773 —

朱益藩　6035

朱印山　2242,2893

朱元昌　1343

朱　则　5537

朱泽民　5125,5237

朱　璋　1765,1770,1790

朱兆熊　2798,2812,2852,4531

朱震寰　2457

朱镇华　1749

朱镇南　1240

朱之洪　1123,2883,3433,4685

朱之英　592

朱执信（朱大符）　448,450,
　458,474,478,487,502,731,
　732,752,775,840,860,876,
　898, 916, 973, 974, 1069,
　1090,1358,1606,1702,1712,
　1724,1725,1737,1799,1805,
　1809,1812,1830,1832,1853,
　1861,1863,1877,1907,2028,
　2059,2096,2118,2147,2184,
　2185,2187,2188,2200,2217,
　2227,2238,2241,2243,2264,
　2301, 2309　2311, 2315,
　2348,2354,2386,2391,2395,
　2418,2421,2430,2448,2465,
　2468, 2475 — 2478, 2480,

2483,2486,2488,2495,2505,
2514,2517,2526,2544,2550,
2554,2560,2566,2588,2614,
2641,2656,2665,2676,2687,
2689,2719,2723,2821,2825,
2847, 2887, 2926, 2940 —
2942,2989,2991,3004,3005,
3009,3032,3042,3045,3071,
3077,3082,3087,3089,3126,
3141,3150,3173,3179,3187,
3195,3237,3255,3261,3387,
3444,3445,3474,3478,3491,
3493,3514,3525,3570,3576,
3577,3624,3638,3639,3644,
3647,3655,3658,3665,3669,
3682,3685,3695,3739,3740,
3785,3803,3804,3817,3832,
3849, 3887, 3897 — 3899,
4102,4783,4811,5925

朱质彬　2893

朱仲英　2062

朱卓文（朱超）　765,864,905,
　967, 976, 1300, 1435, 1442,
　1468,1474,1477,1599,1629
　— 1632, 1643 — 1646, 1681,
　1683,1699,1702,1764,1765,
　1768, 1770, 1771, 1773 —

后 记

　　《孙中山史事编年》是国家社会科学基金重大项目成果,由桑兵主编,副主编为关晓红、吴义雄,具体作者及其负责时段如下:於梅舫、陈欣,1866年—1905年;安东强,1906年—1911年;赵立彬,1912年—1913年;何文平,1914年—1915年;陈喆,1916年;李欣荣、李源,1917年;张文苑,1918年;谷小水,1919年—1921年;谭群玉、楚秀红,1922年;曹天忠、周楠,1923年;敖光旭,1924年1月—1924年8月;孙宏云、庄泽晞,1924年9月—1925年3月。各卷作者署名按时间顺序排列。

　　本书撰写过程中,得到了中国社会科学院近代史研究所以及陈三井、李吉奎、金以林、杜承骏、马忠文、潘光哲、萧润君、黄健敏、林华煊、张咏梅、杨春华、杨洁珠、周子峰、朱晓秋、杨泰龙、张玲、张金超、熊寰等师友的帮助。中华书局的责任编辑欧阳红、潘鸣、李闻辛在本书编辑过程中付出了辛勤劳动。谨在此一并致以诚挚的谢意。

桑 兵

2017年3月